콘서트마태 vol.2

그 사람이 될 때까지

류황희

콘서트마태 vol.2
그 사람이 될 때까지

초판 1쇄 인쇄 2018년 9월 10일
초판 1쇄 발행 2018년 9월 15일

지은이 류황희
펴낸이 백도연
펴낸곳 도서출판 세움과비움

신고번호 제2012-000230호
주 소 서울 마포구 양화로16길 2층
Tel. 070-8862-5683
Fax. 02-6442-0423
seumbium@naver.com

ISBN 978-89-98090-25-8

값 13,500원

콘서트 마태 **Vol.2**

그 사람이 될 때까지

류황희 지음

그리스도의 사람을 만드시는 하나님의 원리

세움과 비움
Seum&Bium

서문

성경 읽기를 의무나 고역으로 느끼는 분들도 계실 것입니다. 또한 어떤 분들은 성경을 몇 번이나 읽었는데도 불구하고 뭔가 부족하다고 느끼고 계실 수도 있습니다. 더 많이 읽어야겠다는 부담과 다짐을 가지는 분들이 많을 것입니다.

이러한 부담은 음식으로 표현하자면 소화가 잘 안돼서 그런 것입니다. 성경은 그리스도인들의 생명의 양식입니다. 음식을 먹으면 즐겁고 힘이 나는 것이 정상입니다. 욕심내지 마시고 조금씩 꼭꼭 씹어 먹어야 합니다. 잘 익혀서 요리를 만들어 먹는다면 좋을 것입니다. 성경도 마찬가지입니다. 성경을 제대로 알기위해서는 신학적인 도움이 필요합니다. 신학은 중요한 조리 도구들입니다. '그때와 오늘, 거기와 여기'의 차이를 한 솥에 담고 익힐 수 있도록 도와줍니다.

하지만 교육을 받지 않은 개인이 신학의 도움을 받는 것은 어려운 일입니다. 고급 조리도구는 비용이 만만치 않을 뿐 아니라 다루기도 매우 까다롭습니다.

요리사에게 부탁하신다면 맛과 영양이 균형 잡힌 요리를 드실 수 있을 것입니다. 여기 성도님들께 대접하려고 신학적 논의를 활용하여 성경을 요리해 놓았습니다. 화려하고 아름다운 요리는 아닙니다. 정성껏 푹 끓여서 재료의 깊은 맛까지 우려내는 곰탕이나 닭백숙 같은 담백한 요리입니다.

감동스토리나 예화 같은 첨가물은 오히려 귀한 재료의 깊고 오묘한 맛을 살려내는데 방해가 될 수 있습니다. 성경이 하나님 말씀이기에 굳이 사람의 말과 생각은 그리 필요 없고, 그저 소금이나 조금 넣는다는 심정으로 요리했습니다. 요리사의 오랜 고집입니다.

지금도 살아계시고 역사하시는 하나님 말씀의 역동성을 맛봐야 합니다. 성경 말씀이 새 힘을 주신다는 것을 확인하며 이것이 진정한 위로임을 알게 됩니다. 한 그릇 맛보시면 다시 찾아오실 맛집이라고 자부합니다.

이번 책은 〈콘서트마태 2〉로써 마태복음 5장을 살펴보고 있습니다. 마태복음은 하나님 나라의 건국전쟁사입니다. 1권은 예수님께서 이 땅에 오셔서 하나님 나라가 태동하는 장면을 그려주고 있습니다.

이번 2권에서는 예수님께서 하나님 나라의 헌법을 선언하시는 장면을 그려주고 있습니다. 팔복을 통해서 당신의 나라 백성들이 누리게 될 복을 말씀해 주시고, 또한 세상 속에서의 역할을 말씀해주셨습니다.

이어서 현재 이 땅의 나라가 진짜 하나님 나라와 얼마나 다른지 가르치셨습니다. 율법사들과 바리새인들이 장악한 곳에 예수님께서 폭탄과 같은 구약 해석을 던지십니다. 유대교는 구약성경이라는 핵심적인 성에서 쫓겨나서 후퇴하게 됩니다. 이렇게 두 나라간 전쟁의 서막이 올라갑니다.

이후에 예수님께서는 새로운 군사들을 전투교범과 주기도문으로 무장시키시고(3권), 진격하심으로 전쟁이 시작되어 전체로 번질 것입니다(4권). 어둠의 세력들이 본색을 드러내고(5권), 전쟁은 최고조에 이르며 예수님께서는 예루살렘으로 진격하십니다(6권). 그리고 성전을 탈환하시고 최후의 승리를 거두십니다(7권).

이처럼 콘서트마태 시리즈는 마태복음 전체를 배놓지 않고 다 다루게 됩니다. 웬만한 궁금증과 질문에 쉽게 답을 드리려고 노력했습니다. 마태복음을 읽으시면서 이 책들을 보시면 생각하지 못했던 질문과 답을 통해 영적 양식의 풍요를 누리실 수 있을 것입니다.

2018 가을이 오는 마옥당에서 목사 류황희

Contents

Intro

눈도 빼고,
손도 잘라야 할까?

본문: 마태복음 5 : 1-2

----

¹예수께서 무리를 보시고 산에 올라가 앉으시니 제자들이 나아온지라 ²입을 열어 가르쳐 가라사대

광야의 첫 전투에서 승리하신 후

마태복음은 매우 짜임새 있게 구성되어 있습니다. 예수님의 사역에 대한 이야기와 예수님의 가르침을 기록한 단락이 뚜렷이 구분됩니다. 동시에 둘은 깊은 연관성과 보충적인 성격을 갖습니다. 이런 구조가 마태복음 전체에서 5개나 나타납니다. 이제부터 다루게 될 마태복음 5-7장도 앞에 있는 마태복음 1-4장까지의 줄거리와 깊은 연관성을 가진 '가르침 단락'입니다.

먼저 마태복음 1-4장까지의 내용을 간략히 말씀드리겠습니다. 마태복음 1장은 예수님의 탄생에 대해서 기록하고 있습니다. 특이하지만 거룩하거나 특별할 것이 없는 예수님의 족보와 동정녀 탄생에 대해서 알려주고 있습니다.

2장에서는 왕으로 오신 예수님에 대한 세상의 반응을 보여줍니다. 동방에서 온 박사들은 예수님을 영접하기 위해 힘을 다하지만, 당시 이스라엘의 왕은 예수님을 죽이려고 합니다. 이에 하나님께서는 예수님을 피난시키시고 또 돌아올 수 있도록 보호하십니다.

3장에서 세례 요한은 새로운 왕을 기다리면서 그 나라 백성이 될 자들을 준비시킵니다. 예수님께서는 세례 요한이 베푸는 죄인의 세례를 받으심으로써 자신의 백성들과 연합하십니다. 동시에 왕으로 선언 받으십니다. 그러나 세상은 아직 사단의 권세 아래 있습니다.

4장에서부터 왕이신 예수님께서 이 세상의 권력을 잡고 있는 사단과의 전쟁을 시작하십니다. 광야에서의 첫 전투에서 승리하신 예수님께서는 이제 본격적인 본토 수복을 위한 전쟁을 시작하십니다.

산상수훈을 실현할 수 있는가?

왕으로 등극하시고, 자신의 나라를 수복하기 위한 전쟁을 시작하신 예수님께서 자신의 나라와 그 백성에 대한 법을 담은 선언이 바로 산상수훈입니다. 누가 하나님 나라 백성이며, 그들은 어떤 삶을 살게 될 것인지 그 구체적인 특성들을 말씀해 주셨습니다. 이 말씀 아래로 자신의 백성을 모으신 것입니다. 그렇기에 그리스도인들은 산상수훈을 통하여 신앙의 태도와 깊이를 배우고 시현해야 합니다.

산상수훈의 범상함은 그리스도인들 외에도 수많은 사람들에게 감명을 주기에 충분합니다. 수많은 사람들이 산상수훈에 대해 찬사를 아끼지 않았고 자신들이 깨달은 의미를 설명해 왔습니다. 러시아의 톨스토이는 전쟁에서 장교로 있던 젊은 시절 마태복음 5:39에 있는 "악한 자를 대적하지 말라"는 말씀에 크게 감동되어 모든 폭력행사에 대한 철저한 반대자가 되었습니다. 그는 산상수훈을 인류보편에게 주어진 이상적인 율법으로 생각하여 일평생 실천하려 노력했습니다. 또한 인도의 독립운동 지도자 마하트마 간디도, 비록 그가 그리스도인은 아니었으나 이 산상수훈에 영향을 받아서 무저항주의의 이념에 도달하게 된 것입니다.

그런데 산상수훈은 막상 진지하게 읽는 독자에게 매우 심각한 질문들을 가져다줍니다. '과연 사람이 오늘날 산상수훈의 내용에 따라서 실제로 살 수 있는가? 어떻게 그리할 수 있는가?' 라는 질문을 도무지 피할 수 없습니다. 그 심각함이 어느 정도인지 확인해 보겠습니다. 먼저 마태복음 5:21-22입니다.

마5:21옛 사람에게 말한바 살인치 말라 누구든지 살인하면 심판을 받게 되리라 하였다는 것을 너희가 들었으나 22나는 너희에게 이르노니 형제에게 노하는 자마다 심판을 받게 되고 형제를 대하여 라가라 하는 자는 공회에 잡히게 되고 미련한 놈이라 하는 자는 지옥 불에 들어가게 되리라.

여기에 '라가'라는 말은 랍비 문헌에 자주 등장하는 욕설로써 '바보', '돌대가리' 등의 의미로 쓰였습니다. 이처럼 가볍고, 흔히 쓰는 말이라 할지라도 그것이 하나님께서 내신 신의 형상인 인격체에 대한 모욕이라는 측면에서 보면 하나님의 심판의 대상이며 형벌을 면할 수 없다는 것입니다. 다음엔 마태복음 5:27-28의 내용을 보겠습니다.

마5:27또 간음치 말라 하였다는 것을 너희가 들었으나 28나는 너희에게 이르노니 여자를 보고 음욕을 품는 자마다 마음에 이미 간음 하였느니라.

신명기 22:22에 보면 간음한 남녀 둘 다 돌로 쳐 죽이도록 명령하고 있습니다. 하나님 백성들의 거룩함을 지키기 위해서 이런 제도를 명하신 것입니다. 그런데 예수님께서는 그 요구를 실제적인 행위로만 제한하지 않으시고 사람의 생각에까지 확대하고 계십니다. 여기서 빠져 나갈 수 있는 사람은 없을 것입니다.

그뿐 아니라 이러한 예수님의 명령을 준행하는 것은 절대적인 것으로 제시되어서 다음과 같은 말씀이 덧붙여져 있습니다. 마태복음 5:29-30입니다.

마5:29만일 네 오른쪽 눈이 너로 실족케 하거든 빼어 내버리라 네 백체 중 하나가 없어지고 온 몸이 지옥에 던지우지 않는 것이 유익하며 30또한 만일 네 오른손이 너로 실족케 하거든 찍어 내버리라 네 백체 중 하나가 없어지고 온 몸이 지옥에 던지우지 않는 것이 유익하니라.

이어서 복수법과 관련된 내용입니다. 마태복음 5:38-42의 내용도 한 번 보겠습니다.

마5:38또 눈은 눈으로, 이는 이로 갚으라 하였다는 것을 너희가 들었으나 39나는 너희에게 이르노니 악한 자를 대적치 말라 누구든지 네 오른편 뺨을 치거든 왼편도 돌려 대며 40또 너를 송사하여 속옷을 가지고자 하는 자에게 겉옷까지도 가지게 하며 41또 누구든지 너로 억지로 오 리를 가게 하거든 그 사람과 십리를 동행하고 42네게 구하는 자에게 주며 네게 꾸고자 하는 자에게 거절하지 말라.

여기까지도 버거운데 이제 볼 내용은 수많은 사람들이 쓰고 있으나 과연 몇 사람이나 진정으로 실천할 수 있을지 의문이 되는 내용입니다. 마태복음 5:43-44입니다.

마5:43또 네 이웃을 사랑하고 네 원수를 미워하라 하였다는 것을 너희가 들었으나 44나는 너희에게 이르노니 너희 원수를 사랑하며 너희를 핍박하는 자를 위하여 기도하라.

이 말씀에 우리 모두는 정신적 공황상태에 이르게 됩니다. 과연 이것을 실천할 수 있겠습니까? 어느 누가 보더라도 도무지 불가능하다는 것을, 자기 자신은 도저히 이렇게 할 수 없다는 것을 시인하고 말 것입니다.

그래서 어떤 이들은 예수님의 이런 말도 안 되는 높은 수준의 윤리 때문에 죄가 더욱 심각해지는 원인이라고 주장하기도 합니다. 욕한 것도 살인죄와 같다고 함으로써 어차피 같은 죄라면 욕하고 지옥 갈 바에야 차라리 살인을 하고 지옥 가겠다는 생각을 키워주었다고 주장합니다. 어떻게든 예수님 핑계를 대고 싶은 죄인들의 심리를 보여주는 예입니다.

이런 자들의 문제는 제쳐 두고서라도 산상수훈의 내용은 그리스도인들을 심각한 어려움에 직면하게 합니다. 분명히 불가능한 요구인데, 우리가 지키지 않겠다고 한다면 예수님께 순종하지 않는 것이니 어찌해야할지 난감하기 이를 데가 없습니다.

산상수훈에 대한 세 가지 관점

그래서 교회사 속에서는 무수한 논의가 있었으며, 이 어려움을 극복하기 위한 노력들이 있었습니다. 어떤 이들은 실제로 자신의 눈을 빼버리기도 하고, 손을 자르기도 하였습니다. 이런 사람들이 자꾸 나타나자 교회는 이처럼 문자적으로 산상수훈을 지키는 자들을 이단으로 정죄하면서 막아서기도 했습니다. 역사 속에서 산상수훈을 이해하고 실천하고자 하는 이런 노력들을 다음의 세 가지 관점으로 정리 논의할 수 있습니다.

첫 번째로 우리가 살펴볼 것은 이른바 완전주의 개념입니다. 예수님께서 구약의 체제에 근거한 완전한 율법을 제시하여 사람들이 완전함을 향해 노력하게 하려고 산상수훈의 내용을 가르치셨다는 입장입니다. 이 입장에서 보면 예수님께서는 유대교의 율법선생님으로서 활동하신 분이 됩니다.

그러나 예수님을 완전주의적으로 율법을 해석하던 바리새인과 동일한 일을 하시는 분으로 생각한다는 것은 있을 수 없는 일입니다. 예수님께서는 구약의 율법을 완전주의적으로 지키려고 노력하는 바리새인들에게 "이 독사의 자식들아"라고 욕하셨습니다. 물론 예수님께서는 구약의 율법에 대한 분명한 방향성을 제공하셨습니다. 율법이 바리새인들의 주장처럼 외형주의로 해석되어야 할 것이 아니라 그 본질적인 의미가 확대되는 쪽으로 해석되어야 한다는 것을 가르치신 것입니다.

두 번째는 불가능한 이상론이라는 입장입니다. 이상적인 것을 제시함으로써 사람들이 절망을 하고, 그 절망으로 인하여 구원을 필요로 하도록 했다는 이론입니다. 이것은 로마서 3:20에서 이야기한 율법의 기능과도 맥을 같이하는 견해이기도 합니다.

롬3:20그러므로 율법의 행위로 그의 앞에 의롭다 하심을 얻을 육체가 없나니 율법으로는 죄를 깨달음이니라

그렇지만 이 의견에도 문제점이 있습니다. 과연 예수님께서는 우리가 실천하지도 못할 내용을 우리에게 명령하신 것일까? 예수님께서 산상수훈을 이런 말씀으로 맺고 계심을 기억해야 합니다. 마태복음 7:26-27입니다.

마7:26나의 이 말을 듣고 행치 아니하는 자는 그 집을 모래 위에 지은 어리석은 사람 같으리니 27비가 내리고 창수가 나고 바람이 불어 그 집에 부딪히매 무너져 그 무너짐이 심하니라.

산상수훈을 실제로 행할 것을 강력히 요구하고 계시다는 것을 느낄 수 있습니다. 결코 불가능한 것을 전제하고 제시하신 것이 아닙니다.

산상수훈을 이해하는 마지막 세 번째 입장은 '임시윤리적인 관점'입니다. 이 주장을 하는 사람들은 예수님이 유대교의 묵시문학가로서 세상이 곧 끝날 것으로 여기고 있었기 때문에 이처럼 말씀하신 것이라고 합니다. 종말을 맞이하는 비상적인 윤리를 말씀하신 것이라고 보는 것입니다. 즉, 내일 세상이 멸망한다면 이렇게 살 수 있을 것입니다. 아니 아주 가까운 시일 내에 세상의 종말이 온다면 그때까지는 어떻게든지 산상수훈의 내용대로 살 수 있을 것입니다.

그러나 이 입장의 심각한 문제점은 예수님께서 승천하신지 벌써 2000년이 지났는데도 아직 세상은 종말을 고하지 않고 오늘도 계속되고 있다는 것입니다. 수많은 시한부 종말론 자들이 있었으나 그들이 제시한 날짜들은 모두 틀린 것으로 나타났을 뿐 아니라 가까운 종말을 믿는 그들이 실현한 것이 산상수훈적인 모습이었는지도 의문입니다.

그러면 산상수훈을 주신 진정한 이유는 무엇인가?

우리는 이렇게 해서 산상수훈을 이해하고자 노력한 세 가지 관점을 살펴보았습니다. 그런데 이 세 가지 관점 중에서 우리가 전폭적으로 취할 수 있는 것이 없다는 것을 보았습니다. 그럼에도 불구하고 위의 세 가지 관점은 우리에게 산상수훈을 어떻게 이해할 것인가의 문제를 풀 수 있는 힌트들을 제공하고 있습니다. 이 세 가지 견해들이 각기 다른 문제점들을 가지고 있지만 나름대로 옳은 것이 포함되어 있다는 말씀입니다.

이것을 논리적으로 다시 정리해 보겠습니다. 산상수훈은 하나님 나라의 법입니다. 이 세상 사람으로서는 도저히 실현이 불가능해 보이는데도 우리에게 그렇게 살라고 주셨습니다. 그래서 이 세상에서는 불가능한데, 이 세상 안에서라도 혹시 가까운 시일 내에 종말이 온다면 꼭 불가능하지만은 않을 것이라는 생각도 해보았습니다. 여기서 조금 더 나아가 이 세상의 종말이 오고 난 이후에 온전한 하나님 나라에서는 어떨까요? 거기서는 가능할 것입니다. 이 세상에 계속 살아서는 불가능하고, 종말의 힘으로는 조금 가능성이 열리고, 종말이 온 이후 하나님 나라에서는 가능할 것입니다.

그런데 예수님께서는 종말이 온 후에, 즉 하나님 나라(천국)에 가서야 가능한 이야기들을 왜 이 땅에 살고 있는 우리에게 명령하셨을까요? 예수님께서 우리의 한계를 모르시기 때문일까요? 아님 우리가 해내지 못할 것을 주시고, 못하면 벌을 주시려고 그러셨을까요? 예수님께서는 벌을 주시려고 하신 것도 아니고, 우리의 한계를 모르시지도 않으십니다. 그런데도 종말이 오고 천국이 오고 나서야 할 수 있을 일을 우리에게 명령하셨습니다.

여기서 우리는 생각을 전환해야 합니다. 예수님께서 지금 세상이 어떤 상태이고 우리가 어디에 있다고 전제하고 계신 것입니까? 이미 종말이 온 것이고 천국에 와 있다고 말씀하고 계시는 것입니다.

예수님께서는 사역을 "회개하라 천국이 가까 왔다"라고 선언하시면서 시작하셨습니다. 그리고 '심령이 가난한 자는 천국이 저희 것' 이라고 선언하실 때에도 현재형을 쓰셨습니다. 앞으로 미래의 시간에 천국을 받게 될 것이라고 말씀하지 않으시고 '지금 저희 것'이라고 하셨습니다. 또한 마태복음 11:12를 보시면, **"세례 요한의 때부**

터 지금까지 천국은 침노를 당하나니"라고 되어 있습니다만, 이에 대한 다른 번역은 "천국이 지금 침투하고 있다"는 것입니다. 천국이 이 세상 안으로 침투해 들어오고 있는 것입니다.

그림을 그려보자면 이 세상에 천국이 침투해 들어오고 있는 것이고, 침투해 들어온 천국이 사람들을 포섭해서 천국 백성을 만든 것입니다. 그리고 천국의 침투로 말미암아 천국 백성이 된 자들은 이제 이 세상에 살면서도 하나님 나라에 살고 있는 것입니다. 그렇기 때문에 이들은 이 세상에 살면서 도무지 불가능한 산상수훈의 내용을 실현할 수 있는 존재가 된 것입니다.

그리스도인들에게 산상수훈의 내용은 임시적인 윤리도 아니며, 실현 불가능한 것도 아닙니다. 불완전하지도 않습니다. 우리는 지금은 산상수훈에 그려진 하나님의 백성과 조금도 닮지 않았고, 또 그렇게 될 것 같지 않지만 하나님께서 분명히 우리를 그렇게 만드시고야 말 것입니다. 우리는 산상수훈에서 말씀하신 거룩한 사람이 될 것입니다. 오른편 뺨을 맞으면 왼편 뺨을 돌려 댈 것이며, 속옷을 가지고자 하는 자에게 겉옷을 줄 것이고, 원수를 사랑하게 될 것입니다. 죽은 다음 천국에 가서 이런 자가 되는 것이 아니라 지금 이 땅에서 이런 자가 될 것이란 말씀입니다. 지금은 이 사실에 헛웃음만 나오고 결코 좋게 느껴지지 않지만 예수님을 닮은 거룩한 자답게 될 것입니다. 이것이 우리의 복이며 소망입니다.

종말과 천국에 대한 믿음의 강화

하나님께서 이렇게 고귀한 존재로 만들어 가실 때에는 어느 날 급격하게 변화하도록 하시는 것이 아닙니다. 부흥회를 했더니, 금식기도를 했더니 오른뺨을 맞고서도 기분이 좋아져서 왼쪽도 돌려댈 수 있더라는 식으로 이뤄지는 것이 아니란 말씀입니다. 믿음을 주시고 그 믿음으로 말미암아 시간 안에서 거룩하게 변화되어 가도록 하십니다.

위에서도 말씀드렸지만 종말이 올 것에 대한 믿음이 분명하면 이 세상에서라도 산상수훈의 내용을 실현할 수 있을 것입니다. 천국이 왔다는 믿음이 우리에게 더욱 분명해지면 질수록 우리는 산상수훈을 실현할 수 있습니다. 그러면 이 믿음, 종말이 왔고 하나님 나라(천국)에 살고 있다는 믿음은 어떻게 좋아질까?

믿음이란 "믿습니다. 아멘"을 백번 외친다고 생기는 것이 아닙니다. 우리에게 누군가 무엇에 대한 '믿음'이 생겨나려면 반복적인 패턴을 가지는 경험이 있어야 합니다. 그렇게 해서 믿을만한 요건과 경험이 갖추어지면 믿음이라는 반응이 나오는 것입니다. 하나님에 대해서는 더더욱 그렇습니다. 절대 믿지 않으려고, 의심하고 부정하고 거부하지만 결국 하나님의 역사로 말미암아 무너지고 나서 '믿습니다.' 하는 고백을 하게 됩니다. 한 번에 척하고 믿는 사람은 거의 없습니다.

하나님 나라 백성은 산상수훈의 말씀처럼 살도록 요구를 받는 만큼 많은 경험을 하게 됩니다. 예수님의 은혜와 위로, 꾸중과 회초리를 많이 만나면서 결국 자신이 천국 법에 따라야 하는 하나님 나라 백성임을 깨닫게 됩니다. 이렇게 자신에게 실재하는 예수 그리스도의 통치권이 곧 이미 임한 하나님 나라의 증거입니다.

그러나 개개인이 경험하는 것만으로 하나님 나라에 대한 굳건한 믿음을 갖는 것은 어려운 일입니다. 하나님 나라는 전 우주적이며, 전 영역에 걸친 포괄적 통치입니다. 그 위대한 경영을 한 사람의 개인적 경험으로 확인하고 인식하고 믿고, 믿음대로 반응할 재주가 없습니다. 그래서 우리는 교회 공동체를 이뤄야 합니다. 교회의 분자로서 분명하게 서 있지 않으면 고도한 하나님의 경륜과 섭리에 대한 경험과 해명을 얻지 못합니다. 결국 저급한 수준의 신앙에 머물며, 가난해질 수밖에 없습니다. 자신은 어찌어찌하여 믿음을 가지고 살아갈지 모르지만 넉넉지 못해서 주변에 나눠주거나 자녀에게 물려줄 수 없게 됩니다.

세상 사람들은 상속의 시대라고 하면서 어찌하든지 돈을 상속해주려고 혈안이 되어 있는 시대입니다. 그러나 그리스도인은 돈이 아닌 깊은 믿음과 그 나라 백성으로서의 고도한 인식과 하나님 나라를 물려줄 수 있도록 힘써야 할 것입니다. 우리의 이 소원을 주께서는 기쁘게 받아주실 것입니다.

1부

팔복, 하나님의 사람을 만들다

1

진정한 행복

본문: 마태복음 5 : 1-3

----

¹예수께서 무리를 보시고 산에 올라가 앉으시니 제자들이 나아온지라 ²입을 열어 가르쳐 가라사대 ³심령이 가난한 자는 복이 있나니 천국이 저희 것임이요

산상수훈에 나타난 놀랍도록 고도한 윤리와 사상이 무슨 목적을 가지고 선포되었는지에 대하여 많은 논의가 있습니다. 그 중 하나는 구약의 율법을 완전하게 완성하여 선포하는 것이라는 주장이고, 두 번째는 도저히 불가능한 이상론을 제시하여 우리로 하여금 절망케 하여 그리스도를 찾게 하려는 의도라는 주장도 있습니다. 그리고 세 번째는 예수님께서 속히 오실 것이라고 믿었기에 일시적으로 지키라고 만든 것이라고 하는 사람들도 있습니다.

여기서 '그럼 어떻게 하라는 말인가?'라는 의문이 생깁니다. 그런데 이런 생각들은 접근하는 방향에 문제가 있는 것입니다. 예수님께서 '이것들을 지켜라, 그래야 천국에 갈 수 있다'고 말씀하신 것이 아닙니다. 우리가 하나님 백성이 되었기 때문에 이처럼 위대한 내용과 접촉돼 있고, 이렇게 고도한 인격을 가진 존재가 될 것이라는 선언입니다.

얼마나 놀랍습니까! 우리는 지금 원수를 못 잡아먹어서 안달이지만, 하나님께서는 당신의 백성인 우리가 원수를 사랑하는 존재로 만들려고 작정하셨습니다. 그렇기에 우리는 오른편 뺨을 때리는 자에게 왼편 뺨을 돌려댈 수 있는 자들이 될 것입니다. 지금은 내가 그런 존재가 된다는 말씀이 기쁘기보다는 오히려 불만스럽고 억울하게 느낄 만큼 수준의 인간입니다. '난 그러기 싫은데' 하는 수준에 있는 인간이지만 하나님께서 그렇게 만드시고야 말 것입니다.

하나님은 우리가 이처럼 고도한 수준에 이를 때까지 놓지 않고 매를 드실텐데 맞을 일이 걱정스럽기도 합니다. 이것이 자녀를 향한 하나님의 열심이니 우리는 어쩔 수 없습니다. 조금이라도 덜 고생하려면 어찌하든지 하나님 말씀에 잘 순종할 수 있기 위해서 노력해야 할 것입니다.

복을 받는 비결?

산상수훈의 첫 번째 부분은 복에 관한 말씀입니다. 복 받는 것을 좋아하지 않을 사람은 없을 것입니다. 새해의 시작을 "복 많이 받으세요."로 시작하고, 온 사방에 복(福)자를 써 놓고, 숟가락에까지도 '복'자를 써 놓을 정도입니다. 이렇게 모두가 열광하는 복은 건강하다든지, 잘 먹고 잘 산다든지 하는 식의 현상적인 효과를 가진 복입니다. 이처럼 현상적이고 효과적인 복의 추구는 결국 돈에 대한 사랑입니다. "돈 받으세요. 돈 많이 버세요."라는 말은 너무 노골적인 것 같이 느껴지니까 "복 많이 받으세요."라고 인사하는 것입니다. 그래서 솔직하게 "부자 되세요."라고 인사하는 사람들도 있습니다.

복을 좋아하는 사람들은 복이 한두 개도 아니고 8개나 된다니 8배의 복을 받는 비결이 쓰여 있을 것이라 생각하며 좋아할 것 같습니다. 그러나 본문에는 '이렇게 하면 복을 받게 된다.'는 식의 '복을 받는 방법론'이나 '복을 받는 비법 전수', 이런 것은 없습니다. '심령이 가난한 자는 복이 있나니'라는 것은 심령이 가난한 것 그 자체가 복이라는 말씀입니다.

이것은 우리가 이해하기에 참으로 어려운 내용입니다. 많은 사람들이 이 말씀을 '마음을 가난하게 하면 거기에 대한 보상으로 하나님께서 축복을 쏟아 부어 주신다.'는 내용일 것이라고 생각합니다. 마음을 가난하게 갖기 위해 노력해야 한다는 말씀으로 이해하는 것입니다. 하지만 예수님은 그렇게 말씀하지 않으셨습니다. 심령이 가난한 것, 애통하는 것, 의에 주리고 목마른 것, 그 자체가 복입니다. 복을 가져오는 조건이 아닙니다. 이렇게 반복하고 힘주어 말씀드려야 할 만큼 중요한 문제입니다.

진정한 행복

본문의 복이란 말은 헬라어 '마카리오스'로써 '행복하다'는 것입니다.[1] 우리는 여기서 과연 행복이 무엇인가? 에 대해 생각해 볼 필요가 있습니다. 우리는 행복이란 안락한 상태, 아무런 어려움이 없고, 고통스러운 일이 일어나지 않는 상태가 지속되는 것이라고 생각합니다. 그러나 그런 행복을 가장 잘 누리는 사람이 누구입니까? '바보'입니다. 그래서 가끔 우리는 '바보'를 부러워하기도 합니다.

그렇지만 그것이 진정한 행복이라 할 수 있을까요? 우리가 자녀를 어떻게 양육하는지를 생각해 보시기 바랍니다. 그저 건강하고, 고통이 없고, 편안하게 지내면 됩니까? 그렇지 않습니다. 우리의 아이들은 고통을 피하지 않고 맞서서 감당해 내기도 하며, 갈등과 번민 속

---

1 '마카리오스'는 70인역에서 '오! 행복이여'를 의미하는 '아쉐레이'의 번역어이다. W.B.C 마태복음(상), 213.

에서 옳은 것을 깨달아야 합니다. 또한 옳은 것을 이루어 낼 수 있는 능력을 배양하도록 훈련받아야 할 것입니다.

그러한 과정이 힘들고 고통스럽다고 해서, 즐겁지 않다고 해서 불행한 것입니까? 이런 과정 없이 훌륭해 질 수 있는 방법은 없습니다. 우리의 자녀들이 그저 평안하게 지내서 '바보'가 되는 것이 그들에게 행복이겠습니까? 그렇지 않습니다. 그래서 부모는 때때로 자신의 자녀를 강하게 밀어 붙이는 것입니다. 때로는 그들이 감당할 수 없을 만한 일을 경험하게 하여 실패를 당하고 거기서 더욱 노력하게도 하는 것입니다.

이런 과정 중에 자녀들이 매일 울면서 '난 못해요, 싫어요, 괴로워요'라고 떼를 쓰면서 하지 않으려고 한다면 어떻겠습니까? 힘들어서 학교에 가지 않겠다고 한다면, 어려워서 공부하지 않고 놀기만 하겠다고 한다면, 아마 여러분은 이런 자녀 때문에 참으로 답답하실 것입니다.

우리는 하나님 앞에서 이런 못난 행동을 얼마나 많이 하고 있는지 스스로 잘 모릅니다. '하나님, 이 고통을 빨리 면하게 해 주십시오. 이 고통을 면하기 위해서는 뭘 해야 됩니까?' 라는 기도 밖에 할 줄 모른다면 참으로 우리는 못난 자녀입니다. 오히려 이 고통이, 이 결핍이, 이 목마름이 나를 향해 요구하고 있는 것이 무엇인가? 이걸 통해서 어떤 훈련을 받기 원하시는가를 생각해야 합니다. 그렇게 그리스도인으로서 성장해야 진정한 행복에 다다를 수 있는 것입니다.

그런데 '고통스러우니까 빨리 도망가야 되겠다. 어려우니까 빨리 피해야겠다.'고만 생각하고 적극적으로 문제와 맞닥뜨리지 않는다면 결국 가장 고통스러운 자리에서 한 걸음도 움직이지 못하고 고통의 한가운데로 빠지게 될 것입니다. 내가 하나님 나라에 드려질 때에만 진정한 행복을 얻을 수 있다는 것을 알지 못하고 떼를 쓰고 있다면 참 어리석은 것입니다. 진정한 행복이 무엇인지도 모르고 제일 편할 수 있는 길을 가는 '바보'의 편안함을 추구하는 것입니다.

결론적으로 우리가 받은 복이란

예수님께서 주신 복은 이것입니다.

'너희는 오른뺨을 맞으면 왼쪽도 돌려 댈 수 있을 만한 능력을 가진 자다. 너희는 원수가 주리면 먹일 수 있는 멋진 자다. 그만큼 고도한 인격적 존재다. 그런 존재답게 살 수 있도록 너희를 불렀다'

이것은 우리의 현재 모습과는 너무 거리가 멉니다. 우리는 원수가 잘 되는 것을 마음 편히 못 봅니다. 공격을 당하면 배로 갚아줄 수 있기를 소원합니다. 그렇지만 거기에는 평안이 없습니다. 진정한 행복이 없습니다. 아니라고 머리를 흔들면서 강력히 부정하고 싶겠지만, 우리는 원수를 미워해야만 하는 필연성에 끌려 다니기 보다는 원수를 사랑하는 참 자유를 누릴 때 비로소 행복함을 느끼는 자신을 발견할 것입니다. 우리가 그리스도인이기 때문입니다.

무엇이 진정한 행복인지 분명하게 깨달아야 할 것입니다. 하나님께서 왜 내게 고통을 주시는가를 깨달아야 합니다. 그 고통을, 그 어려움을 허락하신 분이 하나님이시고, 날 미워하시는 것이 아니라 날 사랑하시기 때문에 고통을 허락하신 것이라는 고백을 할 수 있는데까지 가야합니다. 거기까지 가게 될 것입니다. 거기까지 가고야 맙니다. '예, 이런 환난을 주셔서 감사합니다. 이런 원수 같은 인간을 만나게 해주셔서 감사합니다.'라는 마음이 온전히 자리 잡을때 까지 괴로울 것입니다.(롬5:4)

그러면 그 고백을, 이런 마음을 먹은 후에는 괴로움을 안주시느냐? 그게 아니고, 다음에는 괴로운 것이 그렇게까지 괴롭지 않은 수준까지 가게 되는 것입니다. 이것이 예수님께서 우리에게 하신 약속입니다. 내 짐을 덜어주시는 것이 아니라 예수님의 멍에를 함께 메고 예수님을 배우면 마음이 쉼을 얻으리라고 하셨습니다. 짐 지는 법을 가르쳐 주시겠다고 하셨습니다. (마11:29).

원수 같은 사람이 나를 계속 괴롭혀서 죽을 것 같이 힘들고 고통스러워서 그를 미워하는 것이 당연합니다. 그런데 예수님의 은혜로 어느 시점에 드디어 그 사람을 사랑할 수 있게 됩니다. 그러면 그 원수 같은 사람이 감동받고 변화되어 여러분을 더 이상 괴롭히지 않게 될 것이라고 기대하시지요? 그렇게 되는 것은 아닙니다. 그 사람의 변화는 전적으로 하나님의 뜻 가운데서 때를 따라 행하시는 하나님의 주권적인 역사입니다. 여러분의 사랑으로 변화되지는 않습니다. 그것을 기대하실 일이 아닙니다.

그냥 원수 같은 사람의 괴롭힘이 공기처럼 받아들여지게 되는 것입니다. '일상이다' 이렇게 생각하고 살게 됩니다. 전에는 그 사람이 한 번만 흔들어도 삶 전체가 무너질 것 같고, 온 몸에 두드러기가 올라올 지경이었지만 이제 '그 사람 왔다 갔어? 그 사람 안 오면 삶이 재미가 없지' 하고 웃어낼 수 있을 만큼 센 사람이 되는 것입니다. 불쌍한 심정이 들고, 안 오면 왠지 걱정하게 됩니다.

예수님은 정수기 사업가

그것이 그리스도인답게 되는 것입니다. 세상의 악을, 세상의 죄를 먹어치울 수 있는 사람이 되는 것이 그리스도인이 되는 것입니다. 세상의 죄를 먹어치우는 것, 그것이 바로 용서입니다. 세상의 죄를 용서라는 강력한 무기로 먹어치우고, 맑은 물을 내는 정수기가 되는 것입니다. 이것이 그리스도인들이 가지는 강력한 힘입니다.

예수님께서 산상수훈을 통해서 만드시고자 하는 사람이 바로 이런 사람들입니다. 예수님께서는 세상에 죄를 소화해 내는 정수기들을 곳곳에 깔아 놓으시는 것입니다. 우리를, 세상의 죄인들이 내놓는 쓰레기와 배설물을 친환경 소재로 바꾸고 거름으로 만드는 처리기가 되도록 하시는 겁니다. 그것을 '거룩하다'고 하는 것입니다. 어떤 사람이 죄를 '턱' 던지면 그것을 갈아 먹고 소화해서 예수 그리스도의 향기로, 의의 식물이 잘 자라게 하는 양분으로 만들어내야 합니다. 우리가 성능 좋은 정수기, 쓰레기 처리기가 될 때까지 자르고,

깎고, 꺾고, 두드리고, 조이고, 갈아내실 것입니다. 완성될 때까지 여러분을 놓지 않으십니다.

산상수훈에 서술되어 있는 바로 그 사람이 될 때까지 나를 내버려 두지 않겠다는 고집과 집념이 여기 기록되어 있습니다. 그러니 빨리 항복하시고 능동적으로 훈련해 나가는 것이 가장 편한 길임을 아셔야 합니다.

2
행복하도다!
심령이 가난한 자는

마태복음 5 : 3

----

³심령이 가난한 자는 복이 있나니 천국이 저희 것임이요

지금 우리가 보고 있는 산상수훈은 하나님의 백성들, 제자들에게 주신 말씀입니다. 산상수훈은 '너희는 이렇게 행하라'는데 초점이 있는 것이 아닙니다. 물론 너희가 이렇게 하라고 말씀하시죠. 하지만 그렇게 하면 복을 받고, 안하면 저주를 받는다는 말씀이 아닙니다. 이렇게 하라고 요구 받고 있는 너희는 어떤 존재냐? 하는 것에 훨씬 강조점이 있습니다.

'너희는 오른편 뺨을 맞으면 왼편 뺨을 돌려 댈 수 있을 만한 능력을 가진 사람들이다. 너희는 원수를 사랑할 수 있을 만큼 능력을 가진 사람들이다. 원수가 주리면 먹이고 목마르면 물을 줄 수 있는 사람들이다. 그리스도인들은 이런 존재다. 이런 존재답게 만들기 위해서 내가 불렀다.'

이게 핵심입니다. 사실상 이것은 우리 자신의 현재 모습과는 거리가 너무 멉니다. 우리는 원수가 잘되는 것을 마음 편히 못 봅니다. 누군가 자신을 공격하면 그대로 갚아주려는 것이 아니라 배로 갚아줄 수 있기를 바랍니다. 그런 우리에게 이 정체성을 확인시켜 줌으로써 그리스도인다움을 확립해 나가게 하신 것입니다. 그러므로 우리 안에 아직 우리답지 못한 것들을 버리고 하나님 백성으로서의 참다운 자태를 이루어 가기 위해 힘써야 할 것입니다.

심령에 대하여 가난함

한글 성경에는 '심령이 가난한 자들은~' 하는 식으로 서술형으로 되어 있지만, 헬라어 원문은 문장의 요소들이 대거 생략되어 있는 시적 표현과 운율 형태를 가지고 있습니다. 그렇기에 제대로 이해하기 위해서는 문장의 요소들과 구조, 내적 논리 등에 대해서 분석해 봐야만 합니다.

본문은 가난한 자들이 미래에 천국을 받을 것이기 때문에 행복하다고 말하는 것이 아닙니다. 그렇다고 과거에는 가난한 자들이었지만 지금은 천국이 주어져서 행복하다는 것도 아닙니다. 본문은 행복한 것도 현재요, 가난한 것도 현재이며, 미래가 아닌 지금 천국이 주어져 있다고 말씀합니다. 본문을 좀 더 원문에 가깝고 이해하기 쉽게 번역해 보면 이렇게 볼 수 있습니다.

행복하도다! 심령에 가난한(가난을 느끼는) 자는
왜냐하면, 천국이 저희 것이기 때문이다.

먼저 '가난'이라는 단어부터 보겠습니다. '가난'이라는 단어는 '프토코스'라는 헬라어인데 '절대적인 가난'을 의미합니다. 도무지 자신에게 필요한 것이 자신에게서 발견되지 않는 것을 말합니다. 절대적인 결핍입니다. 이런 결핍은 금전적으로 가난한 자만 느끼는 것은 아닙니다. 객관적으로 아무리 부자라고 하더라도 자신에게 필요한 것을 자신에게서 찾을 수 없다면 그때, 가난함을 느낍니다.

기업을 운영하는 큰 부자가 있는데 당장에 어음 막을 자금이 없으면 거기서 큰 가난을 느끼게 될 것입니다. 반면 아무것도 가지지 못한 사람이라 할지라도 자족하면서 가난을 느끼지 않는 자들도 있습니다. 사도 바울께서도 로마 감옥에서 '내가 부에도 처할 줄 알고 가난에도 처할 줄 알아서 일체의 비결, 자족하는 법을 깨달았기 때문에 부한 것과 가난한 것이 아무런 문제가 되지 않는다.(빌 4:12)'고 고백했습니다. 가난이란 자신이 가진 것의 많고 적음에서 느끼는 것이 아니라 자신에게 꼭 있어야 할 것이 없음에서 나타납니다.

'심령이 가난하다'고 합니다. 여기 심령(프뉴마)이라는 용어는 인격적인 기능 '지, 정, 의'의 활동을 지배하는 기관을 지칭하는 것으로써, 심령이란 전 인격을 대변합니다. 그렇기에 심령에 가난을 느낀다는 것은 지적인 측면, 정서적인 측면, 의지적인 측면 모두에 걸쳐 전인적으로 자신이 어떻게 할 수 없는 절대적인 결핍을 느끼고 있는 것입니다.

무엇이 결핍되었는가?

이처럼 처절한 가난함, 심각한 결핍을 느끼는데 행복하다니, 도저히 납득이 가질 않습니다. 오늘날에는 절대적 가난이라는 것을 거의 경험하지 않는 풍요로운 시대를 살고 있지만 바로 이전 세대만 해도 심각한 가난을 경험하셨습니다. 이전 세대들은 가난이 얼마나 큰 고통이며, 슬픔인지를 뼈저리게 경험하신 분들입니다. 가난은 결코 행복일 수 없습니다. 그런데 예수님께서는 '가난한 자들아, 너희는 행복하도다.'라고 하셨으니 이게 어찌된 것일까요?

가난이란 있어야 할 것이 결핍되어 있을 때 느끼는 것이라고 했습니다. 사막에서 물이 없는 것과 같습니다. 이들에게는 지금 소원하는 것이 있어야 살고, 없으면 고통 속에 죽게 됩니다. 그런데 이들이 행복한 자가 되었다고 합니다. 그렇다면 이들의 결핍은 어떤 방식으로든지 해소된 것입니다. 절대적 결핍으로 인하여 고통하며 불행해하던 자들의 결핍이 채워졌기에 행복한 자가 된 것입니다.

과연 그들에게 결핍 되었던 것은 무엇일까? 그들에게 무엇이 채워졌는지를 보면 알 수 있습니다. 사막에서 물이 없어 고통 받는 사람에게 금이나 빵이 주어진다고 행복해지지 않습니다. 그들이 행복해졌다는 것은 그들이 소원하던 바로 그것이 채워진 것을 의미합니다. 그들에게 주어진 것이 무엇입니까? 오늘 본문을 한 번 더 보겠습니다.

마5:3下심령이 가난한 자는 복이 있나니 천국이 저희 것임이요

가난한 자들에게 주어진 것은 '천국'입니다. 예수님께서는 천국이 이들에게 주어졌기 때문에 행복하다고 말씀하고 계십니다. 천국으로 인해서 이들이 행복해진 것입니다. 따라서 이들이 결핍을 느끼고 있던 것은 바로 천국이었음을 알 수 있습니다. 이들은 하나님 나라의 통치를 갈망했던 것입니다. 하나님 나라에 대해서 깨닫고 하나님 나라의 통치를 소원했던 것입니다. 마치 우리가 일제 식민 시절에 독립을 소원하고, 독재시절에 민주정부의 통치를 소원하던 것에 비유할 수 있습니다.

가난한 자들 + 결핍으로 인한 소원　　= 행복

가난한 자들 + 천국이 주어짐　　　　= 행복

결핍으로 인한 소원 = 천국

그런데 이것을 이룰 수 있는 그 어떤 힘도 자신에게는 없기에 심각한 결핍을 느끼고 가난함을 느꼈던 것입니다. 이들에게 하나님 나라의 통치를 바라는 소원은 있어도 그만이고, 없어도 그만인 정도가 아닙니다. 꼭 있어야 했기 때문에 이루 말할 수 없이 간절합니다.

그런 소원을 가진 자들에게 하나님 나라가 주어졌습니다. 이들이 자신들의 힘으로 하나님 나라를 이룰 수 없고 도무지 감당할 수 없어서 지금까지 계속 가난을 느끼고 있는데, 전적으로 나의 외부로부터 하나님 나라가 주어졌습니다. 가난한 자들, 조금도 받을만하지 못해서 여전히 가난을 벗어날 수 없는 자들에게 값없이 주어진 것입니다. 하나님께서 거룩함에 대한 감각을 깨워주셔서 이제 거룩한 것이 무엇인지, 의로운 것이 무엇인지 알 수 있게 되었습니다.

부유함과 가난함의 역설

그런데 알면 알수록 거룩함과 의, 하나님 나라를 나 자신이 이룰 수 없다는 것에 대해서 확인하게 됩니다. 더 나아가 자신이 하나님 나라 백성이 되기에 부적합함을 깨닫습니다. 그래서 여전히 절대적인 가난을, 너무도 심각한 것에 대한 결핍을 느끼는 것입니다. 하나님께서는 하나님 나라와 거룩함과 의를 주셨으나 그것이 우리의 가난을 더욱 드러나게 합니다. 그렇기에 그리스도인은 여전히 가난하지만, 지금 행복한 자입니다. 대단히 역설적입니다.

이해를 위해서 예를 들어 보겠습니다. 동화 '왕자와 거지'를 생각해 볼 수 있습니다. 거지는 어느 날 왕자가 되었습니다. 왕궁에 살고, 왕자의 옷을 입고, 왕자로 대접받습니다. 그런데 자신은 왕자답지 못합니다. 왕자다운 자태와 인식의 결핍이 있습니다. 경험하지 못한 상황을 만날 때마다 큰 결핍을 깨닫고 가난을 느끼게 됩니다. 자신이 왕자가 아니고 거지라는 사실을 내면에서 확인하게 됩니다. 이것이 바로 그리스도인들이 느끼는 내적인 상태입니다.

그리스도인은 이 세상 무엇보다도 고귀한 하나님 나라를 받았습니다. 그렇기에 그리스도인보다 부요한 자는 없습니다. 그리스도인보다 행복한 자도 없습니다. 우리는 거룩함과 의를 가지고 하나님 나라에서 그 백성다운 삶을 영위할 수 있게 되었습니다. 그럼에도 진정한 그리스도인은 자신을 부요하다고 말하지 못합니다. 하나님 나라를 소유한 것보다 더 큰 것을 욕심내기 때문에 만족하지 못해서 하는 말이 아닙니다. 자신을 볼 때 존귀한 하나님 나라의 격에 맞지 않기 때문입니다. 하나님 나라 백성으로 살기에는 너무도 부족해서 심각한 가난함을 매일 매일 느끼면서 살아가기에 가난한 자입니다.

그런데 하나님 나라 백성이라고 하면서도 그렇지 않은 경우도 있습니다. 가난을 느끼지 못하고 자신들이 부유하다고 생각한 자들은 역사상 늘 있었습니다. 예수님 당시에는 유대인들이 그러했습니다. 이들은 자신들이 아브라함의 자녀이기에 하나님 나라를 상속받을 권리가 있고, 또한 자신들은 여호와가 택한 선민이기에 자신들에게 하나님 나라를 건설할 힘이 있다고 믿고 있었습니다. 그래서 그들은 하나님 나라를 값없이 주겠다고 주장하시는 예수님을 받아들이지 않고 십자가에 못 박았습니다.

오늘날에도 많은 사람들이 하나님을 믿지 않고 거부합니다. 이들은 비록 자신들에게 약간의 결핍은 있을지라도 그리 심각한 것이 아니며, 자기 자신이 가진 것으로 충분히 해결할 수 있을 것이라고 생각하여 신앙을 갖지 않는 것입니다. 그리고 교회에 다닌다고 하면서도 유대인과 같이 자신에게 자격과 권리가 있다고 생각하거나 아니면 하나님께서 자기에게 있는 약간의 결핍만 해결해 주시면 충분히 자기 자신의 문제와 더 나가서 하나님 나라의 문제까지도 해결할 수 있을 것이라고 생각하는 자들이 무수히 많습니다.

이것은 결코 바른 신앙이 아니며, 거기서 하나님 나라의 거룩함과 의가 이루어지기를 바라기는 어렵습니다. 우리는 전적으로 무능한 자들입니다. 우리 안에는 도무지 천국적인 요소, 하나님 나라를 이루어갈 수 있을 만한 어떠한 것도 존재하지 않습니다. 그런 우리에게 전적인 하나님의 은혜로 천국을 가져다 주셨습니다. 그리고 그 천국은 지금 아무것도 가지지 못한 가난함 속에 있는 우리에게 주어져서 우리는 천국에 살고 있으며, 그래서 행복합니다. 이것이 그리스도인의 본질이며 실체입니다.

당신은 행복한가?

행여 당신이 행복하지 않으시다면 심각한 문제가 될 수 있습니다. 왜냐하면 예수님께서는 천국이 주어진 사람은 행복하다고 선언하고 계시기 때문입니다. 여러분께 천국이 주어졌다면 반드시 행복할 것입니다. 행복하지 않다는 것은 천국백성, 하나님나라의 백성답지 못한 것입니다. 하나님의 백성이라고 하면서 행복하지 않다면, 그는 가짜이거나 아니면 하나님 백성이 누리는 행복이 뭔지 모르는 것입니다.

한편 어떤 이들은 천국을 소유해서 행복해 하기는 하는데 가난함은 느끼지 않는 자들이 있습니다. 이들 또한 심각한 고민을 해야 합니다. 왜냐하면 이럴 때에는 내게 행복을 주는 천국이 내가 만든 천국일 가능성이 높기 때문입니다. 만약 어떤 사람이 돈의 천국, 권력의 천국, 만족의 천국, 안정의 천국을 소유하고 이것으로 행복을 누리고 있다면, 그는 심령의 가난함을 느끼지 않을 뿐만 아니라 진정한 천국이 주는 행복과도 관계가 없는 사람일 것입니다.

우리에게 주어진 천국을 보십시오. 풍성한 천국의 은혜를 받고 있는 우리야말로 세상이 줄 수도 없고, 알 수도 없는 참다운 행복을 소유한 자들입니다. 그러나 천국과 나 사이의 거리가 얼마나 먼가에 대해서 느끼는 만큼 우리는 가난을 느껴야 마땅합니다. 그 절절함이 온몸에 느껴져야 하나님이 요구하시는 자리로 걸어갈 수 있는 것입니다.

진심으로 말씀 드리고 싶은 것은 그 길로 가기로 마음먹고 걷기 시작 할 때까지가 가장 힘들다는 것입니다. 인간적으로 너무 힘들 것 같아서, 도무지 엄두가 나지 않아서 그냥 바라만 보고 있을 때가 가장 힘들고, 발걸음을 걷기 시작하면 오히려 편안하고 순탄함을 느끼게 됩니다. 그 걸음을 잘했다 칭찬하시는 하나님의 손길을 느낄 수 있습니다. 때때마다 주시는 실증도 무수히 보여주십니다. 순탄한 길로 인도해 주시기도 하고, 어려움 가운데 기도하면 응답하심을 보게 될 것입니다. 정말 예수 믿는다는 것이 무엇인지 경험하게 될 것입니다.

이게 없으면 예수 못 믿습니다. 어디서 철학책이나 잔뜩 쌓아놓고 혼자 공부하는 것이 맞는 거지 예수는 그런 식으로는 못 믿습니다. 관념적이고 무미건조한 진리의 추구라는 것은 학자들의 책상에서나 하는 것이지, 이 땅에서 처절히 삶을 살아내는 신자들에게는 불가능에 가깝습니다.

관념적인 추구를 멈추고 예수 믿는 사람으로서의 삶을 살기 시작해야 합니다. 팔복을 통해 보이신 존재에 걸맞은 인격을 훈련해야 합니다. 이미 세상의 소금과 빛이 된 자답게 미워하지 않고, 맹세하지 않고, 오른편 뺨을 맞으면 왼편 뺨도 돌려대고, 원수를 사랑하는 것들을 실제로 하십시오. 그것이 진정 무엇을 말씀하시는 것인지 바로 알고 그 말씀대로 하겠다는 각오로 한 걸음을 걸으십시오. 그러면 그 삶을 예수 그리스도께서 얼마나 귀히 여기시는지, 얼마나 풍성한 은혜로 채워주시는지, 우리에게 주시는 참 행복이 무엇인지 확인하게 될 것입니다.

3

애통하는 자의 복 /
눈물을 흘리며 씨를
뿌리는 자는

본문: 마태복음 5 : 4

애통하는 자는 복이 있나니 저희가 위로를 받을 것임이요

2장에서는 팔복 중에서 첫 번째의 복, 심령이 가난한 자에 대해서 살펴보았습니다. 이는 '있어서 절대적으로 가난함을 느끼는 자'를 말씀합니다. 아무리 자신을 살펴도 하나님 나라를 이룰만한 어떤 요소도 가지지 못했음을 확인하여 절대적인 결핍을 깨달은 자입니다. 경험하지 않은 것에 대해서는 동경할 수는 있으나 절대적인 결핍을 느낄 수 없습니다. 천국을 경험하지 않은 자에게서는 천국에 대한 절박함이란 나타나지 않습니다. 그렇기에 천국에 대해 막연한 동경이 아니라 절대적인 가난함을 느낀다면 그는 이미 천국을 맛본 자입니다.

소유하고서도 가난을 느끼는 것은 이미 천국을 받은 사람에게서만 발견되는 현상입니다. 전적으로 하나님께서 자신에게 주신 것이기 때문에 자신은 여전히 천국에 대해 가난합니다. 동시에 가난하고 무능한 그가 천국을 소유했기 때문에 행복합니다. 이것은 자신 안에 하나님 나라적인 요소가 없음을 깨닫고, 자신이 하나님의 통치에 순응하여 은혜를 받아야 할 존재라는 것을 인정하는 지적인 깨달음입니다.

심령이 가난한 자와 애통하는 자의 관계

팔복은 각각의 성격을 가진 사람들을 말하는 것이 아니라 하나님 나라 백성이 가지는 내면적 특성을 설명해 놓은 것입니다. 즉, 팔복에 나열된 것은 한 사람이 가지는 각각의 특성이며, 이런 특성을 종합적인 성격으로 가진 존재가 바로 하나님 나라 백성이라는 말씀입니다. 그렇기에 각각의 특성들은 어디까지는 이 특성의 영역이고 어디까지는 저 특성의 영역이다. 라고 경계를 확정지을 수 없을 만큼 상호간에 깊은 연관성을 가지고 있습니다.

지금 살펴보려고 하는 애통하는 자라는 특성도 이미 살펴본 심령이 가난한 자와 깊은 연관성이 있습니다. 심령의 가난함이 지적인 깨달음이라면, 애통함이란 절대적 가난에 대한 지적인 깨달음이 점점 심화되어 마침내 정서적인 측면의 변화로 나타나는 것을 말합니다.

애통함이란 어떤 것인지 좀 더 구체적으로 살펴보기 위해 본문으로 들어가 보겠습니다. 한글 개역에서는 잘 살아나지 않지만, 이 구절도 다시 '마카리오스'라는 단어로 시작합니다. 지금 그 상태가 '행복하다'는 것입니다. 번역을 새롭게 해보면 '행복하도다! 애통하는 자들아'로 시작하고 있습니다.

우리는 애통하는 것과 행복한 것이 동시에 일어난다는 것을 이해하기 어렵습니다. 그래서 혹시 기쁨의 눈물을 흘리는 수준은 아닐까 생각해 볼 수도 있습니다만 그것은 아닙니다. 본문에 쓰인 '애통한다.'는 말은 슬픔이 너무 커서 외부로 터져 나오는 상태를 의미하는 단어가 쓰였습니다. 그래서 한글 개역성경에서도 '슬퍼하는 자'라고 하지 않고, '애통하는 자'라고 했습니다. 탄식이 절로 나오고, 통곡이 절로 나올 정도로 심각한 고통으로 인한 슬픔입니다.

하나님 나라 백성으로서의 애통함

예수님께서는 이처럼 큰 고통으로 슬퍼하는 자가 행복하다고 하셨습니다. 그래서 이 본문은 많이 오해됩니다. '세상살이를 하다보면 때때로 고통에 시달려서 애통하게 되는데 이때 절망하지 마라. 왜냐하면 인생은 새옹지마(塞翁之馬)라고 다 슬픈 일도 기쁜 일이 되기도 하고, 오늘의 고통이 내일의 더 큰 행복을 가져오는 것이다' 하는 식으로 생각합니다. 그러나 이것은 일반적으로 사람들을 격려하는 좋은 말은 될 수 있겠지만 예수님께서 가르치시려는 말씀은 아닙니다. 본문은 당신의 제자들에게 하신 말씀입니다. 즉, 하나님 나라의 도리를 가르치신 것이지, 일반 사회적인 원칙이나 경험을 가르치신 것이 아닙니다.

그렇기에 여기서 애통하는 자란, 그저 자신의 인생을 살아가면서 경험하게 되는 슬픔과 고통에 애통하는 자를 말하는 것이 아닙니다. 하나님 나라 백성으로서의 위치에 서 있을 때, 그로 인해서 받게 되는 슬픔과 고통이 빚어내는 애통을 말씀하신 것입니다. '심령이 가난한 자'는 천국 백성이면서도 자신 안에 천국적인 요소가 절대 결핍되어 있음을 깨닫는 자라고 했습니다. 그런 '심령이 가난한 자'는 시간이 지날수록 점점 가난함에 대한 지적인식이 확고해지면서 정서에도 영향을 받게 됩니다. 그리고 그것이 자신의 존재 전 영역에서 현실적으로 표출됨을 경험하면 애통함을 느끼게 됩니다.

이때 먼저 자기 자신에 대해서 애통을 느끼게 됩니다. 무릇 하나님께서 이 땅위에 사람을 내신 목적은 왕이신 하나님의 대리통치자로 서 존재하는 것이었습니다. 땅의 모든 피조물들에게 하나님의 왕 되심을 인간들이 반영해야 했습니다. 그런데 타락하여 죄인의 자리 에 떨어짐으로써 인간은 자신에게 맡겨졌던 사명을 완전히 상실하 였고, 이제 사명을 상실한 사실 자체도 깨닫지 못하게 되었습니다. 주께서 하나님의 백성을 삼으셔서 새 생명을 주시자 자신의 무능을 깨닫게 된 것입니다. 하나님께서 인간에게 하나님 나라를 구현해 나 갈 것을 명하셨는데 자신 안에는 이 일을 감당할 능력이 상실되었음 을 확인하게 된 것입니다.

더 나가서 자신의 죄와 무능뿐만 아니라 세상 전체가 하나님 나라 에 대해서 반대하고 방해하려는 경향을 가졌음을 확인하게 됩니다. 그래서 더욱 마음이 곤고해지며 심한 고통을 느낍니다. 이것이 적극 적이고 능동적인 모습으로 나타나는 것이 바로 의를 위해서 핍박을 당하는 것입니다. 이럴 때 자신이 당하는 고통으로 인해 애통하기도 하지만, 하나님 나라를 적극적으로 반역하는 세상의 현실에 대해서 더욱 애통함을 느끼게 됩니다. 본문이 말씀하는 하나님 나라 백성으 로서의 '애통함'이란 바로 이런 것입니다.

위로를 받을 것이다

이처럼 하나님 나라의 백성으로 서 있음으로 인해 애통하게 되는 자는 행복할 것인데, 그 이유는 '왜냐하면 그들은 위로를 받을 것이기 때문입니다.(직역)' 애통하는 자가 지금 행복한 이유는 위로를 받기 때문이라고 합니다. 여기서의 위로는 그냥 입으로 "아, 참 불행한 일이군요. 그래도 어떻게 하겠습니까? 마음을 편히 하십시오." 하는 립 서비스가 아닙니다. 그 사람의 슬픔을 공감할 수 있는 자리로 위로하는 자가 내려가서 함께 슬퍼하며, 함께 고통을 당하는 것을 의미합니다.

누가 이처럼 참된 위로자가 될 수 있겠습니까? 신으로서, 천상의 존재로서 그냥 있어서는 이런 실제적인 위로자가 될 수 없습니다. 그래서 성자 하나님께서 인간의 몸을 입으시고 이 땅에 오셨습니다. 우리에게 참된 위로를 주시기 위해서 임마누엘하신 것입니다. 임마누엘이란, '하나님이 우리와 함께 계신다.'는 뜻입니다. 그렇기에 예수님께서 나사로의 죽음 앞에서, 과부의 아들의 죽음 앞에서, 그리고 회개하지 않고 장차 멸망하게 될 예루살렘 성을 향해서 눈물을 흘리셨던 것입니다. 이들의 고통과 슬픔을 진정으로 아시고, 함께하신 것입니다.

또한 예수님께서 승천하시기 전에 우리에게 보혜사 성령님을 보내셨습니다. 보혜사라고 번역된 단어가 본문에 '위로'라는 단어와 같은 단어입니다. 즉, 보혜사라는 뜻은 '위로자'라는 뜻입니다. 그러므로 애통하는 자에게 위로자인 성령님을 보내셔서 우리에게 위로를 주시는 것입니다. 이것이 바로 하나님 나라 백성이 받는 위로입니다. 성령님께서, 하나님께서 우리와 지금도 함께 하고 계시기 때문에 하나님 나라 백성은 그들의 왕과 함께 있는 기쁨과 행복을 경험합니다.

오늘날 우리는 무엇에 애통을 느껴야 하는가?

하나님 나라 백성이라고 해서 다 동일한 애통을 느끼는 것은 아닙니다. 이것에는 단계가 있습니다. 처음에는 자신의 죄조차 깨닫지 못하고 있다가 자신의 죄로 인해 슬퍼하게 되고, 다음에는 다른 사람들의 죄로 인하여도 슬퍼하게 되며, 적극적으로 하나님 나라를 대적하는 세력을 만나게 되는 사실에 슬퍼하게 됩니다. 이 사실의 연장선상에서 예수님께서는 모든 인류의 죄와 고통에 대해 슬퍼하시고 애통하셨으며, 또한 그것을 감당하시기 위해서 십자가를 지셨습니다.

이처럼 각자의 수준과 사명에 따라 다른 수준과 다른 영역의 애통을 지니게 됩니다. 마태복음 16:24절을 보겠습니다.

마16:24이에 예수께서 제자들에게 이르시되 아무든지 나를 따라오려거든 자기를 부인하고 자기 십자가를 지고 나를 좇을 것이니라.

우리는 봄 마실가듯, 소풍가듯 예수님을 따라 가는 것이 아닙니다. '자기 십자가', 자신에게 맡겨진 사명을 지고서 좇아오라는 예수님의 요구를 따라가는 것입니다. 사명이라고 하면, 목사나 선교사나 전도사가 되는 것과 같이 종교적인 직업을 떠올리곤 합니다. 그렇게 생각하게 되니 일반적인 그리스도인들은 자신의 사명이 무엇인지 잘 깨닫지 못합니다. 자신을 부르신 이유와 목적을 알아야 합니다. 그 속에 그리스도께서 주시는 은혜와 풍성한 실증이 있기 때문입니다.

'자기 십자가', 자신의 사명을 어떻게 깨닫느냐? 어떻게 찾아가느냐? '자기 십자가'란 자신에게 맡겨진 애통입니다. 자신이 어떤 일, 어떤 영역에서 애통을 느낀다면 그것은 자신의 십자가요, 자신의 사명입니다. 이것은 개인에게만 해당되는 것은 아닙니다. 그 시대의 그 교회도 자신들의 사명을 깨닫고 감당해야 합니다. 그때에도 '교회적으로 과연 어떤 것에 애통을 느끼는가?'가 바로 그 시대의 그 지교회가 감당해야 할 사명일 가능성이 높습니다.

우리의 애통과 우리의 사명

오늘날 교회에 주시는 하나님의 은혜를 살펴볼 때 교회가 이 시대에 가장 애통하게 느끼는 것은 하나님의 교회의 바른 자태를 찾아보기 힘든 현실에 대한 슬픔입니다. 그렇기에 우리시대에는 이 일을 바르게 세우는 일에 온 교회의 역량을 다해서 감당해야 합니다. 교회의 회원으로 서 있는 것은 바로 이런 교회의 사명과 관련하여 자신의 삶을 경영해가야 하는 것이지, 자신의 유익과 안위를 추구하고 나가는 것이 결코 아닙니다.

교회의 사명과 관련하여서, 그리고 교회의 회원으로서, 교회의 분자로서 가지는 개인의 사명을 수행하는 일에서도 우리는 큰 어려움과 심한 슬픔을 느끼게 될 것입니다. 자신의 사명을 수행하는 일을 막아서는 세상의 강력한 힘 앞에서 우리는 연약한 믿음 때문에 가슴을 치며 울게 될 것입니다. 그리스도인으로서 살아가는 일을 제대로 수행하지 못하면서 애통하게 될 것입니다.

　그때 우리는 다음의 말씀을 붙잡고 힘을 내며 나가야 합니다. 시 126:5-6입니다.

　시126:5눈물을 흘리며 씨를 뿌리는 자는 기쁨으로 거두리로다. 6울며 씨를 뿌리러 나가는 자는 정녕 기쁨으로 그 단을 가지고 돌아오리로다.

　우리는 하나님 나라 백성이며, 전령입니다. 우리는 반역의 도시에 왕의 포고문을 가지고 온 자들입니다. 그렇기에 반역의 도시인 이 세상을 바라볼 때 패역함과 부조리함으로 인해 마음에 슬픔이 생기게 되는 것입니다. 우리가 아무리 외친다고 해도 저들은 듣지 않을 것이며, 돌이키지 않을 것입니다. 뿐만 아니라 우리가 외치는 소리를 싫어하여 왕의 전령인 우리를 핍박할 것입니다.

　그럼에도 불구하고 우리는 눈물을 흘리면서라도 씨를 뿌려야 합니다. 주께서는 우리를 위로하시리라고 분명히 약속하셨습니다. 또한 우리가 정녕 기쁨으로 단을 가지고 돌아오리라고 약속하셨습니다. 이러한 주님의 약속과 위로가 우리에게 늘 실현되기 때문에 우리는 행복한 자입니다. 이 행복이 우리에게 다 주어져 있습니다. 이 행복을 풍성히 누리실 수 있기를 바랍니다.

4
온유한 자의 복(1)
나는 마음이 온유하고
겸손하니

마태복음 5 : 5

"온유한 자는 복이 있나니 저희가 땅을 기업으로 받을 것임이요"

본문에 '땅을 기업으로 받는다.'는 것은 유산으로 받는다는 의미입니다. 그래서 팔복 중에 드디어 복다운 복이 주어졌다고 생각하는 사람들도 있을 것입니다. 땅을 유산으로 받는다는 것은 대단한 것이죠. 땅을 유산으로 받는다고 하면 아마도 당연히 행복할 것입니다. 땅에 욕심이 나시는 분들께서는 성경에서, 예수님께서 가르치신 부동산 컨설팅에 귀를 기울여 보시는 것도 좋을 듯합니다.

하나의 심상

팔복은 각각의 사람들을 말씀하는 것이 아니라 한 사람이 가지는 성격의 특성들이라고 말씀드렸습니다. 마음이 가난하고, 애통하고, 온유하고, 의를 목마른 것 같이 간절히 사모하고, 긍휼히 여기고, 마음이 청결하고, 화평케 하는 특성을 성격으로 가진 사람이 바로 그리스도인이라는 말씀입니다. 그래서 우리는 그리스도인이 가지는 각각의 특성들을 살펴봄으로써 그리스도인의 자태를 확인하고 있는 것입니다. 오늘은 세 번째 성격적 특징인 온유한 자에게 주어진 행복에 대해서 살펴보려고 합니다.

온유함이란 앞에 나오는 심령이 가난함, 애통함과 깊은 연관성을 가지고 있습니다. 심령이 가난하다는 것은 거룩하신 하나님과 하나님 나라를 대면하면서 느끼게 되는 절대적인 결핍입니다. '심령의 가난함'이 지속적이고 반복적으로 경험되면서 정서적인 태도로 얻게 되는 것이 바로 '애통함'입니다. 무능력과 죄인 됨으로 꽉 차있는 자신의 실체를 현실에서 반복적으로 확인하면서 애통을 느낄 뿐 아니라, 또한 하나님을 대적해 나가는 이 세상의 태도를 보면서 애통하게 되는 것입니다.

이런 빈곤과 애통을 느끼는 것은 참으로 고통스러운 일인데, 오히려 행복을 느끼게 되는 이유는 자신 안에서 발견되지 않는 하나님의 성품과 하나님 나라의 능력, 그리고 하나님 나라 자체가 값없이 주어졌기 때문입니다. 하나님께서 지금 이 땅위에 하나님 나라를 건설해 나가시는 역사를 바라보고 위로를 얻고, 결국에는 완성된 하나님 나라가 도래할 것이라는 사실이 위로가 되어 애통하는 자가 행복을 느끼는 것입니다.

이들이 하나님 나라와 자신들에게 적대적으로 행하는 이 세상에 대하여 어떤 의지를 가지고 행동해야 하는지에 대한 답이 바로 '온유함'입니다. 가난함과 애통을 느끼는 그리스도인이 하나님 나라를 대적하는 이 세상을 이길 수 있기 위한 전략과 전술을 의지적으로 다듬고 절제하여 갖게 되는 삶의 형태가 바로 온유입니다.

온유의 어원

본문은 온유한 자가 땅을 기업으로 받게 될 것이라고 합니다. 사실 우리가 경험하게 되는 현실에서는 땅을 차지하는 사람은 결코 온유한 자가 아닙니다. 역사적으로 징기스칸, 알렉산더, 시저, 나폴레옹과 같은 대정복자들이 땅을 차지했습니다. 이들 개개인의 성격이 다 온유했는지는 잘 모르겠지만 역사적 평가는 그렇지 않을 것입니다. 오늘날에는 온유한 자가 땅을 차지하는 것이 아니라 돈 많은 사람이 땅을 차지합니다. 돈 많고, 땅 많은 사람은 다 온유한 사람이라고 억지를 부릴 수 있을지 모르겠습니다만 거기에 동조하는 사람은 많지 않을 것입니다.

그렇다면 과연 "온유한 자는 복이 있나니 저희가 땅을 기업으로 얻을 것임이요"라는 본문의 말씀은 어떻게 이해해야 할까요? 이것을 이해하기 위해서는 문제를 둘로 나누어 첫째는 온유하다는 말은 무엇을 의미하는가?, 둘째는 땅을 기업으로 받는다는 것은 무엇인가를 따로 생각해 봐야 합니다. 일단 첫 번째 문제를 살펴보도록 하겠습니다.

먼저 온유하다는 말이 어떤 뜻을 가진 말인지 살펴보겠습니다. 이것을 논의하기 전에 여러분께서 기억해야 할 아주 중요한 사항이 있습니다. 무엇이냐 하면, 우리는 지금 번역된 용어를 보고 있다는 사실입니다. 성경을 번역할 때에 어떤 단어들은 그 뜻을 그대로 담고 있는 우리말 단어를 발견할 수 없어서 비슷한 단어를 사용할 수밖에 없을 때가 많이 있습니다. 예를 들면 어느 선교지에서는 '복음'이라는 단어에 해당되는 말이 없는데, 가장 가까운 표현이 '돼지가 나타났다'이라면 '예수 그리스도의 복음'이라는 말을 '예수 그리스도의 돼지가 나타났다'로 번역 할 수 있습니다. 전혀 다른 단어이지만 뜻이 전달되도록 쓰인 것입니다. 본문의 '온유하다'도 원문의 뜻에 가장 가까운 우리말이기는 하지만, 우리가 생각하는 '온유함'과는 많이 다른 의미를 가지고 있습니다.

온유함은 신구약 전반에 걸쳐서 나타나는 중요한 개념의 심상입니다. 성경에 온유함을 나타내기 위해 여러 단어들을 쓰고 있는데 그 중 가장 중요한 단어는 히브리어 '아나브'입니다. 이 단어는 온유하다는 의미 이외에도 가난하다, 곤고하다는 말로도 번역할 수 있는 단어입니다. 우리가 일반적으로 온유하다고 하면 온순하고 부드럽고 평안하고 안락한 상태를 상상하게 되는 것과는 거리가 있습니다.

'아나브'는 돈을 많이 가지고 있는 사람이나 큰 세력을 가진 사람의 교만과 탄압 앞에서 고통과 괴로움을 당하고 있을 때에 가지는 태도를 표시하던 말입니다. 그렇기에 고통을 당하고 환난을 받는 상황과 온유는 밀접한 관계를 가지고 있으며, 온유함이란 이런 억압의 상황에서 발생하는 특별한 심적인 상태인 것입니다.

그렇다고 압제나 환난이나 핍박으로 말미암아 비로소 온유함이 형성되는 것은 아닙니다. 고통을 많이 겪으면 마음이 넓어지고 온유해진다는 것이 아닙니다. 거기엔 인과관계가 없습니다. 즉, 어떤 사람은 고통을 많이 겪어서 마음이 온유해질 수도 있으나 또 다른 경우에는 고통의 경험이 그 사람으로 하여금 비뚤어진 인식과 편협함을 갖게도 하는 것입니다.

온유함이 압제적인 환난과 연결된 이유는 고통과 환난이라는 정황이 있어야만 비로소 온유하다는 심적인 상태를 식별할 수 있기 때문입니다. 조용하고 평화로울 때에는 그 사람이 온유한지 아니면 호전적이고 투쟁적인지를 알 수 없습니다. 환란이 오고 압제가 나타나서 악이 횡행할 때에 거기에 대해서 반작용으로 몇 가지 심정적인 상태가 나타납니다. 한 가지는 억압의 불의함에 대해 맹렬히 일어나서 반격하고 나가는 강한 호전성을 가지는 경우입니다. 그렇지 않으면 힘이 미치지 못하기에 분연히 일어나지는 못하지만 가슴 속에 맹렬한 분노를 품게 되는 경우도 있습니다. 하지만 이런 태도와 다르게 그런 악한 자들의 발호에도 마음이 안정되어서 심리적인 평온을 유지하는 사람도 있습니다. 이 중에서 마지막의 태도, 이런 괴로운 일을 당할 때에라도 가지게 되는 심리적인 평온을 온유라고 합니다.

그렇다고 유약하고 비겁해서 하고 싶어도 하지 못하니까 그냥 참고, 그러다가 시간이 가면 망각해서 흐지부지 잊어버리고 체념해 버리는 것을 온유라고 하지 않습니다. 덤볐다가는 더 큰 손해를 볼 테니까 차라리 조금 손해를 보고 말지 큰 손해를 볼 것 없다고 생각하며 주저앉아 버리는 것은 특별히 온유해서 그런 것이 아닙니다. 이것은 자신 스스로의 평화와 행복을 유지하기 위한 방도요 그 사람의 지혜로움은 될 수 있을지 모르지만, 참된 온유는 아닙니다.

진정한 온유함

그저 참는 것도 진정한 온유가 아니고, 그런 고통과 억압의 상황에서라도 진실로 심리적인 평온함을 누려야만 온유라면 과연 누가 온유할 수 있겠습니까? 인간은 아무도 진정으로 온유할 수 없습니다. 그러나 그리스도인은 이런 온유가 가능한 자입니다. 어떻게 이런 비인간적으로 보이는 온유함이 가능하겠습니까? 마태복음 11:29을 보겠습니다.

^{마11:29}**나는 마음이 온유하고 겸손하니 나의 멍에를 메고 내게 배우라 그러면 너희 마음이 쉼을 얻으리니**

배워서 가능하다고 하십니다. 예수님께서 온유하고 겸손하시니 예수님께 배우라고 하십니다. 그리스도인들은 도무지 인간으로서는, 이 세상에서는 불가능해 보이는 참된 온유를 예수 그리스도께 배워서 온유한 자가 되어야 합니다. 예수님의 온유는 어떤 모습이었을까요? 베드로전서 2:23을 보겠습니다.

^{벧전2:23}**욕을 받으시되 대신 욕하지 아니하시고 고난을 받으시되 위협하지 아니하시고 오직 공의로 심판하시는 자에게 부탁하시며**

이것이 바로 예수님의 온유하신 태도입니다. 욕을 받으시고 고난을 받으시더라도 직접 공격하거나 위협하지 않으셨습니다. 다만 전능하시고 공의로우신 하나님께 부탁하셨습니다. 왜냐하면 하나님의 공의는 만족을 받으셔야 하는 까닭에 불의와 횡포와 사회악과 모든 악한 것이 그대로 존재하는 것을 용납지 않으실 것이므로 하나님의 거룩하신 공의에 부탁하신 것입니다. 예수님께서 직접 하실 수 있는 능력을 가지고 계셨음에도 불구하고 직접 악을 갚지 않으신 것입

니다. 사도 바울께서도 그리스도인들에게 로마서 12:19에서 이렇게 분명히 명령하셨습니다.

롬12:19내 사랑하는 자들아 너희가 친히 원수를 갚지 말고 진노하심에 맡기라 기록되었으되 원수 갚는 것이 내게 있으니 내가 갚으리라고 주께서 말씀하시니라

또한 신명기 32:35에는,

신32:35보수는 내 것이라 그들의 실족할 그때에 갚으리로다. 그들의 환난의 날이 가까우니 당할 그 일이 속히 임하리로다.

라고 말씀하셨습니다. 그들이 실족할 그때에 갚으시며, 그 환난의 날이 가깝다고 하셨습니다. 하나님께서 당신의 공의로우심을 따라서 그 죄악을 갚으실 날을 유심히 보고 계시며, 또한 그날이 그리 멀지 않을 것이라고 하십니다. 하나님의 공의는 마지막 날에 심판대에서 아주 확연히 드러나겠지만, 이 땅 위에서도 만족을 받으시며 시간의 역사 속에서 때를 따라 공의를 이루시기 위하여 필요한 대로 일반적인 법칙 하에서 형벌을 내리시며 때로는 적극적으로 죄를 형벌하십니다.

그러므로 하나님을 믿는 자들은 이런 하나님의 역사하심을 믿고 전능하신 하나님의 손에 맡겨서 가장 적절할 때에 원하시는 대로 때를 따라서 일반적인 심판과 하나님의 적극적인 심판을 내리시기를

하나님 앞에 잠잠히 기다려야 합니다. 이것이 바로 온유의 태도입니다. 그렇기에 온유는 하나님을 믿는 자들에게만 나타날 수 있는 것입니다.

하나님의 심판은 멀다?

그러나 그리스도인이라고 하더라도 이런 믿음이 연약하여 세상이 '법은 멀고 주먹은 가깝다'고 하면서 하나님의 심판하심이 멀다고 생각할 수 있습니다. 하나님을 믿기에 마지막 날의 심판하심은 인정하지만, 눈앞의 죄와 악의 횡포에 대해서는 하나님께서 침묵하시고 그냥 넘어가신다고 생각하기 쉽습니다. 우리의 경험과 인식의 한계 때문에 하나님께서 하시는 일을 다 보지 못하기 때문입니다. 그래서 악을 보면서 불평하고 분노하기도 하고, 다른 한편으로는 자신도 당장의 유익을 위해 거짓말을 해서 어떻게든 넘겨보려고 하고, 죄를 짓고 하는 것입니다.

이런 생각을 가지고 있는 하나님의 백성들이 우리만은 아니었습니다. 그래서 하나님께서는 당신의 백성들에게 시편 37편의 말씀을 주신 것입니다. 참으로 놀랍고 은혜로운 말씀이기에 꼭 보셨으면 좋겠습니다. 전체적으로 동일한 주제를 노래하고 있는데 1절부터 20절까지 보도록 하겠습니다.[2]

---

2 괄호( ) 안은 필자가 보충 설명한 내용임.

시37:1행악자를 인하여 불평하여 하지 말며 불의를 행하는 자를 투기 하지 말지어다. (그 이유는) 2저희는 풀과 같이 속히 베임을 볼 것이며 푸른 채소같이 쇠잔할 것임이로다 3여호와를 의뢰하여 선을 행하라 땅에 거하여 그의 성실로 식물을 삼을지어다. 4또 여호와를 기뻐하라 저가 네 마음의 소원을(하나님 나라적인 소원임) 이루어 주시리로다. 5너 의 길을 여호와께 맡기라 저를 의지하면 저가 이루시고 6네 의를 빛 같이 나타내시며 네 공의를 정오의 빛같이 하시리로다. 7여호와 앞에 잠잠하고 참아 기다리라 자기 길이 형통하며 악한 꾀를 이루는 자를 (악한 꾀로 잘 먹고 잘 사는 사람) 인하여 불평하여 말지어다. 8분을 그치고 노를 버리라 불평하여 말라 (그렇게 하는 사람이 오히려) 행악에 치우칠 뿐 이라 9대저 행악하는 자는 끊어질 것이나 여호와를 기대하는 자는 땅 을 차지하리로다 10잠시 후에(하나님께서 정하신 때에) 악인이 없어지리니 네가 그곳을 자세히 살필지라도 없으리로다(개인적인 복수심으로 '이놈 언 제 죽나 보자'는 식이 아니라 하나님 나라적으로 악의 영향에 대한 염려 때문에 살펴 보는 것임) 11오직 온유한 자는 땅을 차지하며 풍부한 화평으로 즐기리 로다 12악인이 의인 치기를 꾀하고 향하여 그 이를 가는도다. (그렇지 만 오히려) 13주께서 저를 웃으시리니 그날의 이름을 보심이로다. 14악 인이 칼을 빼고 활을 당기어 가난하고 궁핍한 자를 엎드러뜨리며 행 위가 정직한 자를 죽이고자 하나 15그 칼은 자기의 마음을 찌르고 그 활은 부러지리로다. 16의인의 적은 소유가 많은 악인의 풍부함보다 승하도다. 17악인의 팔은 부러지나 의인은 여호와께서 붙드시는도다. 18여호와께서 완전한 자의 날을 아시니 저희 기업은 영원하리로다. 19 저희는(의인들) 환난 때에 부끄럽지 아니하며 기근의 날에도 풍족하려 니와 20(의인과 대조적으로)악인은 멸망하고 여호와의 원수는 어린 양의 기름같이 타서 연기되어 없어지리로다.

이는 하나님께서 하신 말씀이며 약속입니다. 이와 같이 당신의 자녀들을 지키실 것을 굳건히 믿으시기 바랍니다. 이 말씀을 믿는 자, 하나님께서 의인을 보호하시며 악인을 반드시 멸하시리라는 것을 분명히 믿는 자만이 진정으로 온유할 수 있는 것입니다. 그리스도인이 온유하지 못한 것은 다른 이유가 아니라 바로 이 말씀에 대한 믿음이 부족한 것입니다. 이보다 어떻게 더 확실하게 말씀하실 수 있습니까!

하나님께서 악에 대해서, 죄에 대하여 형벌하시되 1+1=2와 같이 산출하여 심판하시는 것이 아니라 가장 적절할 때에 원하시는 대로 때를 따라서 일반적인 심판과 적극적인 심판을 내리십니다. 우리의 인식의 한계가 비록 악인은 죽을 때까지 잘 먹고 잘 살 것 같이 보인다 할지라도, 그것은 우리의 어리석음에서 비롯된 착각인 것입니다. 이것이 실체입니다. 이렇게 믿어야 하나님을 믿는 것이고 역사를 운행하시는 하나님의 섭리를 알게 되는 것입니다.

한걸음 더 나가서

이 믿음이 확고하면 우리는 온유해질 수 있으며 한걸음 더 나아가서 다음과 같은 태도까지라도 보일 수 있습니다. 베드로전서 3:9입니다.

^{벧전3:9}악을 악으로, 욕을 욕으로 갚지 말고 도리어 복을 빌라 이를 위하여 너희가 부르심을 입었으니 이는 복을 유업으로 받게 하려 하심이라

누군가 하나님을 대적하고 이유 없이 나에게 악하게 대할 때에 우리는 그를 위해서 진정으로 기도해야 합니다. 회개하여 그 죄와 악에서 돌이킬 수 있기를 간절히 소원해야 합니다. 왜냐하면 그에게 하나님의 공의의 심판이 분명히 임할 것이기 때문에 그렇습니다. 그가 계속 그렇게 가면 큰일 날 것이 너무도 분명하기 때문에 그를 불쌍히 여기는 마음으로 그에게 하나님의 은혜가 임하기를 소원해야 합니다. 원수를 사랑한다는 것은 이렇게 나타나는 것입니다. 이 일을 위하여 우리가 부름을 받은 것입니다.

이런 심정과 소원이 아직 우리 안에 일어나지 않는 이유는 우리 안에 아직 진정한 온유가 자리하고 있지 않은 것입니다. 그것은 그 나라의 땅을 차지할 자, 하나님 나라 백성다운 자태, 복을 유업으로 받을 자답지 못한 것입니다. 그것은 우리의 모습이 아닙니다. 이 세상 사람들의 모습입니다. 그들은 도저히 하나님의 공의를 믿을 수 없고, 그래서 온유할 수 없으며, 더 나아가 원수를 위해 기도하고 원수를 사랑할 수 없습니다.

오직 신자만이 할 수 있습니다. 그렇기에 우리는 더욱 분발하여야 합니다. 우리는 그리스도인입니다. 그리스도인은 그리스도인다워야 합니다. 그리스도의 온유하심을 따라 배워서 원수까지 사랑할 수 있

는, 복되고 거룩한 신자다운 자태를 이루고 풍성히 누려 나가는 저
와 여러분이 되기를 소원합니다.

5

온유한 자의 복(2)
온유한 자의 분노

마태복음 5 : 5

온유한 자는 복이 있나니 저희가 땅을 기업으로 받을 것임이요

4장에서 살펴본 것처럼 온유함이란 악의 세력 앞에서도 마음이 흔들리지 않고 평온함을 유지하는 것이라고 했습니다. 이런 태도는 산중 수련이 아니라 하나님을 믿는 믿음으로 이루어집니다. 그렇다고 '참고 있으면 나중에 복으로 갚아 주신다.'는 것을 말하는 것이 아닙니다. 사람들은 불확실한 것에 배팅을 하려고 할 때 '믿는다.'는 말을 씁니다. 그때의 '믿는다.'는 신뢰할 수 없는 결과에 대한 두려움을 잠재우기 위한 진통제에 불과합니다. 우리의 '믿음'을 이런 가짜 믿음과 혼동하지 말아야 합니다.

진정한 믿음이란 눈에 보이지는 않지만 흔들릴 수 없는 사실에 대한 신뢰입니다. 하나님께선 공의로우셔서 악에 대하여 정하신 때를 따라 심판하신다는 사실을 보게 되고, 이런 반복된 경험이 믿음을 형성합니다. 공의를 역사 안에서 드러내시는 공의의 하나님이시라는 것을 이론이 아닌 경험으로 알게 되면 자연히 실존적인 믿음을 갖게 됩니다. 이런 믿음을 가진 자는 압제의 현실이 다가와도 흔들리지 않습니다. 오히려 하나님께서 그런 자들을 심판하실 것임을 알기에 그 압제자를 불쌍히 여길 수 있게 됩니다. 이런 믿음과 태도를 가진 자가 바로 온유한 자입니다.

욕과 저주를 퍼부으시는 예수님

그렇다고 온유한 자가 전혀 화를 내지 않는 것은 아닙니다. 놀랍게도 본보기는 예수님에게서 발견됩니다. 우리는 예수님께 온유함을 배워야 한다고 했습니다. 그런데 마태복음 23:33-35을 보시겠습니다.

> 마23:33뱀들아 독사의 새끼들아 너희가 어떻게 지옥의 판결을 피하겠느냐 34그러므로 내가 너희에게 선지자들과 지혜 있는 자들과 서기관들을 보내매 너희가 그 중에서 더러는 죽이고 십자가에 못 박고 그 중에 더러는 너희 회당에서 채찍질하고 이 동네에서 저 동네로 구박하리라 35그러므로 의인 아벨의 피로부터 성전과 제단 사이에서 너희가 죽인 바라갸의 아들 사가랴의 피까지 땅 위에서 흘린 의로운 피가 다 너희에게 돌아가리라"

'독사의 새끼들아'라는 말은 유대인에게는 참기 힘든 욕입니다. 제일 심한 욕입니다. 지금 이 욕을 먹는 사람들은 서기관들과 바리새인들인데, 이들은 나름대로 경건하게 하나님을 섬기려고 애쓰고 있던 사람들이었습니다. 그런 자들에게 '사단의 자식'이라고 욕을 하셨으니 대단한 욕을 하신 것입니다. 예수님께서는 이런 욕을 한 두 번만 하신 것이 아닙니다. 마태복음 23장 전체를 이들에 대한 욕과 저주로 채우고 계십니다.

이뿐만이 아닙니다. 예수님께서는 공생애 시작과 끝에 예루살렘 성전에 올라가셔서 돈 바꾸는 사람들과 비둘기를 파는 사람들의 가판대를 엎으시고 채찍으로 내쫓으셨습니다(마 21:12, 막11:15, 눅 19:45, 요 2:14, 15). 당시 종교적인 권력을 가진 자들이 예수님께 끊임없는 제휴의 손길을 보내다가 이런 일들로 인해 완전히 돌아서서 십자가에 못 박아 죽여야겠다는 생각을 갖게 되었습니다. 이처럼 온유함의 표본이신 예수님께서도 화를 내시고, 욕도 하셨으며, 악에 대하여 직접 행동을 보여 주셨다는 사실을 복음서를 통해서 알 수 있습니다. 그러므로 성경을 근거로 화를 내지 않는 것이 온유한 태도라고 생각하는 것은 문제가 있습니다.

'프라우스'

이와 관련해서 좀 더 자세한 설명이 필요할 듯합니다. 앞에서 온유에 대한 히브리어적인 어원의 뜻을 살펴보았습니다. 그렇지만 마태복음 원문은 헬라어로 되어 있습니다. 즉, 마태복음은 히브리적인 사상을 담고 있으면서도 지금 헬라적인 언어와 문화를 접하고 있는 사람들을 대상으로 쓰였습니다. 그렇기에 헬라어 단어에 대한 이해도 필요합니다. 원문에 쓰인 '온유하다'에 해당되는 헬라어 단어는 '프라우스(πραυς)'입니다. 어원적으로는 '연하다, 부드럽다, 온순하다'라는 의미를 담고 있지만 그 용례에서는 사뭇 흥미롭습니다.

아리스토텔레스는 모든 덕목을 양극단의 중용으로 묘사합니다. 예를 들자면 한쪽에 무모함이 있는가 하면, 또 다른 한쪽에는 비겁함이 있고, 그 양자 사이에는 용기가 있다는 식입니다. 그는 이 '프라우스'한 덕(德)에 대해서도 설명을 합니다. 중용의 덕 중에서 '프라우스'한 덕은 "분노에 관하여 중용을 준수하는 것"을 묘사하는데 쓰였습니다. 한편에는 천하고 소시민적인 냉담함이 있고 또 한편에는 성미가 급하고 열정적이며 잔혹하고 성격이 거친 지나친 분노가 있습니다. 이 성격들 사이에 있는 사람이 바로 '프라우스'한 사람이라는 것입니다. '프라우스'한 사람에 대하여 직접적으로는 "너무 성급하지도 않으며 너무 우유부단하지도 않은 사람, 화를 내지 말아야 할 사람에게는 화를 내지 않으며, 화를 내야 할 사람에게는 꼭 화를 내는 사람"으로 정의하고 있습니다.

또 다른 문헌에는 "프라오테스가 되는 것은 책망도 하며 또한 어느 정도 경멸도 할 수 있으며, 그리고 신속하게 보복하지 아니하는, 그리고 너무 쉽게 분노를 자아내지 않을 수 있는, 그러면서 악한 마음과 분통함을 갖지 않을 수 있는, 그리고 마음속에 평온함과 안정성을 유지할 수 있는 능력을 갖는다는 말이다"[3]라고 정의하고 있습니다.

'프라우스'에 대한 헬라인들의 사고는 엄격하고 철저하게 행동할 수 있는 능력 가운데 있을 때 부드럽게 행동할 수 있는 덕목을 가리키는 말임을 확인할 수 있습니다. 그래서 이 단어는 자기에게 반란을 일으킨 사람들에게 원한으로 보복을 행사할 수도 있으나 그들에게 온정을 베푸는 왕을 묘사하는데 사용되었습니다.

우리는 온유함에 대한 히브리어 '아나브'가 가지는 심상과 온유함에 대한 헬라어 '프라우스'가 가지는 용례를 살펴보았습니다. 이처

---

3 윌리암버클레이, 「팔복, 주기도문 강해」, 문동학, 이규민 공역 (서울: 크리스챤다이제스트, 1998), 47-48.

럼 두 가지 언어적인 접근을 다 시도함으로써 비로소 마태복음의 1차 독자들에게 전달된 의미를 이해할 수 있게 되었습니다. 그러므로 성경이 말씀해 주시는 진정한 온유함이란 하나님의 공의로우심을 믿음으로 말미암아 자신에게 오는 압제와 환난에 대해서라도 요동하지 않는 것입니다. 때를 따라 심판을 행하시는 하나님을 바라면서 평온을 유지할 수 있습니다. 이 뿐 아니라 이런 사람은 하나님의 의를 이루는 일에는 흔들림 없이 전진하는 자입니다. 자신의 안녕을 해치게 되는 현실을 볼지라도 타협함 없이 굳건히 서 있는 사람이 바로 성경이 말씀하는 진정으로 온유한 자입니다.

언제 화를 내야하는가?

그런데 문제는 이렇게 되면 우리는 '도대체 불의에 대해서 어떤 때에 참고 어떤 때에는 화를 내고 나가야 한다는 것인가?' 라는 생각을 갖게 됩니다. 이 문제는 참으로 어려운 문제입니다. 기도를 열심히 한다고 해서 갑자기 하루아침에 이런 일을 잘 판단할 수 있는 능력이 생기지도 주어지지도 않습니다.

우리가 현실 속에서 진정 온유한 자로서 반응하고 나간다는 것은 수많은 시간과 시행착오가 필요합니다. 그보다 훨씬 더 중요한 것은 하나님 말씀에 대한 이해와 하나님께서 역사를 경륜하심에 대한 통찰, 하나님의 하나님 되심에 대한 이해, 공의로우심과 공평하심, 그리고 죄인에게까지 은혜로우시고 길이 참으시는 하나님의 사랑하심에 대한 이해가 깊어져야 비로소 진정한 온유를 소유하는 자가 되는 것이지, 설교 한편 들었다고 당장 온유해질 수 있다고 생각하시면 큰 오산입니다.

과연 온유한 자는 어느 때에 참고, 어느 때에 화를 내야 할까? 에베소서 4:26-27은 온유한 자가 화를 내는 법에 대해서 가르쳐 주고 있습니다.

^{엡4:26}**분을 내어도 죄를 짓지 말며 해가 지도록 분을 품지 말고 ²⁷마귀로 틈을 타지 못하게 하라**

분을 낼만한 상황이 되더라도 이것 때문에 이성을 잃어버려서는 안 된다는 말씀입니다. 어떤 분노의 상황이라고 해도 셀프컨트롤 (self-control)이 되어야 합니다. 화를 낼 수는 있습니다. 그러나 분이 지속되면 결국 불평이 되어 마음의 평안을 깨뜨리는 것입니다. 그러면 온유하지 못하게 됩니다. 악으로 인해 촉발된 분을 컨트롤해야 합니다. 그렇지 않으면 분이 불평이 되고, 불평은 결국 자신이 악에 대해 응징하고자 하는 마음을 갖게 합니다. 이것은 오히려 내가 하나님의 심판을 대신하려는 죄를 범하게 만듭니다.

또 한 곳을 보겠습니다. 야고보서 1:19-22입니다.

^{약1:19}**내 사랑하는 형제들아 너희가 알거니와 사람마다 듣기는 속히 하고 말하기는 더디 하며 성내기도 더디 하라 ²⁰사람의 성내는 것이**

하나님의 의를 이루지 못함이니라 ²¹그러므로 모든 더러운 것과 넘치는 악을 내어 버리고 능히 너희 영혼을 구원할 바 마음에 심긴 도를 온유함으로 받으라. ²²너희는 도를 행하는 자가 되고 듣기만 하여 자신을 속이는 자가 되지 말라"

전혀 화를 내지 말라는 말씀이 아닙니다. 화를 내기는 내더라도 더 내라는 말씀입니다. 화내는 것은 급한 문제가 아니라는 것입니다. 사람이 자신의 감정으로 화를 내는 것은 결코 하나님의 의를 이루지 못하니 이 상황 가운데 하나님의 공의를 믿는 자로서 어떻게 반응하여야 할 것인가에 대하여 고민한 후에라야 비로소 바른 화를 낼 수 있고, 그것이 바로 온유함이라는 말입니다.

온유한 분들이 내는 화

위에서 말씀 드렸던 예수님의 분노하심이 바로 이런 화입니다. 또한 사도 바울께서는 참으로 온유한 자이십니다. 그런 그가 어떻게 화를 내시는지 보겠습니다. 갈라디아서 1:8-9입니다.

갈1:8그러나 우리나 혹 하늘로부터 온 천사라도 우리가 너희에게 전한 복음 외에 다른 복음을 전하면 저주를 받을지어다. ⁹우리가 전에 말하였거니와 내가 지금 다시 말하노니 만일 누구든지 너희의 받은 것 외에 다른 복음을 전하면 저주를 받을지어다.

화를 내는 정도가 아니라 저주를 퍼붓고 있습니다. 사도 바울이나 예수님께서 화를 내실 때는 그냥 내시지 않고 저주를 퍼부으시며 맹렬하게 질타하시는 것을 볼 수 있습니다. 또한 구약의 모세는 하나님께서 친히 써주신 십계명 돌판을 가지고 오다가 이스라엘 백성이 부패하여 우상숭배를 하는 것을 보는 순간 돌 판들을 산 아래로 집어 던져서 깨뜨렸습니다. 그리고 우상숭배 한 자들에게 강력한 벌을 가합니다. 출애굽기 32:19-20입니다.

출32:19진에 가까이 이르러 송아지와 그 춤추는 것을 보고 대노하여 손에서 그 판들을 산 아래로 던져 깨뜨리니라 20모세가 그들의 만든 송아지를 가져 불살라 부수어 가루를 만들어 물에 뿌려 이스라엘 자손에게 마시우니라.

송아지 형상의 우상을 갈아서 마시게 했습니다. "그렇게 좋으면 먹고 죽어라" 이겁니다. 정말 우리 입장에서 보면 한 성질 하시는 분입니다. 그런데 그런 모세에 대한 성경의 기록은 놀랍습니다. 민수기 12:3입니다.

민12:3이 사람 모세는 온유함이 지면의 모든 사람보다 승하더라.

모세는 세상 모든 사람보다도 온유한 사람이라는 것이 성경의 평가입니다.

화내는 분들을 온유하다고 하심

예수님이나 사도 바울이나 모세 모두가 화를 내고 있습니다. 그런데도 성경은 이들을 온유하다고 평하고 있습니다. 예수님께서는 당신의 온유하심을 배우라고 하십니다. 이들이 온유하다고 평가되는 이유는 화를 내야할 때에 화를 냈기 때문입니다. 그 때가 언제냐? 하나님의 경륜하심을 알고 또한 자신에게 맡기신 하나님의 사명을 알 때에야 비로소 그 때를 아는 것입니다. 이들은 하나님의 경륜 속에서 하나님이 하시고자 하는 일, 하나님께서 자신에게 맡기신 사명을 이루는 일에 대해서 반대하고 막아서는 것에 대해서 화를 내시고 저주를 하시며 굳건하게 서 계십니다.

그러나 자신에게 돌아오는 압제와 경멸과 모욕들에 대해서는 자신이 나서서 대적하는 것이 아니라 오직 공의로우신 하나님의 심판하심에 맡기고 그 일을 다 당하는 것입니다. "네가 하나님의 아들이라면 십자가에서 내려와 봐라"라고 조롱하던 자들에게 내려오셔서 당신의 존재를 충분히 증명하실 수 있으심에도 불구하고 묵묵히 십자가 죽음을 감당하시는 그 모습이 바로 우리가 배워야 할 온유한 모습입니다.

그러므로 우리는 온유한 자로서 제대로 화를 낼 수 있으려면 먼저 내게 맡기신 사명이 무엇인가에 대한 확인이 있어야 합니다. 아무 곳이나 불의가 보인다고 이리저리 다니는 것은 결코 바른 태도가 아닙니다. 이것은 '사람의 성냄'일 뿐이기에 하나님의 의를 이루지 못합니다. 하나님께서 당신의 백성들을 내실 때에는 하나님 나라의 거룩한 의를 이루는 사명을 주어 보내십니다. 그렇기에 자신의 사명을 먼저 분명히 확인하고, 사명을 막아서는 세력에 대하여 분을 내는 것이 정당하며, 이런 일을 통해서 하나님 나라의 일이 이루어집니다.

그러나 여기서 착각하지 말아야 할 것은 자신의 사명을 막아서는 세력에 대해 화를 내는 것이지, 자신을 막아서는 자에 대해서 화를 내는 것이 아닙니다. 우리는 이 둘을 자주 혼돈합니다.

몽진[4] 속에서 드러나는 다윗의 온유

마지막으로 우리의 삶 가운데서 어떤 형태로 온유함이 드러날 수 있을 것인가를 보기 위해 구약에서 다윗의 온유가 드러나는 한 사건을 보겠습니다. 사무엘하 16장에 보면 다윗이 그의 아들 압살롬의 반역에 쫓겨서 몽진을 할 때에 당한 사건이 기록되어 있습니다. 급히 피하여 가다가 바후림이라는 곳에 이르게 되었습니다. 그 때 이스라엘의 초대 왕 사울의 집안의 시므이라는 자가 나와서 돌을 던지며 다윗을 저주했습니다.

삼하16:7 **시므이가 저주하는 가운데 이와 같이 말하니라 피를 흘린 자여 비루한 자여 가거라 가거라** [8]**사울의 족속의 모든 피를 여호와께**

---

4 임금이 난리를 피하여 안전한 곳으로 피하는 것을 말함

서 네게로 돌리셨도다 그 대신에 네가 왕이 되었으나 여호와께서 나라를 네 아들 압살롬의 손에 붙이셨도다 보라 너는 피를 흘린 자인고로 화를 자취하였느니라

그러자 다윗의 심복들이,

삼하16:9스루야의 아들 아비새가 왕께 여짜오되 이 죽은 개가 어찌 내 주 왕을 저주하리이까 청컨대 나로 건너가서 저의 머리를 베게 하소서

하고 분을 드러냈습니다. 그때 다윗은,

삼하16:10왕이 가로되 스루야의 아들들아 내가 너희와 무슨 상관이 있느냐 저가 저주하는 것은 여호와께서 저에게 다윗을 저주하라 하심이니 네가 어찌 그리하였느냐 할 자가 누구겠느냐 하고 11또 아비새와 모든 신복에게 이르되 내 몸에서 난 아들도 내 생명을 해하려 하거든 하물며 이 베냐민 사람이랴 여호와께서 저에게 명하신 것이니 저로 저주하게 버려두라 12혹시 여호와께서 나의 원통함을 감찰하시리니 오늘날 그 저주 까닭에 선으로 내게 갚아 주시리라 하고

지금 다윗은 아들의 반역으로 인하여 몽진을 가고 있지만 아직 완전히 망한 것은 아닙니다. 조금 후에 반역을 잠재우고 다시 왕권을 찾게 됩니다. 그렇기에 여기서의 태도는 자포자기가 아닙니다. 지금 당장이라도 자신의 신하들을 보내어 시므이를 제압할 수 있는 힘이 충

분히 있습니다. 아니 지금 환난 가운데 있는 상황이기에 분노가 더욱
촉발되어 다윗이 나서서 시므이의 목을 치라고 할만도 합니다.

그럼에도 이 문제에 대해서 자신이 보응하지 않고 하나님께 맡기
고 있습니다. 혹여나 시므이의 저주가 정당한 저주라면 내가 당연히
받아 마땅한 것이고, 혹여 내가 억울함을 당하는 것이라면 하나님께
서 나의 억울함을 감찰하시고 불쌍히 여겨 주시어 선으로 갚아 주실
것이라는 분명한 믿음이 다윗으로 하여금 이런 태도를 견지할 수 있
게 하였으며 이것이 바로 온유한 자의 태도입니다.

6
온유한 자의 복(3)
상속자를 바꾸심

마태복음 5 : 5

온유한 자는 복이 있나니 저희가 땅을 기업으로 받을 것임이요

4, 5장에서 살펴본 온유한 사람이란 의미가 일반적인 개념과 상당한 거리가 있음을 발견하셨을 것입니다. 요약해서 불의 앞에서도 꼼짝도 못하고 그저 좋은 것이 좋은 것이라고 치부하며 은근슬쩍 타협하며 넘어가는 것을 온유하다고 하지 않습니다. 그렇다고 해서 어떤 불의든지 보기만 하면 만화 속 정의의 용사처럼 늘 뛰쳐나가서 아무 곳에서나 싸움을 벌이는 것을 온유하다고 하신 것도 아닙니다.

성경이 말씀하는 온유한 자란 자신에게 다가오는 압제와 환난에 대해서라도 늘 마음이 흔들리지 않고 평온을 유지하는 자입니다. 그러면서도 하나님께서 자신에게 맡기신 사명과 관련하여 하나님의 공의로우심을 대적하는 자들에 대해서는 타협함이 없이 분연히 일어서서 지적할 수 있는 자가 바로 온유한 자입니다.

이처럼 고도의 온유함을 소유할 수 있는 방법은 믿음을 가지는 것입니다. 믿음은 하나님께서 공의롭게 행하심을 무수히 경험하면서 지, 정, 의에 걸쳐 수용하게 되면 형성됩니다. 이것에 실패하였을 때에 예수님께서는 "왜 믿지 않느냐"라고 책망하십니다. 하나님께서 경험케 해주신 것들로 인해 발생한 지식에 당연히 따라와야 할 정서와 감정의 작용으로서의 믿음이 없다는 말씀입니다. 믿을만한 사건들과 요소를 충분히 경험하게 해주셨음에도 불구하고 믿음에 이르지 않고 의심을 지속하느냐는 책망입니다. 정당하고 바른 지식이 있으면 정서는 그것을 따라가야지 그렇지 않으면 정상이 아닙니다. 울어야 할 상황에서 웃고 있다면 우리는 그것을 보고 미쳤다고 말하고 제정신이 아니라고 합니다.

하나님께서 당신님의 공의를 계속 보여주셔서 믿을 수 있게 하시고, 그 믿음이 환난 가운데서도 평온케 하며 압제하는 자를 위해서 기도할 수 있고 사랑할 수 있는 온유한 자로 만들어 주십니다. 그러므로 온유한 자의 온유는 결코 자기 자신의 공로가 될 수 없습니다. 여러분과 저도 비록 지금은 그리 온유하지 못할지 모르지만, 이미 존재론적으로 온유한 자이고 하나님께서 거기에 걸맞게 만드시고야 말 것입니다.

누가 땅을 차지하고 있는가?

마5:5온유한 자는 복이 있나니 저희가 땅을 기업으로 받을 것임이요

참다운 온유함을 소유하게 되면 땅을 기업으로 주신다고 하셨습니다. 하지만 이 세상에서 땅은 누가 차지하게 됩니까? 힘이 강한 자가 차지하게 됩니다. 포악하고 정복욕이 강한 자가 땅을 차지합니다. 오늘날은 경제적 논리를 따라서 돈을 많이 가진 자가 땅을 차지하고 있습니다. 이것이 현실입니다. 우리의 경험이며, 또한 사실입니다. 이것에 대하여 누구도 부인하기 어렵습니다. 이런 엄연한 사실을 보고 있는 우리에게는 온유한 자가 땅을 기업으로 받을 것이라는 말씀은 공허하게 들립니다.

예수님께서 이 말씀을 하실 당시의 청중들의 상황도 우리와 다르지 않습니다. 아니 우리와는 비교할 수도 없을 만큼 심각한 상황이

었습니다. 자신들의 땅을 로마가 점령하고 있었기 때문입니다. 역사상 가장 강력한 군대가 자신들의 삶의 터전을 짓밟아 버렸으며, 로마의 식민통치에 치를 떨어야 했던 사람들이었습니다.

예수님께서 이것을 모르지 않으셨습니다. 그럼에도 불구하고 그들과 우리에게 온유한 자가 땅을 기업으로 받게 될 것이라고 선언하고 계십니다. 그러므로 이 말씀은 예수님께서 하신 분명한 진리의 말씀입니다. 그러면 이 말씀이 어떻게 진리이며, 우리에게는 어떻게 이루어질 것인가에 대해서 살펴보도록 하겠습니다.

상속자를 바꾸심

본문에 '땅을 기업으로 받는다.'는 말씀은 '땅을 상속 받는다'는 뜻입니다. 하지만 이보다 깊은 의미들을 가지고 있습니다. 예수님께서 이 말씀을 하셨을 때에 청중들은 이 말이 가지고 있는 의미를 금방 이해했을 것입니다. 왜냐하면 이 말씀은 예수님께서 구약에 있는 말씀을 인용하신 것이며(시37:11), 청중들은 구약을 잘 알고 있는 유대인들이었기 때문입니다. 그러므로 이 말씀의 깊은 의미를 알려면 구약에서 '땅을 기업으로 받는다.'는 말씀이 어떤 상황과 의미에서 쓰였는지를 알아야 합니다.

레25:23토지를 영영히 팔지 말 것은 토지는 다 내(하나님) 것임이라 너희는 나그네요 우거하는 자로서 나와 함께 있느니라.

땅이 하나님 것임을 아주 분명하게 가르치고 있습니다. 그렇기에 땅을 상속받는다고 하는 것은 하나님께로부터 받는 것입니다. 하나님께서 당신의 백성들에게 땅을 주셨는데, 그것은 그들의 삶을 위해서, 삶의 터전으로써 주신 것입니다. 그래서 땅을 팔지 못합니다. 고대사회의 생존수단은 땅이 거의 전부입니다. 그러므로 땅을 주신다는 의미는 곧 '생존권'에 대한 보장을 의미합니다.

하나님께서 이처럼 이스라엘 민족에게 땅을 제공하시며, 생존권을 보장 하신 이유가 있습니다. 신명기 4: 5-6입니다.

신4:5내가 나의 하나님 여호와의 명하신 대로 규례와 법도를 너희에게 가르쳤나니 이는 너희로 들어가서 기업으로 얻을 땅에서 그대로 행하게 하려 함인즉 6너희는 지켜 행하라 그리함은 열국 앞에 너희의 지혜요 너희의 지식이라 그들이 이 모든 규례를 듣고 이르기를 이 큰 나라 사람은 과연 지혜와 지식이 있는 백성이로다 하리라

하나님께서는 애굽의 노예로 전락해 버린 이스라엘을 구원하여 주셨습니다. 이들을 애굽 땅에서 이끌어 내시고 시내산에서 하나님의 법을 주시고 가나안 땅을 주셨습니다. 이것은 하나님께서 아브라함에게 자손을 주셨고, 땅을 주시고 복의 근원으로 삼으시겠다고 언약하신 것의 성취입니다. 이런 이스라엘 민족은 하나님의 자녀입니다 (출4:22). 그래서 하나님께서 '생존권'에 해당하는 땅을 상속해 주셨습니다.

하나님께서 그들의 생존권을 보장해 주심으로써 그들에게 독특한 문화가 형성되도록 하셨습니다. 하나님의 자녀로서의 특성과 하나님을 섬기는 고도한 문화는 자연스럽게 다른 나라들에게 보이게 돼 있었습니다. 이를 본 다른 나라들이 이스라엘에게 "이 나라 사람은 과연 지혜와 지식이 있는 백성"이라고 부러움을 감추지 못하면서 칭송하고, 고도한 신앙과 문화를 본받아 하나님의 복을 함께 누릴 수 있게 하신 것입니다. 아브라함을, 이스라엘 민족을 복의 근원으로 세우셨다는 것은 바로 이런 의미입니다.

그런데 오늘 본문에는 이제 그 땅을 누가 기업으로 상속받는다고 합니까? 온유한 자가 상속받습니다. 즉, 온유한 자는 하나님의 상속자, 하나님의 자녀라는 말씀입니다. 그동안 이스라엘에게 땅을 주셨던 하나님께서 이제는 온유한 자에게 땅을 주십니다.

왜 이런 변화가 일어났을까요? 그것은 이스라엘 민족이 하나님께서 땅을 주신 목적을 이루지 못하고 스스로 멸망의 길을 걸어갔기 때문입니다. 복의 근원으로 택하셨는데, 이들은 자신들만이 선택받은 민족이라고 여기면서 복을 나눠주지 않고, 고이게 만들어 썩혀 버렸습니다. 그래서 더 이상 민족적인 이스라엘 공동체가 복의 근원으로서의 역할을 감당할 수 없게 되었습니다. 그리하여 온유한 자로 참 이스라엘을 세우시고 이들에게 땅을 주시겠다는 말씀입니다.

인간에게 땅을 주신 이유

사실 이처럼 땅의 상속자가 바뀐 것이 처음은 아닙니다. 타락 전에는 아담과 하와가 땅을 받았었습니다.

창1:27하나님이 자기 형상 곧 하나님의 형상대로 사람을 창조하시되 남자와 여자를 창조하시고 28하나님이 그들에게 복을 주시며 그들에게 이르시되 생육하고 번성하여 땅에 충만하라, 땅을 정복하라, 바다의 고기와 공중의 새와 땅에 움직이는 모든 생물을 다스리라 하시니라

사람에게 땅에 거하면서 다스리라고 하십니다. 이것이 최초의 사람에게 주신 하나님의 적극적인 사명입니다. 하나님의 형상을 따라서 지어진 사람은 땅 위에 하나님의 통치하심을 드러내야 하는 대리 통치자로서 사명을 받았습니다. 이때 땅은 인간의 통치의 대상이면서 동시에 인간의 삶의 터전으로 지어졌습니다. 하나님의 대리통치자로서의 사명을 감당하는 인간에게,

창1:29하나님이 가라사대 내가 온 지면의 씨 맺는 모든 채소와 씨가 진 열매 맺는 모든 나무를 너희에게 주노니 너희 식물이 되리라

라고 하셔서 인간의 먹는 것에 대한 해결을 땅을 통하여 마련해 놓으셨습니다. 이것은 먹는 것에 대한 말씀이라기보다는 더 포괄적으로 인간의 먹고 사는 생존권과 관련된 문제에 대한 말씀입니다. 즉,

인간에게 사명을 맡기시고 이 사명을 감당하는 데에 힘을 쏟을 수 있도록 땅으로 하여금 각종 채소와 열매 등을 제공하도록 하셨습니다. 이것이 땅이 인간에게 주어진 이유입니다.

타락으로 인한 상황 변화

그런데 인간이 타락한 후에 이런 상황, 땅이 인간의 생존을 지지하던 상황이 완전히 바뀌게 되었습니다. 창세기 3: 17-19입니다.

창3:17아담에게 이르시되 네가 네 아내의 말을 듣고 내가 너더러 먹지 말라 한 나무 실과를 먹었은즉 땅은 너로 인하여 저주를 받고 너는 종신토록 수고하여야 그 소산을 먹으리라 18땅이 네게 가시덤불과 엉겅퀴를 낼 것이라 너의 먹을 것은 밭의 채소인즉 19네가 얼굴에 땀이 흘러야 식물을 먹고 필경은 흙으로 돌아가리니 그 속에서 네가 취함을 입었음이라 너는 흙이니 흙으로 돌아갈 것이니라 하시니라

인간의 타락으로 인하여 그 전에 땅이 인간에게 제공하던 시기적절 하고 정당한 열매가 사라지고, 오히려 인간이 종신토록 수고하여야 겨우 땅의 소산을 먹을 수 있게 되었습니다. 하나님께서는 땅으로 하여금 보기에 아름답고 먹기에 좋은 나무들을 나게 하시어 인간의 생존에 필요한 것들을 내도록 하셨습니다. 그러나 땅은 인간의 범죄 이후 저주를 받아 순수하게 곡식과 열매, 식물을 내어 주는 것이 아니라 도리어 가시덤불과 엉겅퀴를 내어 인간의 생존을 곤란하

게 만들고 위협하게 되었습니다.

인간의 입장에서도 타락 전에는 자신의 생존을 위해 먹을 것을 구하는 일이 그리 힘들지 않고 유쾌하게 살았으나, 땅을 갈고 땀을 흘리면서 땅으로부터 억지로 그 소산을 빼앗아 생명을 유지해야 하는 상태가 된 것입니다. 더욱 비참한 것은 인간이 자신의 생존을 위해 수고할 수 밖에 없기에 자신에게 맡겨진 사명을 돌아볼 수 없게 됐다는 사실입니다.

타락으로 인한 관계의 오염은 더욱 심해져서 땅과 사람의 관계만 저주 받고 끝난 것이 아닙니다. 이런 서로에 대한 적대적 행위는 짐승이나 자연계 전반에 걸쳐 확산되었습니다. 이로 인하여 채소와 열매를 먹게 되어 있던 사람이나 짐승들이 이것에 만족하지 못하여 힘으로 상대편을 제압하고 피차에 살육하고 잡아먹게 되었습니다. 이런 살벌함과 포악함이 결국에 인간 사회에까지 들어가서 자신의 생존을 위해 다른 사람을 능히 죽이고, 자신의 안락과 부를 위해서 다른 이들을 노예로 삼고 고역 가운데 빠뜨리는 일이 일어났습니다.

더욱 심각해지는 것은 이제 땅을 차지하고 생존권을 든든하게 확보하여 잘 먹고 잘 살기 위해서라면 사단의 법 아래로 적극적으로 들어가는 일에 인류 모두가 혈안이 되어 있습니다. 이 세상에서 힘 있는 자, 악한 자, 정복적인 야욕과 술수와 탐욕을 가진 자, 돈 많은 자가 땅을 차지하는 현실을 많이 보게 되었습니다. 누구라도 힘이 없고, 돈이 없어서 그렇지 힘과 돈만 된다면 남이 죽던 말든 상관하지 않습니다.

그러나 하나님의 공의는 이처럼 사단의 방법을 가지고 잘 먹고 잘 살려는 자들에 대해서 분명하게 심판하십니다. 물론 그 심판은 하나님께서 정하신 때에, 하나님께서 정하신 방법을 통하여 일반적 심판과 적극적 심판으로 역사 안에서 보응하실 것입니다. 우리 눈앞에 당장 악인이 흥하는 것처럼 보이는 것은 사단의 전략 전술이며, 속임수입니다. 그러므로 악한 자, 힘 있는 자, 돈 많은 자가 잘 산다는 사단이 만든 신화에 속아서는 안 됩니다.

땅을 기업으로 받은 온유한 자

예수님께서는 온유한 자가 땅을 받는다, 생존권을 보장 받는다고 분명히 말씀하셨습니다. 온유한 자에게 땅이 주어진다는 것은 땅이 창조될 때의 목적 그대로 회복된다는 것을 의미합니다. 그렇기에 온유한 자는 더 이상 자신의 생존을 위해 땅에서 수고할 것이 없습니다. 땅이 창조된 목적은 사람의 생존을 위하여 열매와 채소, 안식을 제공하기 위함이었고, 이런 땅이 온유한 자에게 주어졌으므로 온유한 자는 더 이상 자신을 위해서 사단의 방법에 고개를 숙이지 않아도 살아갈 수 있게 되었습니다. 그동안은 하나님께서 내신 사명을 위해 노력하고 싶어도 생존의 문제 때문에 할 수가 없었습니다. 그러나 땅이 다시 그의 생존을 보장하고 있기 때문에 자신에게 맡겨진 사명을 수행할 수 있게 된 것입니다.

온유한 자는 사단의 법칙에 따라서 땅을 소유하지도, 생존권을 얻지도 않습니다. 그것은 사단의 자녀가 되는 길이기 때문입니다. 온유한 자는 자신의 생존이 이미 보장되어 있음을 믿기 때문에 자신의 생존권을 차지하기 위해서 싸우지 않습니다. 그래서 화평을 이루는 자가 되고, 하나님의 자녀임을 증명하게 됩니다. 그리고 이 세상 사람들이 그의 고도한 신앙과 삶의 자태에 감복하여서 하나님의 복을 받는 자리로 함께 나가게 됩니다. 그렇게 온유한 자는 복의 근원이 됩니다.

온유한 자가 땅을 기업으로 받는다는 말씀의 의미를 종합하여 정리해보겠습니다.

'하나님의 공의가 역사 속에 실현될 것을 믿기에 압제와 불의 앞에서도 평온을 누리며, 그런 가운데서 하나님께서 자신에게 맡기신 사명과 관련하여 하나님의 공의로우심을 대적하는 세력 앞에서는 타협함이 없이 분연히 일어서서 지적할 수 있는 자가 바로 온유한 자다. 이들의 생존권을 하나님께서 보장하실 것이며, 이러한 복을 나눠 주는 복의 근원이 된다.'

7

의에 주리고
목마른 자의 복(1)

마태복음 5 : 6

의에 주리고 목마른 자는 복이 있나니 저희가 배부를 것임이요

법을 내시는 예수님

우리가 지금 보고 있는 산상수훈은 하나님께서 이스라엘 백성들을 출애굽하게 하여 시내산에서 모세를 통하여 율법을 주시는 장면을 연상하게 합니다. 이때에 주신 율법이 이들에게 곧 헌법이요, 실정법이었듯이, 예수님께서도 산상수훈을 통하여 이 땅에 실현되는 하나님 나라의 헌법이요, 실정법을 선포하신 것입니다.

민주주의 사회에서는 투표를 통해서 헌법을 선포하지만 왕국에서는 왕이 법을 냅니다. 마태 기자는 산상수훈의 기사를 마치며 청중들의 반응에 대해 마태복음 7:28-29에 이렇게 기록하고 있습니다.

마7:28예수께서 이 말씀을 마치시매 무리들이 그 가르치심에 놀래니 29이는 그 가르치시는 것이 권세 있는 자와 같고 저희 서기관들과 같지 아니함일러라.

산상수훈을 선포하시는 모습이 일반적인 선생의 가르침이 아니라 권세 있는 자, 즉 왕과 같았다는 말씀입니다. 왕이신 예수 그리스도께서 당신의 나라의 성격과 특징, 그 나라 백성들의 삶에 대해서 설명하셨습니다. 이러한 산상수훈 중에서 팔복은 특히 하나님 나라 백성들의 고유한 상태가 어떤 것인지 규정해 주셨습니다. 그렇기에 우리는 팔복을 자세히 살펴보면서 과연 우리가 어떤 존재로 부림 받았는지를 확인함으로써 하나님 나라 백성들에게 내려주시는 풍성한 은혜를 깨달아야겠습니다.

예수님께서는 당신의 백성들을 복이 있는 자라고 하셨습니다. 이것은 원문대로 이해하자면 여덟 가지로 '행복한 자'입니다. 즉, 행복하다는 것이 하나님 나라 백성의 가장 특징적인 모습이라는 말입니다. 하나님 나라 백성들은 행복한데, 왜 행복한지, 무엇 때문에 행복한지, 그 이유를 여덟 가지로 가르치셨습니다. 우리는 우리가 행복한 이유, 행복할 수밖에 없는 세 가지 이유를 살펴보았습니다. 그리고 오늘은 네 번째 행복한 이유를 확인하겠습니다.

주리고 목마름

6절은 '의에 주리고 목마른 자'가 행복하다고 하셨습니다. 그 이유는 저희가 배부르게 될 것이기 때문이라고 하십니다. 여기서 본문이 '의'에 주리고 목마른 것이었기 때문에 '의'에 대해서 배부르게 될 것이라는 말씀이라고 생각해야 합니다. 의에 주리고 목말라 하면 물질적인 복, 물질적인 풍요를 준다는 식으로 생각하는 것은 코미디이며 바른 해석이 아닙니다.

먼저 '주리고 목마르다'는 것에 대해서 생각해 보겠습니다. 굶주림과 목마름이란 고통스러운 상태이기에 이것이 해결되기를 소원하는 것은 인간의 생리적인 욕구 중에서도 가장 강력한 욕구입니다. 더욱이 여기에 쓰인 단어는 아주 심각한 굶주림과 목마름을 의미합니다. 이 목마름과 굶주림의 상태가 조금만 더 지속된다면 곧 죽게 될 정도의 상황을 말합니다. 특히 여기 표현되어 있는 목마름은 그저 우리가 여름에 느끼게 되는 목마름 정도가 아니라 사막을 헤매는 가운데 당장 물을 마시지 않으면 죽을지도 모르는 정도의 목마름을 이야기합니다.

오늘날 우리 대부분은 물질적인 풍요 속에 살기에 여기서 말씀하는 굶주림과 목마름을 경험한 적이 거의 없기에 그저 상상만 할 수 있을 뿐입니다. 하나님 나라 백성은 이처럼 '의'에 대하여 심각한 굶주림과 목마름을 느끼며, '의'가 채워지기를 간절히 열망하게 된다는 말씀입니다.

과연 나는 '의'에 대하여 이렇게 강렬한 열망을 가지고 있는가? 다른 무엇보다도 '의'가 이루어져야겠다는 소원을 간절히 가지고 있는가? 혹여 '돈'에 대해서만 그런 간절함이 있고, 돈만 있다면 '의' 정도는 살짝 무시하는 것이 나를 훨씬 더 행복하게 만들 것이라고 생각하고 있지는 않은지 모르겠습니다. 그러나 예수님께서는 '돈'을 열망하는 자가 행복한 것이 아니고, '의'를 소원하는 자가 행복하다고 하셨습니다.

배부르게 될 것이다

이들이 왜 행복한 자인가 하면, 곧 배부르게 될 것이기 때문입니다. 목마른 자가 오아시스를 눈앞에 보고 있다면 아마도 이보다 행복한 일은 없을 것입니다. 여기서의 배부름이란 단어는 어떤 가축이나 동물이 먹기를 간절히 원하다가 좋은 먹을 것을 만났을 때 아주 배불리 먹고 나서 다시 요구할 것 없이 배부른 상태를 나타내는 말입니다. 우리도 아주 배가 고플 때에 음식을 만나서 배부르게 먹으면 포만감속에 행복을 느낍니다. 하물며 본문에서 말하는 기아의 상태에서 물과 음식을 만나 배불리 먹고 느끼는 행복은 비교할 수 없이 클 것입니다.

바로 '의'에 대해서 이런 포만감을 느끼고 행복하게 될 것이란 말입니다. 하나님 나라 백성들은 '의'에 대하여 심각한 굶주림을 느끼는데, '의'가 배부르도록 제공되고, 그것을 풍성히 경험하게 되니 자연적으로 행복을 느끼는 것입니다.

그런데 이 말씀을 보면서 '의'를 따라가면 결국 잘되게 되어 물질적인 풍요를 누리게 될 것이라고 생각하는 것은 참으로 아전인수 격인 해석입니다. '의'에 대해 죽을듯한 굶주림과 목마름이 있는 사람에게 '돈'이 주어진다면 그것은 그에게 복이 아니며, 행복할 수 없습니다. 아마 이 사람은 '의'가 채워지지 않아서 곧 죽게 될 것입니다. 그런데도 이런 식으로 성경을 해석하시는 분들은 자신이 이미 돈과 물질의 노예라는 사실부터 인식해야 합니다.

'의'에 대하여

그럼 '의'란 무엇인가? 여기에 쓰인 '디카이오수넨'은 우리가 흔히 말하게 되는 정의, 공의, 의로움 등의 의미를 담고 있습니다. 그런데 이 개념은 명료한 것 같이 보이지만 그리 쉬운 개념이 아닙니다. 모든 사람들이 정의에 대한 갈망이 있기에 모두가 정의를 말할 수 있습니다. 그러나 문제는 '의'에 대한 보편적인 갈망은 있으면서도 보편적인 정서를 가지지 못합니다. 그래서 시대마다, 사회마다, 심지어 개개인들에게서 전혀 다른 '의'에 대한 개념을 발견하게 됩니다.

예를 들자면, 지금 우리 사회는 일부일처제입니다. 이것이 '의'입니다. 하지만 이전만 해도 정실부인이 있고, 첩이 허용된 일부다처제의 사회였습니다. 오늘날에도 아랍에서는 일부다처제를 허용하고 있습니다. 이런 사회에서는 한 남자가 여러 명의 여인들과 혼인관계를 맺고 있으나 불의한 것이 아닙니다. 오히려 능력이 있는 남자는 여러 명의 여인들을 부인으로 거둬 주어서 삶을 유지할 수 있도록 해야 할 의무가 있습니다. 그것이 '의로운' 행위라는 말이기도 합니다.

이런 모습은 성경 속에서도 나타납니다. 아브라함은 부인이 사래와 하갈, 둘이었습니다. 야곱은 부인이 네 명이나 되었습니다. 그럼에도 하나님께서는 이것을 가지고 탓을 하지 않으십니다. 오히려 야곱의 네 명의 부인에게서 난 열 두 아들을 각각 복을 주셔서 이스라엘의 열 두 지파를 형성할 수 있도록 하셨습니다. 성경에 이렇게 되어 있다고 오늘날도 여러 명의 부인을 두는 것이 정당하다고 할 수 있습니까? 그렇게 말할 수는 없습니다.

이 외에도 '의'에 대한 상반된 모습들은 세상에든지, 성경 안에서

든지 무수히 많습니다. 성경 속 '의'에 대해서 명확하게 이것이라고 규정하여 가르쳐주고 있지 않기 때문에 무엇을 '의'라고 하고 무엇을 '불의'라고 판단해야 할지 알기 어렵습니다. 오늘날은 절대적인 '의'나 '선'이 존재하지 않는다고 선언하는 철학이 득세하고 있기에 이 문제는 점점 미궁으로 빠지는 듯합니다. 이런 사상들이 결국 허무주의를 취하게 만듭니다.

하나님의 의로우심

그러나 그리스도인들은 세상 사람들과 달리 아주 명확한 '의'에 대한 기준을 가지고 있습니다. 바로 하나님께서 '의로운' 분이시며, '의'의 근원이십니다. 그렇기에 그분의 뜻과 행위는 모두 '의'가 됩니다. 그런 하나님께서 인간을 창조하실 때 하나님의 형상대로 인간을 창조하셨고 하나님의 의를 사람에게도 심으셨습니다. 하나님의 뜻, '의'가 인간의 행동을 통하여 이 땅위에 이루어지게 하셨습니다. 우리는 이 사실을 주기도문을 통해서 기도하고, 고백합니다.

^{마6:10下}**뜻이 하늘에서 이룬 것 같이 땅에서도 이루어지이다**

이렇게 기도하면서도 사실 그게 뭔지도 모르고 기도할 때가 더 많습니다. 이게 바로 중언부언입니다. 사람은 하나님의 뜻에 순종하면서 하나님의 '의'를 땅에 시현(示現)하는 것이 사명입니다. '하나님께서 의로우시니 땅의 문제는 이렇게 하는 것이 하나님의 뜻에 부합

하며, 그것이 의로운 것이다' 이런 태도로 일을 수행할 때에 하나님의 뜻이 이 땅에 실현되고, 하나님을 영화롭게 하며, 비로소 거기에 '의'가 성립됩니다.

즉, 의란 하나님께서 내신 본의를 충족하게 수행하는 것입니다. 그렇기에 인간적인 측면에서 아무리 아름답고 고결하고 가치 있다고 생각하며, 의롭다고 생각할지라도 하나님의 뜻, 하나님께서 자신에게 내신 사명과 어긋나 있다면 그것은 의가 아니라 불의입니다.

네 번째 복에 대한 이해

이제 우리는 '의', '주리고 목마름', '배부름'에 대해서 다 살펴보았습니다. '의에 주리고 목마른 자는 배부르게 될 것'이라는 말씀을 더욱 깊이 이해하기 위해서는 앞의 세 가지 복의 연속선에서 이해하려는 노력을 해야 합니다.

마5:3심령이 가난한 자는 복이 있나니 천국이 저희 것임이요 4애통하는 자는 복이 있나니 저희가 위로를 받을 것임이요 5온유한 자는 복이 있나니 저희가 땅을 기업으로 받을 것임이요

팔복을 시작하게 되는 심령이 가난함이란 자기 자신에게 하나님 나라적인 요소가 없음을 발견하고 하나님을 사모하며, 하나님 나라 백성다운 성품을 소원하지만 자신의 실존적인 비참과 가난을 지적으로 확

인하고 있는 상태입니다. 이런 가난, 결핍을 느낀다는 것은 이미 그가 하나님 나라(천국)에 들어와 있다는 반증입니다.

이미 하나님 나라 백성으로서 세상 속에 살면서 그 속에 하나님 나라가 없음을 반복적으로 경험하고 깨달으면 자연히 가슴에 말할 수 없는 큰 정서적인 슬픔을 가질 수밖에 없습니다. 즉, 애통하는 자가 되는 것입니다. 이런 슬픔 속에 있으면서도 행복한 것은 슬픔 속에서도 하나님께서 함께 해 주시는 위로가 있기 때문입니다.

이런 가난함과 애통함에 대해 결핍을 채우시며, 위로하시는 하나님을 경험하는 자는 이제 의지를 가지고 세상에 대한 일관된 태도를 가지게 되는데 그것이 바로 온유함입니다. 이런 온유한 자에게는 땅을 기업으로 주신다 하였습니다. 사실 땅은 본래 인간의 생존을 위해서 지어졌지만 타락으로 말미암아 오히려 인간의 생존을 위협하고 있었습니다. 땅은 가시와 엉겅퀴를 내어서 인간과 대립적인 전쟁의 관계였습니다. 그런데 이제 하나님을 믿음으로 의지적으로 일관된 온유한 태도를 가진 자에게 다시 땅이 생존에 필요한 것을 내어 주게 됩니다. 이처럼 지, 정, 의가 다 새롭게 된 자들에게 땅을 통하여 내리셨던 형벌의 저주가 풀리고 땅을 통한 복이 임하는 것입니다.

의에 주리고 목말라 하게 됨

땅이 사람의 생존에 필요한 것을 공급하고, 하나님께서 다시 땅을 통하여 생존을 보장해주시자 사람은 드디어 본래의 사명을 수행할 수 있게 되었습니다. 땅의 저주 아래에서는 하고 싶어도 할 수 없었던 하나님의 뜻을 시현하는 일, 하나님을 영화롭게 하는 일을 다시 할 수 있게 되었습니다. 하나님의 의를 이 땅위에 드러낼 수 있게 되었습니다. 그래서 우리는 "하나님의 뜻이 하늘에서 이루어지는 것과 같이 이제 땅에서도 우리를 통하여 이루어지옵나이다."라고 기도하게 되는 것입니다.

이 본래의 사명에서 유리방황하며 고통하며, 얼마나 많은 통곡을 했습니까? 이 본의적인 사명에로 회복되기를 우리의 속사람이 얼마나 고대했습니까! 하나님의 의를 드러내는 일에 대하여 얼마나 굶주리고 목말라 했습니까! 의에 주리고 목마르다는 말씀은 바로 이 말씀입니다. 이렇게 의에 주리고 목마른 자, 하나님께서 사람을 내신 본래적인 사명을 이루기를 간절히 소원하는 자에게는 의가 풍성히 주어져서 배부르게 될 것이라고 약속해 주십니다. 하나님의 의가 이루어지는 것을 아주 분명하고 풍성하게, 흡족히 경험하게 될 것임을 말씀해 주셨습니다. 이것이 바로 하나님의 백성이 누리게 될 행복입니다.

이런 풍성한 은혜, 행복은 결국 교회를 통하여 맛볼 수 있게 됩니다. 왜냐하면 우리는 의에 주리고 목마른 자일 뿐 아니라 우리를 통하여서 의가 이루어지게 되어 있는 존재이기 때문입니다. 혼자서 자신을 통하여 이루어지는 의로는 그리 풍성함을, 배부름을 느끼지는 못합니다. 그러나 교회 안에서는 나를 통하여 드러난 하나님의 뜻,

하나님의 '의'만 경험되는 것이 아니라 서로가 서로의 지체로서 존재하기 때문에 그 공동체 어느 누구를 통하여 드러난 하나님의 뜻과 의도 다 나의 경험이 되어 풍성하게 되며, 배부르게 됩니다.

더 나아가서 그 공동체 전체를 통하여 이루시는 하나님의 뜻, 의가 있고 이것은 교회의 분자로 서있는 자들에게는 개인적으로 경험하는 것과는 비교할 수 없을 만큼 강한 맛을 냅니다. 왜냐하면 개인적인 경험들은 시간이 지나면 의심되기도 하고, 잊혀 지기도 쉽지만 공동체적인 의에 대한 경험은 객관적인 사실로써 분명히 서있기 때문에 사단의 훼방에라도 쉽게 무너지지 않고 우리를 든든히 세워주기 때문입니다.

우리 공동체에도 이와 같은 하나님의 뜻이 드러나는 일, 하나님의 의가 시현되는 일이 풍성해져서 의에 배부르게 되기를 간절히 소원합니다.

8

의에 주리고
목마른 자의 복 (2)

마태복음 5 : 6

의에 주리고 목마른 자는 복이 있나니 저희가 배부를 것임이요

예수님은 하나님 나라의 왕이십니다. 예수님께서는 우주적 통치권인 '권능의 왕국'의 왕권과 그의 백성과 교회에 대한 통치를 행하시는 '은혜의 왕국'의 왕권을 다 가지고 계십니다. 이러한 예수님의 통치권은 이미 이 세상에 임하였습니다. 그렇기에 하나님의 나라는 이 세상의 모든 정치, 사회, 문화 등의 전반에 걸쳐서 침투하고 있습니다. 이 예수님의 왕권의 시현이 그의 나라 백성인 우리에게 맡겨졌습니다. 예수님께서는 우리의 머리되시기에 우리는 그분의 수족이 되어야 합니다. 예수님의 수족으로서 이 세상에 예수님의 뜻을 알려야 하며 그분의 능력을 실현해 나가야 합니다.

또한 우리는 이를 통하여 통치자 수업을 받고 있는 것이기도 합니다. 장차 임할 하나님 나라에서 우리는 열 고을을 다스리게 될 것입니다.(눅19:17). 그때 좋은 통치자가 되기 위해서는 하나님의 법에 대한 바른 이해와 깨달음이 있어야 합니다. 하나님의 통치 원리와 의의 표준, 그리고 지혜에 대해서 깊은 통찰을 갖추어야 합니다. 이러한 통치자로서의 소양을 이 세상에서 하나님의 백성으로 살면서 얻도록 되어 있습니다.

그렇기에 우리는 이 세상의 삶을 충실히 살아야만 합니다. 예수 믿는 것이 그저 천국행 티켓을 따놓고 그것만 붙잡고 있는 것이라고 생각해선 안 됩니다. 우리는 사법고시와 행정고시를 준비하는 수험생과 같습니다. 시험에 떨어지는 일은 없을지라도 고시생들이 공부하는 것보다 훨씬 더 열심히 해야 합니다. 지금 내게 맡겨진 작은 것에 최선을 다해야 합니다. 그것이 열 고을을 통치하는데 유용하게 쓰일 것입니다. 나중에 자신에게 맡겨진 고을들을 제대로 통치하려면 지금 준비하지 않으면 안 됩니다.

의의 두 가지 측면

의란 하나님의 뜻이 이 땅에 드러나는 것입니다. 그때 당신의 백성들에게 사명을 주시고 실현해 나감을 통해서 그 의를 드러내십니다. 우리가 '하나님의 뜻이 하늘에서 이루어지는 것같이 이 땅에서도 이루어지이다.'라고 기도하는 의미가 바로 이것입니다. 우리를 통해서 이루어지는 하나님의 뜻, 하나님의 의가 우리의 의에 대한 배고픔을 해결해 줍니다.

그런데 우리가 각자 개인으로서 존재함은 의에 대한 우리의 배고픔을 채울 수 없습니다. 겨우 굶어 죽지 않고 끼니를 연명하는 정도밖에 되지 않는 것입니다. 우리가 진정으로 배부르기 위하여서는 교회로 세워져 있어야만 합니다. 비로소 그때 우리들 각자에게 내려주시는 의의 양식을 함께 먹음으로써 의에 배부를 수 있습니다. 또한 교회 공동체 전체에게 주시는 의의 양식까지 맛보게 되어서 풍요롭게 의를 먹고 그 포만감에 노래할 수 있게 됩니다.

7장에서 결국 의란 하나님의 뜻이 이 땅에 드러나는 것이라고 결론적인 이야기를 말씀 드렸습니다. 이번에는 의란 구체적으로 무엇인가에 대해서 좀 더 살펴보려고 합니다.

오늘날 의라고 하면 '배분적인 의'라는 측면을 중요하게 생각합니다. 아리스토텔레스는 '각자에게 그의 몫'을 배분해 주는 것이 '배분적인 의'라고 정의했습니다. 우리는 자본주의적 사회에 살다 보니 배분적 의에 대해서 적극적으로 찬성하는 정서를 갖고 있습니다. 당연히 옳은 이야기다 하는 생각을 하게 됩니다. 그러다 보니 성경의 내용 중에서 선뜻 항복되지 않는 부분이 생깁니다. 대표적으로 마태복음 20:1-16에 있는 포도원 주인의 비유가 그러합니다. 여기서 포도원 주인은 모든 품꾼들에게 동일한 임금을 지불합니다. 우리는 위에서 말씀드린 것처럼 납득하는데 어려움을 느낍니다. 이야기 속에서 가장 오래 일한 일꾼들도 우리와 같이 항의합니다. 하지만 포도원 주인은 이러한 항의에 대해서 꾸짖고 자신의 행위가 선하다고 주장합니다.

이 이야기에 대해 핵심적인 내용만 말씀드리고 상세한 설명은 그 본문을 설명할 때 말씀드리겠습니다. 예수님께서는 이 이야기를 통해서 '균등적인 의'에 대해서 말씀하신 것입니다. '사람은 그가 선인이든, 악인이든 다 생존해야 할 가치가 있는 존재다'라는 말씀입니다. 인간은 타락했으나 그가 여전히 인간이며 하나님의 형상을 담지하고 있기에 존귀한 존재입니다. 그렇기에 하나님께서는 선인 뿐 아니라 악인이라 불리는 자들에게까지도 동일한 햇빛과 비를 내려 주십니다.

이처럼 의에 대한 두 측면을 다 고려해야만 의에 대한 관념이 균형을 가질 수 있습니다. 우리가 세상의 일들을 판단해 나갈 때 자칫 둘 사이에서 균형을 잃을 수 있습니다. '균등적인 의'만을 강조하면 하나님께서 선인과 악인에 대해서 달리 대우하신다는 것을 망각하게 됩니다. 게으른 자에게 가난이 도적같이 임할 것을 법으로 내셨음을 무시하는 것입니다. 반면에 '배분적 의'에 기울어지면 금방 자유 자본주의가 도달한 한계를 만나게 됩니다. 가진 자의 세상이 됩니다. 자본가들의 탐욕으로 인하여 많은 민중의 생존을 위협받게 됩니다. 이는 결국 피의 혁명으로 이어진다는 것이 역사적인 교훈입니다.

의에 대한 바른 이해가 중요함

그렇기에 이 둘을 잘 조화하고 균형감을 잡아나가는 것이 대단히 중요하며 그렇게 노력해 나갈 때에 성경이 말씀하는 의에 가까워집니다. 이때에 특히 유념해야 할 것은 의란 하나님의 사랑의 발로라는 사실입니다. 하나님의 사랑하심이 세상에 드러날 때 의라는 현실체로 드러납니다. 다시 말해 의란 심판을 위한 기준이 아니라 이 세상을 존속할 수 있게 하는 중심적인 요소입니다. 멸망당해야 마땅한 이 세상에 하나님의 의를 심으시어 하나님의 진노를 면하고 있습니다. 의가 증진되어야 하나님의 심판으로부터 멀어지는 것이며, 의가 소멸할 때에 심판이 임합니다. 그리스도인들은 하나님의 백성이자 예수님의 수족으로서 세상을 위하여 의를 증진시켜야 합니다.

이처럼 의에 헌신하는 것이 큰 사명인데, 성경이 말씀하는 의에 대한 바른 개념이 정립되어 있어야 합니다. 그렇지 않으면 심각한 혼돈이 옵니다. 영화나 드라마에서 제일 의리 있게 그려지는 집단은 조직 폭력배들이 아닐까요? 의리란 순리대로 바르게 행하는 것입니다. 사람과 사람 사이의 관계를 바르게 해나가는 것을 말합니다. 그런데 조직 폭력배와 같은 이들이 자신들의 조직의 생존을 위해서 만든 논리를 의리라고 부르는 것은 말도 안 됩니다. 왜 이런 일이 일어나는가? 의에 대한 기본적인 관념이 서있지 않기 때문입니다.

이것은 비단 조직 폭력배들의 문제만이 아닙니다. 어떤 나라가 약육강식의 법칙과 현실 역사 가운데서 힘의 철학의 영향으로 물질적인 욕심을 추구하며 제국주의적인 태도를 보이는 것은 분명히 악한 것입니다. 거대한 군대를 휘몰아 연약한 나라를 정복하고 착취해서 자신의 나라를 부요하게 만들겠다는 발상과 행위는 참으로 거대한 악입니다. 국가 전체가 이런 거대한 악을 통해 부(富)를 끌어 모을 때에 기독교가 그 부요함을 그냥 '좋다'하고 앉아 있는 것은 있을 수 없는 일입니다.

그런데 유럽 나라들과 그들의 기독교가 그렇게 했습니다. 제국주의의 불한당질을 해서 당시의 국가들이 풍요를 누렸습니다. 기독교는 이 일에 대해서 반대는 고사하고 고혈을 함께 마시면서 번영을 누렸습니다. 한국에서는 거듭되는 군사 쿠데타와 독재 철권통치에 의해서 수많은 고통과 죽음이 있어 왔습니다. 그것을 값으로 치러서 물질적인 풍요를 누렸습니다. 그런데 여기에 기생하려고 기독교의 지도자임을 자칭하던 자들이 축복했습니다. 하나님의 이름을 사용하여 축복을 빌어 주었습니다.

교회는 의를 선언해야 함

이런 악의 준동에 대해서 교회는 단호히 나서서 악행을 지적하는 선지자 노릇을 했어야 합니다. 듣지 않더라도 예언자로서 그 길이 멸망의 길임을 예고했어야 합니다. 교회의 외침을 듣고 돌이킬 수 있는 기회를 줬어야 합니다. 자신들이 교회의 외침을 두려워하지 않고 악을 행했다는 사실을 분명히 각인 시켜줘야 했습니다. 그런데 그렇게 하지 못했습니다.

이것은 성경을 믿는다고 하면서도 성경이 증언하는 하나님의 의에 대해 조금도 이해하지 못하고, 바른 의의 관념을 갖지 못했다는 것을 증명합니다. 이런 불의에 대해 하나님께서는 분명히 책망하실 것입니다. 그 사회가 책망을 받을 것이며, 그 사회의 교회가 반드시 책망 받을 것입니다.

하나님의 공의로우심은 역사 속에서 분명하게 드러납니다. 역사는 하나님께서 자신의 의를 드러내시는 현장입니다. 제국주의를 통하여 착취하는 악행을 일삼던 유럽은 결국 그렇게 빼앗은 부(富)를 가지고 1, 2차 세계 대전을 일으켜서 초토화 되었습니다. 유럽 전체가 전쟁터가 되었고, 무수한 사람들이 죽었습니다. 만일 그들에게 제국주의로 빨아들인 돈이 없었다면 그런 무시무시한 전쟁을 할 수 없었을 것입니다. 이런 하나님의 진노하심과 심판을 보면서도 느끼고 깨닫는 것이 없다면 큰일입니다. 매우 두려워해야 합니다.

한국의 기독교도 이미 사회에서 심각한 비난을 받고 있습니다. 또한 머지않아 큰 시련 가운데 쭉정이가 걸러지고 태워질 것입니다. 이는 교회가 더 큰 세력과 힘을 얻고자 정치와 연대한 것에 대한 경고이며 심판일 것입니다.

의에 대한 바른 관념은 중요합니다. 의에 대하여 바른 관념이 분명하게 서있지 않으면 기독교라는 이름을 가지고 있다고 해도 자신을 불의에 드리는 어리석음을 서슴지 않게 됩니다. 자신이 하나님의 의에 거스르는 짓을 하면서도 도무지 그런 생각조차 못하고 반신국적인 흐름에 끌려 들어갑니다. 그리고 이것은 기독교만의 어려움으로 끝나는 것이 아니라 사회 전체에 심각한 어려움을 부르게 됩니다.

선과 의의 관계

의에 대한 바른 관념을 세우기 위해서는 먼저 살펴보아야 할 것이 의와 선과의 관계입니다. 자칫 의와 선에 대한 이해와 구분이 모호하기 쉽습니다. 세상에 '선'을 행하는 일은 많습니다. 고결한 인간성을 보이면서 봉사를 하거나 구제를 행하는 등의 선한 일을 행하는 사람이 많습니다. 특히 남을 구제하는 일은 좋은 일이 됩니다. 어려운 사람의 형편을 돌아보기 위해서 힘을 쓰는 일은 대단한 선행입니다.

그러나 이때에라도 선행을 그냥 의로운 일로 승인하기는 어려운 것입니다. 먼저는 구제 받는 사람을 도움의 노예의 상태로 만들 수 있습니다. 예를 들어서 '새벽을 깨우리로다.'의 김 전도사는 자신이 막노동을 해서 힘들게 번 돈으로 매달 쌀을 조금씩 사서 어려운 가정에 넣어 주었는데 나중에는 그 사람들이 왜 쌀을 제때 주지 않느냐는 식으로 시비가 붙었고, 결국에 가서는 멱살을 잡으며 "내 쌀 내놔라"고 했다고 합니다. 선의의 행위가 도움을 받는 사람의 염치를 앗아가서 몰염치하게 만든 것입니다.

구제는 너무도 쉽게 동냥이 됩니다. 거저 주는 것은 분명히 하나님의 선하심을 드러내는 일이지만, 이것과 비슷한 동냥은 사단의 방법입니다. 둘은 외형적으로는 비슷하지만, 둘 사이에는 엄청난 차이가 있습니다. 동냥은 받는 사람에게만 문제가 되는 것이 아닙니다. 구제를 하는 입장에도 문제가 됩니다. 왜냐하면 하나님께서 내게 주신것은 내 것이 아니라 사명을 감당할 수 있도록 주신 은혜입니다. 그런데 이것을 내 맘대로 함부로 써 버리면 진짜로 하나님께서 행하도록 시키신 일을 할 수 없게 됩니다. 나의 마음에 일어나는 동요 때문에 엉뚱한 것에 힘을 쏟는 것이 될 수 있습니다. 동냥은 하나님께서 명하신 이웃을 사랑하라는 명령에 인격을 쏟지 않으려고 찾아낸 어리석은 방법이기도 합니다.

그러면 구제를 하지 말라는 것인가? 남을 돕지 말고, 선행을 하지도 말라는 것인가? 라는 의문이 생깁니다. 그렇지 않습니다. 사람에게는 선에 대한 충동이 있고, 요구가 있습니다. 사람은 선하신 하나님의 형상으로 지음 받았기 때문입니다. 그런데 이것이 타락으로 말미암아 크게 손상되고 왜곡되었습니다. 선한충동과 욕구가 있다고 하더라도 이를 온전히 이룰 수 있는 능력이 상실되었습니다. 이런 상태에서 때때로 맹목적으로 일어나는 선에 대한 충동, 불쌍한 사람을 보면 도와주고 싶고, 쫓아가서 다독이고 싶은 열정적인 심정이 일어나는데 그것만으로는 의로움을 이룰 수가 없습니다.

그렇기에 비록 좀 냉혹해 보일지라도 거기에 대해서 논리적인 비판을 가지고 잘 살펴야만 비로소 '의'라는 것이 성립될 수 있습니다. 비교적 비합리적인 선에 합리성을 부여하는 것이 의입니다. 선으로 하여금 선 자체에 들떠서 열을 내고 하지 않고, 논리적인 매개물을 통과하게 함으로써 냉각되어서 행하는 선이 바로 의입니다.

고전10:23 **모든 것이 가하나 모든 것이 유익한 것이 아니요**

그렇기에 우리는 우리에게 가끔 일어나는 선에 대한 열망까지라도 쉽게 승인해서는 안 됩니다. 늘 하나님의 말씀에 근거해서 판단해야 합니다. 하나님의 말씀으로 우리의 행동을 판단하고 표준으로 삼고 나아갈 때에야 비로소 하나님의 의를 이루게 됩니다.

이것을 이해하기 위해 우리가 자녀에게 심부름을 시킨 상황에 비교하여 생각해 보십시오. 자녀에게 책을 사오라고 돈을 줘서 보냈는데, 자녀가 길을 가다가 불쌍해 보이는 사람을 만나서 선을 행하기 위해 그 돈을 주고 왔다면 여러분은 어떻게 하시겠습니까? 처음에는 그런 선에 대한 열망을 가졌다는 것에 대해서 칭찬할 수도 있으나 또 다시 돈을 주어 보냈는데도 동일한 행동을 하고 돌아온다면 어떻게 하시겠습니까? 자녀는 아마도 '아까 거지에게는 돈을 주고, 지금은 주지 않는다면 공평하지 않다'는 생각을 했을 수도 있습니다. 어떻게 교훈하시겠습니까? 과연 잘했다고 하시겠습니까? 그렇게 해서는 세상에서 아무것도 할 수 없습니다. 이처럼 비록 지금 선행에 대한 열망이 있더라도 자신의 위치와 자신에게 맡겨진 사명에 대한 냉철한 고찰이 요구됩니다. 그렇게 했을 때 선의 열을 잠재우고 의로 옮겨집니다.

의에 굶주림과 사명

우리는 선의를 가지고 의를 행해야 합니다. 하나님의 의를 행해야 합니다. 그런데 우리가 어떻게 하나님의 그 거룩하신 의를 알 수 있습니까? 하나님께서는 처음 사람에게 직접 도덕적인 명령을 주셨습니다. '선악을 알게 하는 나무'를 통하여 선과 악을 알게 하셨습니다. 여기서 알게 된 선과 악에 대한 지식, 논리적인 합리성을 기반으로 선을 수행하면 그것이 '의'가 됩니다. 그런데 인간은 타락하였으며 선과 악을 알려주는 나무에서 유리되었습니다. 더 이상 선과 악을 알 수 없게 되었습니다.

이런 상태에서 하나님께서는 당신의 뜻, 선과 악을 사람들에게 계시해 주셨고, 그 계시들을 모아서 성경을 통해서 가르치셨습니다. 그렇기에 우리는 이제 성경 계시를 통하여 이것을 깊이 연구하고 깨닫고, 깨달음을 위해서 행동할 때에 그것이 의가 됩니다. 의가 무엇인가를 성경을 통해 자꾸 찾아 나가면 결국 하나님의 의를 깨닫고 하나님의 의에 굶주리게 됩니다.

　그리고 의에 굶주림을 느끼는 자들에게는 배부르도록 하시겠다고 약속하셨기에 나와 교회가 느끼게 되는 굶주림은 곧 나와 교회의 사명이 됩니다. 나와 교회가 어느 부분에 있어야만 할 의가 없음을 보고, 거기에서 굶주림을 느끼며 하나님 나라의 의를 구하여 나가면 하나님께서는 그곳에서 우리를 배불리 먹이실 것입니다. 우리를 풍성히 먹이시기 위하여 그곳에 의를 풍성히 베푸실 것입니다. 우리는 그렇게 사명을 수행하며 세상에 의를 증진시켜 나가도록 되어 있습니다.

9
긍휼히 여기는 자의 복

본문: 마태복음 5 : 7

----

^{마5:7}긍휼히 여기는 자는 복이 있나니
저희가 긍휼히 여김을 받을 것임이요

자유주의적 자본주의 사회 속에서는 '각자에게 그의 몫'을 주는 것을 정의라고 주장하는 '배분적 정의'의 관념이 강하게 자리하고 있습니다. 물론 하나님께서 부지런한 자는 풍요한 삶을, 게으른 자는 궁핍한 삶을 살도록 이 세상의 법칙을 만드셨기에 '배분적 정의'는 하나님의 공의에 상당 부분 부합합니다. 하지만 이것을 중심으로 사고하게 되면 자신이 누리고 있는 것을 당연히 받아야하는 몫이라고 생각하기 쉽습니다.

　그런 태도는 모든 것이 하나님께서 주신 은혜임을 인정하지 않는 것입니다. 내가 가지고 누리고 있는 것 중에서 나의 노력으로 얻은 것은 지극히 일부이며 거의 전부가 하나님께서 거저 주신 은혜라는 사실을 전제해야 비로소 균형 잡힌 생각을 할 수 있습니다. 그래야 하나님의 공의로우심이 이 땅 위에서 어떻게 드러나는가에 대해 바르게 깨닫게 됩니다. 그렇지 않으면 하나님께서 공의롭게 행하시는 것을 보면서도 불의하시다고 불평하게 됩니다. 그런 비유가 바로 마태복음 20장에 나오는 포도원 품꾼의 경우입니다. 하나님께서는 모든 인간이 생존할 수 있도록 은혜를 주셨습니다. 그렇기에 어떤 인간이라도 생존할 권리가 모든 것에 최우선합니다. 이것을 근간으로 해서 '균등적 정의'의 관념이 서 있어야 합니다.

　이 '배분적 의'와 '균등적 의'는 균형을 이루어야 합니다. 어느 사회든지 균형이 무너지면 심각한 문제가 생깁니다. '배분적 의'를 중심으로 흘러간다면 그것으로 인하여 가난한 사람들의 생존이 위협받게 되고, 그런 사회는 조만간 심판을 당하게 될 것입니다. 반면에

'균등적 의'를 중심으로 흘러간다면 아무도 노력하지 않는 삶을 살게 되어 조만간 모두가 가난해질 것입니다. 그리스도인들은 이 두 가지 의의 균형을 위하여 노력해야 합니다.

또한 의란 비교적 비합리성을 지닌 선에 논리적 비판을 가한 것입니다. 비록 냉혹해 보인다 할지라도 논리적 비판을 통해서 합리성을 확보해야 비로소 바른 의를 세울 수 있습니다. 이때에 비판의 기준을 무엇으로 할 것이냐가 중요한 문제입니다. 세상은 여러 가지 기준을 제시할 것입니다. 하지만 그리스도인들은 오직 성경을 판단 기준으로 세워야 합니다. 그렇게 하는 것이 가장 공의로운 것이 된다는 것을 세상에 증언해야 합니다.

팔복의 성격

팔복의 처음 네 가지, 심령이 가난함, 애통함, 온유함, 의에 주리고 목마름 등은 주로 수동적인 상태에 관한 것입니다. 하지만 오늘부터 보게 되는 긍휼히 여긴다는 것, 마음이 청결하다는 것, 화평케 한다는 것은 좀 더 적극적이고 능동적인 상태에 관한 것입니다. 즉, 앞의 네 가지는 하나님 나라 백성들의 내적 상태에 대한 서술이고, 뒤의 세 가지는 이러한 내적인 상태를 가진 자가 드디어 대상과 접촉하면서 어떻게 드러나게 되는가를 밝혀주고 있는 것이 긍휼한 자, 마음이 청결한 자, 화평케 하는 자에 대한 말씀입니다. 그리고 마지막에 여덟 번째의 의를 위하여 핍박을 받는다는 것은 제자들에 대한 세상의 반응입니다.

긍휼히 여긴다는 내용부터는 적극적이고 능동적인 상태라 할 수 있습니다. 이제부터의 복은 우리가 행위를 하는 것이 중요하며, 행위를 해야만 받을 수 있는 복이라는 생각을 하는 것이 쉽습니다. 그러나 이런 적극적인 상태도 행위가 아니라 존재입니다. 어떤 행동을 했느냐가 아니라 어떤 존재이기에 이와 같이 드러나는가에 대한 것입니다. 이 점을 유념하면서 본문을 살펴보려고 합니다.

'긍휼'에 대한 일반적 인식

오늘 본문은 긍휼에 대해서 말씀하고 있습니다. 한글 성경은 긍휼이라는 단어를 인자, 자비 등과 혼용하고 있습니다. 원문 성경에서도 여러 가지 말을 비슷한 개념으로 쓰고 있기도 하고, 한글로 번역할 때에도 동일한 단어를 여기서는 '인자'로, 저기서는 '자비'로 섞어서 사용하고 있습니다. 그러므로 본문의 '긍휼'은 일단 우리가 일반적으로 쓰는 '긍휼히 여긴다, 자비롭다, 불쌍히 여긴다,'라는 개념으로 이해할 수 있습니다.

그런데 긍휼히 여긴다고 하면 '봐준다.'는 말이 먼저 떠오르게 됩니다. 일반적으로 긍휼히 여긴다고 하면 그가 마땅히 받아야하는 단호함과 엄격함과 철저한 공의로 대우하지 않겠다는 의미로 이해됩니다. 그래서 긍휼한 사람이라고 하면 '웬만한 위법 사항은 적당히 넘겨 줄 사람', 무골호인을 생각하게 됩니다.

이렇게 되면 애써 세웠던 의에 대한 관념은 의미 없어집니다. 의로움을 세우기 위해 노력하더라도 긍휼하기 위하여 법적인 단호함을 무너뜨려야 한다면 냉철하고 합리적인 비판을 왜 해야 하는지 의문을 갖게 됩니다. '결국 하나님께서는 우리에게 무골호인이 되라고 하실 것이면서 군이 골치 아프게 재고 따지라고 하셨나.'라는 생각을 하게 됩니다.

하나님의 긍휼

이것은 성경이 말씀하는 긍휼에 대해서 제대로 이해하지 못한 것입니다. 긍휼하심은 하나님의 속성입니다. 그렇기에 긍휼히 여긴다는 것이 적당히 봐주고 넘어가는 것을 의미하지 않습니다. 하나님의 사랑은 값없이 우리에게 내립니다. 그것을 은혜라고 합니다. 그런데 이 하나님의 사랑의 은혜가 죄가 있고 죄책이 있는 비참한 상태의 사람에게 내려질 때에 그것을 긍휼하심이라고 표현합니다. 즉, 하나님의 긍휼하심이란 죄인들에게 베푸시는 은혜를 의미합니다. 하나님께서는 당신의 사랑으로 인하여 비참한 존재들을 참으로 긍휼히 여기십니다.

그런데 긍휼하신 하나님은 또한 공의로우신 하나님이십니다. 일반적인 인식을 따르면 공의로움과 긍휼함은 서로 대립되는 관념으로 여겨집니다. 그렇기에 공의로우신 분이 또한 긍휼하실 수 없다는 생각을 하게 됩니다. 둘 중에 하나의 기준을 조금이라도 희생시켜야만 양립할 수 있다고 봅니다. 하지만 하나님께서는 우리와 달리 긍휼을 위해 공의를 희생시키지 않으십니다. 하나님께서는 죄인을 긍휼히 여겨 용서를 베푸시면서 동시에 그 공의로우심을 온전히 성취하십니다.

이런 일이 어떻게 가능했습니까? 바로 예수 그리스도의 대속사역으로 말미암아 가능했습니다. 하나님의 공의로우심은 죄를 지은 자가 치러야 할 죄책을 그냥 없는 것으로 넘어가실 수 없습니다. 죄인의 죄책은 반드시 대가를 치러야 하고, 죄의 대가는 영원한 죽음입니다. 그것을 예수 그리스도께 대신 받으심으로 하나님의 공의로우심을 만족하셨습니다. 그렇게 해서 죄인들을 용서하셨습니다. 이것이 바로 하나님의 긍휼입니다.

그렇기에 그리스도인이 긍휼한 자가 될 때에도 이와 같은 하나님의 긍휼하심의 시현이 되어야 합니다. 일반적인 차원에서 그저 내쪽에 권리나 권력이 있다고 해서 원칙을 무시하고, 법을 무시하고 넘어가는 것을 긍휼함으로 이해해서는 절대 안 됩니다. 그렇게 되면 그게 바로 불의이며, 비리입니다. 결국 우리는 우리와 가까운 사람, 내 맘에 드는 사람을 봐주게 되고, 거기서 법을 존중하는 사람이 손해를 보며, 억압을 받게 되며 하나님께 호소하게 됩니다. 긍휼하라는 성경의 명령을 지키려고 나름대로 애를 쓴 것이 하나님의 공의를 거스르는 무서운 결과를 초래할 수 있습니다.

이것을 생각할 때에 한국 교회에서 흔히 이야기되는 '은혜로 합시다.'라는 용어는 참으로 두려운 내용입니다. 이렇게 되면 교회의 법은 그저 기득권을 가진 자, 목소리 큰 자의 것이 되어 법으로서의 효용이 없어집니다. 법이 법으로서의 효력을 발생하지 못하면 그 사회와 공동체는 무법천지가 됩니다. 그러면 교회는 무엇으로 그 거룩함을 지켜 나갈 수 있겠습니까?

그렇기에 그리스도인은 하나님의 긍휼과 같이 공의와 긍휼 사이를 메움으로써 긍휼을 실현해야 합니다. 하나님께서 공의와 긍휼의 그 큰 간격을 메우기 위하여 자신을 십자가에 내어주신 것처럼 해야 합니다. 즉, 권리를 가졌다고 판단되는 쪽에서, 보상을 받아야 한다고 생각하는 쪽에서 나서서 적극적으로 행해야 합니다. 그래야 비로소 진정한 그리스도인의 긍휼, 하나님의 긍휼을 시현하는 것이 됩니다. 저쪽에서 필요를 모르고, 오히려 억지를 부려도 애를 쓰고 달래서 돌려 세우고, 힘을 다하는 것입니다.

이런 긍휼을 우리가 어떻게 이룰 수 있습니까? 한마디로 불가능합니다. 하나님의 은혜가 없으면 불가능합니다. 하나님께서 우리를 하나님 나라 백성으로 삼으시고 그 나라 백성답게 만드시지 않으면 안 되는 것입니다.

우리는 그렇기에 긍휼히 여길 수 있는 자가 된다는 것을 팔복의 연장선 위에서 이해해야 합니다. 우리는 우리 안에 하나님 나라가 없음을 느끼는 심령이 가난한 자입니다. 가난함을 하나님께서 채우심을 경험합니다. 그런 우리의 삶 속에서 전 존재의 가난함을 인하여 애통하게 됩니다만 하나님께서 우리를 위로하십니다. 그래서 우리의 의지는 이제 온유한 자로서 올곧게 서 있을 수 있고 그런 우리의 삶을 하나님께서 땅을 통해 지지하여 주심을 경험하여서 더욱 의를 갈구해 나갈 수 있게 됩니다. 이런 자들에게 하나님께서 의를 풍성히 만족시켜 주심으로 인해 드디어 세상에 대하여 진정 긍휼할 수 있게 된 것입니다.

긍휼히 여기면 긍휼히 여김 받을까?

우리는 이렇게 긍휼한 자가 되는 것입니다. 본문에서 예수님께서는 긍휼한 자는 긍휼히 여김을 받는다고 하셨습니다. 긍휼히 여기는 것이 긍휼을 받을 수 있는 조건처럼 말씀하셨습니다. 과연 그럴까요? 과연 긍휼히 여기는 자는 이 세상에서 긍휼히 여김을 받을 수 있을까요? 예수님께서는 최고의 긍휼을 가지신 분입니다. 그런데 예수님은 이 세상에서 긍휼하심을 받으셨습니까? 죄 없이 십자가에 달려 돌아가셨습니다. 예수님은 예수님이시니까 그렇다고 생각된다면 스데반 집사는 어떨까요? 사도행전 7:58-60을 보겠습니다.

행7:58성 밖에 내치고 돌로 칠 쌔 증인들이 옷을 벗어 사울이라 하는 청년의 발 앞에 두니라 59저희가 돌로 스데반을 치니 스데반이 부르짖어 가로되 주 예수여 내 영혼을 받으시옵소서 하고 60무릎을 꿇고 크게 불러 가로되 주여 이 죄를 저들에게 돌리지 마옵소서 이 말을 하고 자니라

이처럼 예수님이나 스데반은 최고의 긍휼을 베풀었으나 긍휼히 여

김을 얻지 못했습니다. 이것만을 생각한다면 긍휼히 여기는 자는 긍휼히 여김을 받을 것이라는 말씀이 이루어지지 않은 것처럼 보입니다. 하지만 본문은 긍휼히 여김을 받게 될 것을 미래의 일로 기록하고 있습니다. 물론 긍휼히 여김을 받는 일은 이 세상에서 일어납니다. 그리스도인들은 이미 긍휼히 여김을 받은 자입니다.

구원의 확신을 붙잡아 주는 긍휼

그렇지만 궁극적으로 긍휼히 여기심을 받는 것은 이 세상 끝에 있을 하나님의 심판대 앞에서입니다.

약2:13긍휼을 행하지 아니하는 자에게는 긍휼 없는 심판이 있으리라 긍휼은 심판을 이기고 자랑하느니라.

최후의 심판대에서 긍휼을 행하지 않은 자는 긍휼 없는 심판을 받을 것이라고 말씀하십니다. 반면에 긍휼을 행한 자는 심판을 이기고 자랑한다고 하십니다. 예수님께서는 긍휼히 여기는 자는 긍휼히 여김을 받게 될 것이라고 하셨고, 야고보는 우리의 긍휼이 우리에게 내리는 심판을 이길 것이라고까지 하셨습니다. 그렇기에 우리는 긍휼을 베풀기 위하여 힘을 써야 합니다.

긍휼을 행하는 것을 관념적으로 여겨서 먼 이야기로 듣지 않도록 하기 위해 야고보 사도는 긍휼을 베푸는 일을 아주 구체적으로 제시하고 있습니다. 야고보 사도의 말씀을 계속 들어보겠습니다.

약2:14내 형제들아 만일 사람이 믿음이 있노라 하고 행함이 없으면 무슨 이익이 있으리요, 그 믿음이 능히 자기를 구원하겠느냐 15만일 형제나 자매가 헐벗고 일용할 양식이 없는데 16너희 중에 누구든지 그에게 이르되 평안히 가라, 더웁게 하라, 배부르게 하라 하며 그 몸에 쓸 것을 주지 아니하면 무슨 이익이 있으리요 17이와 같이 행함이 없는 믿음은 그 자체가 죽은 것이라

믿음이 있다면 긍휼히 여김을 실천해야 하는 것이고, 긍휼히 여김을 실천하지 않는 자는 믿음이 없는 것이라는 말씀입니다. 그리고 말로만 하지 말고 자신을 내어줌으로써 실제적인 유익을 주는 것이 긍휼이라고도 하십니다. 형제의 헐벗고 배고픔과 필요를 실제적으로 채워주지 않으면 긍휼을 행하는 것이 아닙니다. 그것은 믿음이 죽은 것입니다.

이것은 행위 구원을 말씀하는 것은 아닙니다. 하지만 이러한 행위가 자신의 구원을 자신에게 확신시켜 줍니다. 우리 자신의 구원에 대한 확신을 어디서 얻을 수 있느냐? 내가 형제를 긍휼히 여기는 행위를 하는데서 얻게 된다는 말씀입니다.

동일하게 내가 지금 긍휼을 베풀고 있지 않다면 구원의 확신이 흔들리게 됩니다. 하나님의 긍휼을 받은 자인지 아닌지 자신조차도 분간할 수가 없기 때문입니다. 하나님의 긍휼하심을 받은 자라면 긍휼

함을 베풀어야 함이 정상적인데, 자신의 유익만을 추구하면서 형제들을 돌아보지 않는 것은 매우 비정상적인 모습입니다. 이런 비정상적인 모습이 지속된다면 결국 구원의 확신이 흔들리게 됩니다. 구원의 확신에 문제가 생기면 자신에게 심각한 어려움이 야기됩니다. 전 존재가 흔들리는 문제입니다.

물론 하나님께서는 한 번 구원한 자를 다시 버리지 않으십니다. 하나님께서 구원하기로 작정하시면 구원되고야 마는 것입니다. 불가항력적인 은혜이며 성도의 견인으로써 절대로 구원이 취소되지 않습니다. 그러나 야고보 사도는 행위가 없는 믿음은 죽은 믿음이라고 말하고 있으며, 예수님께서 나무는 열매를 보고 안다고 하셨습니다. 더 나가서 '주여, 주여' 외치며 이것저것을 행한다고 할지라도 모른다고 하실 것이라는 말씀으로 엄히 경고 하셨습니다. 그런데도 요즘에는 많은 사람들이 정당하지 못한 방식으로 구원의 확신을 붙잡고 있습니다. 너무도 강한 구원의 확신을 갖고 있습니다.

진정한 구원의 확신은 자신이 우기고 있다고 해서 얻어지는 것이 아닙니다. 구원의 확신을 얻기 위해서는 하나님 나라 백성으로서 지금 그 나라를 살고 있어야 합니다. 무엇보다 참교회의 회원으로 서 있어야만 사단의 세력이 개개인을 공격할 수 없습니다. 그리고 긍휼을 행해야 합니다. 다른 사람들, 특히 교회의 형제들을 긍휼히 여기며 실제적으로 돌아보고 있다면 나는 분명히 하나님의 긍휼을 입은 자임을 부정당하지 않을 것입니다. 또한 최후의 심판대에서도 긍휼히 여김을 받고 심판을 이긴다는 말씀을 믿고 구원의 확신을 가질 수 있습니다.

10
마음이 청결한 자의 복

본문: 마태복음 5 : 8

마음이 청결한 자는 복이 있나니 저희가 하나님을 볼 것임이요

하나님의 사랑을 표현함에 있어, 그 사랑을 대가없이 내리심에 대해 '은혜'라는 말로 표현합니다. 그리고 죄로 말미암아 영원한 형벌을 받을 운명으로 고생하고 있는 상태를 불쌍히 여겨 베푸시는 사랑의 구체적인 행동을 표현할 때는 '긍휼'이라고 합니다. 하나님의 긍휼은 그냥 봐주는 것이 아닙니다. 공의와 긍휼의 간격을 하나님께서 직접 치르심으로 긍휼을 베푸십니다. 죄의 값을 치러야 하는 우리에게 받지 않으시고 하나님 자신이신 예수 그리스도의 대속 사역을 통해서 대신 받으셨습니다. 그리스도인은 이런 긍휼하심의 은혜를 받은 자들입니다.

그런 우리에게서 긍휼이 나타나게 됩니다. 내게서 긍휼함이 나타난다는 것은 이미 긍휼을 받았기 때문입니다. 그러므로 나의 긍휼은 하나님의 긍휼을 받았음을 증명합니다. 더욱이 야고보 사도는 우리의 긍휼함이 최후의 심판대에서 우리에게 내려질 심판을 이긴다고까지 하셔서 긍휼이 구원의 확신을 준다고 하셨습니다. 우리의 긍휼히 여김에 대하여 강한 확신을 주시고 긍휼히 여기지 않음에 대해서는 강한 경고를 주고 있습니다. 그 경고가 바로 마태복음 18:23-35에 나오는 일만 달란트 탕감 받은 자의 비유입니다. 그는 왕으로부터 자신의 힘으로는 도저히 다 갚지 못할 빚을 탕감 받았습니다. 그러나 자신은 동료에게 긍휼을 베풀지 않음으로 인하여 왕의 긍휼이 취소되었습니다.

우리는 하나님께서 우리를 구원하기로 창세 전에 선택하셨음을 믿어야 합니다. 불가항력적인 은혜로 구원을 얻었으며, 성도는 견인됨으로 구원에 실패할 수 없다는 것을 믿습니다. 우리가 유기되지 않고 선택되었다는 확신을 긍휼의 속성을 통해서도 얻게 됩니다. 반면에 우리는 이 경고들 앞에 서야 합니다. 긍휼함 없는 심판을 받을 수도 있고, 왕의 긍휼함이 취소될 수도 있다는 실존적인 경고 앞에 우리를 세우셨습니다. 그렇게 해서 우리로 하여금 구체적이고 실천적인 긍휼을 베풀며 살도록 강력히 요구하십니다.

마음이 청결한 자는 복이 있다고 하니까 우리는 마음을 청결하게 해야겠다고 생각하기 쉽습니다. 하지만 지금까지 팔복에 나타난 제자들이 복을 받게 되는 원인은 결코 도덕적이지 않았습니다. 즉, 스스로가 복된 모습을 만들어내서 복을 받게 된 것이 아니었다는 말씀입니다. 하나님 나라 백성이 된 자들에게 자연스럽게 나타나는 어떤 상태이며 성품에 대한 말씀입니다. 물론 '긍휼한 자의 복'부터는 외부로 드러나는, 좀 더 적극적인 자세이기는 하나 그래도 그것은 여전히 상태에 대한 말씀입니다. 그렇기에 오늘 본문이 말씀하는 청결함도 우리가 청결히 만들어야 한다는 도덕적 규범에 대한 이야기가 아니라는 점을 유념해야 합니다.

마음이 청결한 자는 행복한데, 왜냐하면 하나님을 보게 되는 복을 누릴 것이기 때문이라고 말씀하고 있습니다. 우리는 하나님의 백성이기를 원합니다. 하나님의 자녀이기를 원합니다. 그래서 하나님을 뵙기를 원합니다. 하나님과 늘 함께 하기를 원합니다.

진짜 하나님을 뵙기를 원하는가?

그런데 우리가 좀 더 솔직해 볼 필요가 있습니다. 과연 우리는 진정으로 하나님을 뵙기를 원하고 있을까? 우리는 하나님을 꼭 보기를 원하고 있습니다. 그러나 뵙기를 원하고 있는지는 좀 더 생각해 봐야 합니다. 무슨 말이냐 하면, 우리가 인격적인 대상으로서 하나님을 뵙기를 원하고 있는가 물어봐야 한다는 말입니다.

어렸을 적에 동물원에 간다는 것은 참으로 신기하고 재미있는 일이었습니다. 평소에 볼 수 없었던 동물들을 보는 것은 진귀한 볼거리였습니다. 우리가 하나님을 보기 원한다고 하는 것은 혹시 무슨 진귀한 구경거리가 나서 이걸 꼭 보고 싶은 맘과 같은 성질의 것이 아니냐는 것입니다. 또한 우리가 하나님의 백성이기를 원하고, 하나님의 자녀이기를 원하며 하나님과 함께 하기를 원하는 것이 진정 하나님을 사랑해서 그런 것인지 아니면 하나님이 가지고 계시는 무한하신 능력과 권세의 부스러기라도 얻어먹고자 함인지 스스로에게 질문을 던져봐야 합니다.

마치 부잣집 친구 옆에 있는 것처럼 말입니다. 옆에만 있으면 맛있는 것과 재미있는 놀거리를 공짜로 제공받을 수 있기 때문에 그 아이의 친구가 되길 원하고, 늘 그 친구와 함께 있을 수 있기를 원하고, 그러기 위해서 그 친구의 비위를 맞추려 애를 씁니다. 아마 어른이 돼서도, 별반 다르지 않을 것입니다. 돈과 권력을 많이 가진 사람들과 어떻게 하든 친하게 지내고 싶은 것이 인간입니다. 그런 것의 연장선, 최고봉, 가장 돈 많고 권력이 센 친구를 옆에 두고 싶어서 하나님과 함께 하려고 하는 것은 아닌지 심각하게 생각해 보십시오.

이 점에 대해서 웨스트민스터 소요리 문답 제1문은 이렇게 묻고 답하고 있습니다.

문: 사람의 제일 되는 목적이 무엇입니까?
답: 사람의 제일 되는 목적은 하나님을 영화롭게 하는 것과 영원토록 그를 즐거워하는 것입니다.

'하나님을 즐거워한다.'는 것이 여러분에게 낯선 표현일 수 있습니다. 우리는 하나님이 주시는 어떤 것들을 즐거워하지, 하나님을 즐거워하지 않기 때문입니다. 그러나 이것은 참으로 하나님께 송구한 일입니다. 만일 여러분의 자녀들이 혹여 여러분을 여러분 자신으로 보기를 원하거나 사랑하지 않고, 여러분이 가지고 있는 재산이나 권세 때문에 여러분 옆에 붙어 있다면 어떠실 것 같습니까? 자식이기 때문에 어찌할 수는 없지만 참으로 가슴이 아플 것입니다. 어린 시절에 하나님께서 본능적으로 부모를 따르도록 만드신 이후에는 자녀들이 부모를 즐거워 한다는 것은 어려운 이야기입니다. 어떻게 하든 부모의 눈으로부터 도망가려고 하고, 그의 영향권 안에서 피하려고 합니다. 그러면서 뭐를 받기를 원하느냐하면 돈은 받기를 원합니다. 재산을 받으려고 아양을 떱니다. 이게 바로 하나님 앞에서의 우리의 모습입니다.

우리는 우리의 궁금증을 풀기 위해 하나님을 보기를 원하거나, 우리의 실제적인 이익을 위해서 하나님과 함께 있기를 원하는 저급한 수준에서 벗어나야 합니다. 그래서 사랑하는 사람을 늘 보고 싶어 하듯이 하나님을 뵙고 싶어 하며, 사랑하는 사람과 늘 함께 하고 싶어 하듯이 하나님과 함께 하기를 원하는 즉, 하나님을 사랑해야 합니다. 이것을 깨닫게 하시려고 이 땅에 아담을 내시고 나서 하와를 내셨습니다. 혼자서는 사랑이란 것을 알 길이 없기 때문에 서로 상응하는 존재, 인격적인 존재를 만드시고, 그 사이에 사랑이 발생할 수 있게 하심으로 사랑을 가르치셨습니다. 거기서 배운 사랑으로 인해 궁극적으로 하나님을 사랑할 수 있게 하신 것입니다.

그런데 기껏 부인이 밥 해주고 빨래해주기 때문에 편하겠다는 생각에 결혼한 사람이나 부유한 남편을 만나 편히 살 수 있겠다고 해서 결혼한 사람들은 그것 자체로도 참으로 비참한 일입니다. 하지만 참으로 비참한 이유는 하나님을 즐거워한다는 것을 제대로 알 길이 없기 때문입니다. 하나님께서는 아담에게 사랑을 깨닫게 하도록 하와를 주시고 혼인 시켜주셨는데 그 첫 단추를 자기 이익을 위한 행보로 시작한 사람들은 하나님을 사랑한다는 것을 알 수가 없습니다.

이런 사람들은 "기도한다고 밥이 나오니, 돈이 나오니?"라고 말합니다. 참으로 즉물적 사고에서 벗어나지 못합니다. 그리스도인들 중에도 기도를 이런 식으로 이해하는 사람들이 많습니다. 기도란 것을 하면 뭔가 효과를 내기 위한 방법이라고 생각합니다. 사랑하는 사람과의 대화가 늘 실용적이어야 한다고 생각하는 사람은 없을 것입니다. 그런데도 기도는 그렇게 생각하고 있다면 그것이 하나님을 즐거워하고 있지 않다는 반증입니다. 우리의 기도는 하나님의 뜻을 알아가며, 하나님을 알아가는 사랑의 관계 속의 교제입니다. 우리가 이런 하나님과의 사랑의 교제 안에 있다면, 하나님을 사랑한다면 하나님을 뵙기를 소원할 것입니다. 하나님을 뵙고자 하는 열망이 가장 궁극적인 소망일 것입니다.

하나님을 뵙는다는 것

그런데 여기서 본다는 것은 꼭 시각적으로 본다는 의미가 아닙니다. 왜냐하면 하나님은 영이시기 때문에 우리가 궁극적인 하나님 나라의 도래가 있다고 하더라도 하나님을 우리의 시력으로는 뵐 수가 없습니다. 그렇지만 하나님의 거룩하심 가운데 하나님께서 내신 계시를 통하여 더 깊이 들어가서 하나님을 본다는 경계 가운데 이르러야 합니다. 이것은 단편적으로 우리의 시력을 통해서 하나님을 보는 것보다 훨씬 고도하게 하나님을 뵙는 것입니다. 이것이 우리를 택하여 구원하신 목적입니다.

예수 그리스도께서도 이것을 위해 오셨습니다. 요한복음 12:44-45을 보겠습니다.

요12:44예수께서 외쳐 가라사대 나를 믿는 자는 나를 믿는 것이 아니요 나를 보내신 이를 믿는 것이며 45나를 보는 자는 나를 보내신 이를 보는 것이니라.

우리의 영으로 하나님을 인식하지 못하고 우리의 시력을 근간으로 하여 세상을 파악하기 때문에 우리의 시력 앞에, 우리의 감각 앞에, 우리의 실존 앞에 하나님께서 오신 것입니다. 예수 그리스도를 더 바로 알고, 바로 보고, 바로 깨닫는 것이 하나님을 보는 것이 될 수 있도록 하셨습니다.

예수 그리스도께서는 하나님의 계시체이시기에 하나님을 우리에게 보여주시는 분이십니다. 그렇기에 예수 그리스도의 거룩한 속성을 체득하는 것이 곧 하나님을 체득하는 것인데, 이것은 그저 역사 속에 있는 예수님을 안다는 사실로 이루어지는 것이 아닙니다. 우리가 예수 그리스도의 지체로, 그리스도와 유기체로서 한 몸이 되어 그리스도의 생명을 드러내며 사는 것으로 이루어집니다. 이것은 지적인 활동에 있어서 그리스도를 더 안다는 것과 정적인 활동에 있어서 그리스도적인 품성을 더 드러내고, 그리고 의지적인 활동에 있어서는 그리스도적인 목표를 향해 인류의 역사 가운데에서 행진하는 것으로 나타납니다.

마음이 부패한 자와 청결한 자

이런 일을 주관하는 영혼의 가장 깊이 있는 근원적인 것을 표시한 것을 '마음'이라고 합니다. 그렇기에 마음은 사람의 존재와 인격의 중심입니다. 모든 것이 다 마음에서 흘러나오는 것입니다. 그래서 잠언 4:23은 이렇게 말씀합니다.

잠4:23무릇 지킬 만한 것보다 더욱 네 마음을 지키라 생명의 근원이 이에서 남이니라.

마음은 생명의 근원이 나오는 곳입니다. 이 마음은 지, 정, 의로 이루어져 있다고 말씀드렸습니다. 마음은 지성의 작용으로 인하여 감성과 의지에 영향을 끼쳐서 활동하도록 되어 있습니다. 이러한 지, 정, 의의 작용이 바르게 일어날 때에야 바른 마음의 활동이 나타나는 것입니다. 이런 마음의 활동이 나뉘지 않고 모아진 마음, 단(單) 마음으로 나타나는 것을 청결하다고 합니다.

그런데 성경은 사람의 마음이 바르게 작용하지 않고 있다고 증언합니다. 즉, 마음이 청결하지 않다고 말씀합니다. 로마서 1:18-23입니다.

롬1:18하나님의 진노가 불의로 진리를 막는 사람들의 모든 경건치 않음과 불의에 대하여 하늘로 좇아 나타나나니 19이는 하나님을 알 만한 것이 저희 속에 보임이라 하나님께서 이를 저희에게 보이셨느니라 20창세로부터 그의 보이지 아니하는 것들 곧 그의 영원하신 능력과 신성이 그 만드신 만물에 분명히 보여 알게 되나니 그러므로 저희가 핑계치 못할찌니라 21하나님을 알되 하나님으로 영화롭게도 아니하며 감사치도 아니하고 오히려 그 생각이 허망하여지며 미련한 마음이 어두워졌나니 22스스로 지혜 있다 하나 우준하게 되어 23 썩어지지 아니하는 하나님의 영광을 썩어질 사람과 금수와 버러지 형상의 우상으로 바꾸었느니라.

하나님께서 자연계시를 통해 하나님을 알리셨다는 말입니다. 사람들은 그 계시를 보며 하나님을 감지할 수 있습니다. 구원에 이르는 인식에까지 이르지는 못하지만 하나님을 부정할 수 없을 만큼은 알고 있습니다. 그런 지성적인 작용이 감성과 의지에 바르게 영향을 미쳐야 합니다. 그런데 그 마음 중에서 지성적 작용에 심각한 문제가 일어난 것입니다. 그래서 마음 전체가 '미련한 마음'이 되었습니다. 이로 인하여 마음이 어두워졌기에 정상적인 활동을 하지 못하게 되었습니다. 그래서 오히려 하나님을 거스르고 하나님 아닌 것에, 자신들이 보기에 세상에서 힘을 내는 것 같이 보이는 것에 고개를 숙이고 있는 것입니다. 하나님께서는 이런 그들에게 벌을 내리시는데 우리가 생각하는 방식과는 전혀 다른 방식으로 벌을 내리십니다. 로마서 1:24-28입니다.

롬1:24그러므로 하나님께서 저희를 마음의 정욕대로 더러움에 내어 버려두사 저희 몸을 서로 욕되게 하셨으니 25이는 저희가 하나님의 진리를 거짓 것으로 바꾸어 피조물을 조물주보다 더 경배하고 섬김이라 주는 곧 영원히 찬송할 이시로다 아멘 26이를 인하여 하나님께서 저희를 부끄러운 욕심에 내어 버려두셨으니 곧 저희 여인들도 순리대로 쓸 것을 바꾸어 역리로 쓰며 27이와 같이 남자들도 순리대로 여인 쓰기를 버리고 서로 향하여 음욕이 불 일듯 하여 남자가 남자로 더불어 부끄러운 일을 행하여 저희의 그릇됨에 상당한 보응을 그 자신에 받았느니라 28또한 저희가 마음에 하나님 두기를 싫어하매 하나님께서 저희를 그 상실한 마음대로 내어 버려두사 합당치 못한 일을 하게 하셨으니

'저희를 마음의 정욕대로 더러움에 내어 버려두사', '저희를 부끄러운 욕심에 내어 버려두사', '그 상실한 마음대로 내어 버려두사' 이처럼 그들 마음대로 내어 버려두신 것이 벌이랍니다. 우리는 내어 버려두는 것을 '자유'라고 해서 최고의 가치로 생각하지만 성경은 그것을 자유라고 하지 않고 '벌'이라고 선언합니다. 그리고 그것은 실제로 벌입니다. 왜 이것이 벌이냐? 하나님을 보여주지 않으시기 때문입니다. 사람은 하나님의 은혜가 있어야 살 수 있는 존재로 지음 받았습니다. 그런데 하나님께서 은혜의 빛을 비추지 않으시면 인간은 자연히 부패하는 것입니다. 이처럼 내어 버려두시는 벌이 어떤 결과를 낳는지 보겠습니다. 로마서1:29-32입니다.

롬1:29곧 모든 불의, 추악, 탐욕, 악의가 가득한 자요 시기, 살인, 분쟁, 사기, 악독이 가득한 자요 수군수군하는 자요 30비방하는 자요 하나님의 미워하시는 자요 능욕하는 자요 교만한 자요 자랑하는 자요 악을 도모하는 자요 부모를 거역하는 자요 31우매한 자요 배약하는 자요 무정한 자요 무자비한 자라 32저희가 이 같은 일을 행하는 자는 사형에 해당하다고 하나님의 정하심을 알고도 자기들만 행할 뿐 아니라 또한 그 일을 행하는 자를 옳다 하느니라.

하나님께서 이런 일을 행하는 자를 사형에 처하신다는 것을 모든 사람들은 그의 양심이 호소하기 때문에 알고 있습니다. 그러나 그의 더러운 마음은 이것을 거슬러 자기만 행할 뿐 아니라 다른 사람들까지도 그렇게 행하도록 자꾸 부추기고 있습니다. 이런 행악은 더러운 마음에서 흘러 나와서 이루어집니다.

그런데 여기서 우리가 주목하게 되는 것은 이런 사형에 해당하는 행위들에서 우리가 자유롭지 못하다는 것입니다. 우리 중에 시기를 하지 않는 사람이 있습니까? 교만하지 않은 사람, 자랑하지 않은 사람은 없습니다. 우리는 다 무정하고, 무자비합니다. 그렇기에 성경은 만물보다 거짓되고 심히 부패한 것은 마음이라고 하는 것입니다. 이처럼 우리의 마음은 부패하여 더럽습니다. 이런 부패함과 더러움에서 벗어나서 청결해야 합니다. 이것을 깨달은 자는 예외 없이 다음과 같은 고백을 하게 됩니다. 로마서 7:21-24입니다.

롬7:21 그러므로 내가 한 법을 깨달았노니 곧 선을 행하기 원하는 나에게 악이 함께 있는 것이로다 22 내 속 사람으로는 하나님의 법을 즐거워하되 23 내 지체 속에서 한 다른 법이 내 마음의 법과 싸워 내 지체 속에 있는 죄의 법 아래로 나를 사로잡아 오는 것을 보는도다 24 오호라 나는 곤고한 사람이로다 이 사망의 몸에서 누가 나를 건져내랴

중생을 통해 하나님의 자녀가 되었음에도 불구하고 이런 실존적인 절망을 느끼게 되는 것입니다. 자신이 죄를 이기려고 아무리 노력

을 해도 자신의 마음이 죄 아래로 끌려 들어가고 있음을 느끼게 됩니다. 이처럼 우리 안에 우리의 마음이 하나님의 법을 즐거워하면서 동시에 죄의 법 아래로 끌려 들어가는 것이 바로 마음이 청결하지 못함입니다.

마음의 청결함을 얻으려면

이런 청결하지 못한 마음에서 벗어나서 고결하고 청결하게 되기를 소원하는 것은 정상적입니다. 그런데 이것을 자신의 노력으로 이루고자 하는 것은 우리를 다시 어두움으로 몰고 가는 큰 유혹입니다. 많은 사람들이 청결함을 고행을 통해 이룰 수 있을 것으로 여겼습니다. 엘리야 시대의 바알 선지자들은 너무도 진지하게 자해를 했습니다. 고행을 통해서 신에 대해 정결하고 청결한 모습을 얻으려고 했습니다. 또한 금욕적인 생활을 통해서 고행을 하고 그것을 통해서 자신의 죄를 씻고 자기의 의를 쌓으려는 노력을 합니다. 그것이 바로 예수님 당시의 바리새인들입니다. 이들은 어느 곳에 가든지 결례를 행함으로써 자신들의 청결성을 유지하려고 했습니다.

반면에 예수님께서는 청결함과 관련하여 마음을 강조하셨습니다. 고행을 통해 청결함을 얻으려는 자들도 사실 마음에 문제가 있음을 알고 있습니다. 그런데 마음은 마음대로 안 되니 육체를 괴롭혀서 마음을 몰아가거나, 육체의 고통으로 인해 마음을 지울 수 있기를 원해서 고행을 하고 금욕적인 신앙을 가지게 된 것입니다.

이렇게 한다고 마음의 문제가 해결되지 않습니다. 그러다 보면 더 큰 고통, 더 어려운 고행을 추구하면서 그것으로 자신을 자인하고 공로심을 갖게 됩니다. 아니면 아주 형식적인 틀만 남기게 됩니다. 그러나 성경은 이 마음의 정결함이란 고행을 통해 얻는 것이라고 말씀하지 않습니다. 시편 51:10입니다.

시51:10 **하나님이여 내 속에 정한 마음을 창조하시고 내 안에 정직한 영을 새롭게 하소서**

정한 마음, 청결한 마음은 인간이 아무리 고행을 하고 금욕적인 도를 닦는다고 해서 얻어지는게 아닙니다. 우리 안에서 절대로 만들어 낼 수 없습니다. 오로지 온전히 하나님께서 내 속에 창조해 주셔야 합니다. 그렇지 않고서는 우리가 정결한 마음을 가질 방법이 없습니다.

그러나 놀랍고 감사하게도 여러분과 저는 예수님의 제자이며 하나님의 자녀입니다. 그렇기에 우리의 마음은 새로운 마음, 청결한 마음으로 새롭게 되어졌습니다. 하지만 여전히 이 청결한 마음이 제대로 작동하지는 않습니다. 우리 안에는 아직도 미움과 시기와 분과 자랑이 튀어 오르고 있습니다.

그럼에도 불구하고 우리 자신이 잘 모르는 사이에 우리 안에 하나님께서 창조하신 청결한 마음이 심겼고, 활동이 시작됐습니다. 이것은 시간이 지날수록 강력해 질 것입니다. 이는 생명이기 때문에 그렇습니다. 이 생명이 자람으로 인하여 우리는 예수 그리스도의 지체로서 더욱 분명한 인식과 품성과 행진이 있을 것입니다. 이것이 바로 하나님에 대한 깊은 인식에 이르는 것이고, 이것을 통하여 하나님을 더욱 사랑하게 될 것입니다. 그것이 바로 하나님을 뵙는 것입니다.

11
화평케 하는 자의 복

본문: 마태복음 5 : 9

----

^{마5:9}화평케 하는 자는 복이 있나니 저희가 하나님의 아들이라 일컬음
을 받을 것임이요

마음이 청결한 자는 지, 정, 의가 바르게 작용하여 마음이 나눠지지 않은 하나의 마음을 이룬 상태를 의미합니다. 청결한 마음으로 하나님을 뵙기를 소원하는 자는 하나님을 보게 될 것입니다. 하나님을 뵙게 될 것이라고 하면 시각적인 한계 내에서 이해하기 쉽습니다. 사람들은 눈에 보여야만 실재적인 것이라고 생각하는 즉물적인 사고에서 벗어나지 못합니다. 하지만 성경은 눈에 보이는 것은 보이지 않는 것으로 말미암아 존재한다고 해서 이런 즉물적인 사고가 어리석은 것임을 지적해 주십니다.

이것은 조금만 생각해보면 우리의 일상생활에서도 깨달을 수 있는 문제입니다. 우리는 항상 사람을 만나고 있습니다. 하지만 만나는 사람 모두를 진정으로, 인격적으로 만나고 있다고 할 수 있습니까? 누구도 그렇게 말할 수 없습니다. 시각적으로 눈앞에 있다고 해서 모든 사람과 인격적인 교제를 나누는 만남을 이루고 있다고 말할 수는 없습니다. 반대로 지금 눈앞에 없다고 해도 여전히 깊은 인격적 교제 가운데 있는 사람들이 있습니다. 멀리 떨어져 있어도 때론 그 사람의 심정을 지금 이 자리에서 느낄 수 있기도 합니다. 이런 사람들은 시각적으로는 떨어져 있다고 해도 인격적으로는 만남을 지속하고 있는 것이죠.

대표적인 예를 들면 부부가 그렇습니다. 하나님께서는 아담과 하와를 혼인시켜 주셨습니다. 그리하여 이들은 한 몸을 이루었습니다. 그렇다고 이들이 샴쌍둥이가 된 것은 아닙니다. 여전히 육체적으로는 둘입니다. 그럼에도 이들은 한 몸이라고 불릴 만큼 깊은 교제 속에 들어가게 됩니다. 하나님을 뵙는다는 것도 이와 동일합니다. 하나님은 영이시기에 보이지 않으십니다. 그래서 시각적으로나 감각적으로 만나 뵐 수 없습니다. 그럼에도 불구하고 하나님께서는 청결한 마음으로 당신을 뵙기를 소원하는 자들과 만나 깊은 인격적 교제를 나눠주십니다. 하나님과 인격적 교제를 나눈 이들은 그들 삶의 전 영역에 이 사실이 영향을 미치게 됩니다. 마치 혼인했다는 사실이 상대방에 대해서만 어떤 효력을 발생하고 마는 것이 아니라 삶의 전 영역에 변화가 일어나고 지속되는 것과 마찬가지입니다.

화평을 경작하는 자

이제 오늘 본문의 내용으로 들어가도록 하겠습니다. 예수님께서는 화평케 하는 자는 복이 있나니 저희가 하나님의 아들이라 일컬음을 받을 것이라고 하셨습니다. 본문에서 화평이라는 단어의 원어는 '에이레네'입니다. 이는 평안, 평화 등으로 쓰입니다. 화평케 하는 자란 '평화를 제조하는 자'를 의미합니다. 원어를 그대로 직역해서 표현하자면 '평화를 경작하는 자'입니다. 평화라는 작물을 심고 가꾸어 결실을 맺는 일을 하는 사람을 말하고 있습니다. 중간에 서서 협상을 이끌어내는 모습이 아닙니다. 입으로만 평안을 말하고 서 있는 것도 아닙니다. 자신이 주체적이고 능동적으로 화평을 위하여 일하는 사람을 의미합니다.

이 화평의 문제는 성경에서 중요한 개념입니다. 성경에는 여러 가지 화평과 관련된 단어들이 쓰였습니다. 그 중에서도 제일 중요한 개념의 단어는 구약에서 쓰이는 '샬롬'입니다. '샬롬'이라는 단어는 유대인들에게 매우 친숙한 단어입니다. 이들은 이 '샬롬'이라는 단어를 인사말로 씁니다. '샬롬'이란 외부의 어떤 억압이나 위협이 없는 상태를 의미합니다. 또한 마음이 평안하고 태평스럽게 지내는 상태를 말합니다. 유대인들은 이러한 기원을 담아서 '샬롬'이라고 인사를 나누고 있습니다.

그런데 유대인들의 역사를 보면 전혀 화평하지 못합니다. 이스라엘은 남방으로는 이집트, 북방으로는 당대에 패권을 잡았던 앗수르나 페르시아, 바벨론 같은 강대국들 사이에 끼어 있는 작은 나라입니다. 당연히 국제적 정세에 따라서 심각한 어려움에 직면하게 되고, 외세에 의해 국토가 유린되기도 했습니다. 이뿐 아니라 이스라엘 땅 주변에 있는 블레셋이나 에돔 같은 나라들과 끊임없이 싸우며 살았습니다. 그렇기에 이들에게 화평이란 다른 나라 이야기입니다.

그래서 이들이 '샬롬'을 인사말로 쓰는 것은 눈물겨운 표현입니다. 우리의 인사말, '안녕'과 동일한 눈물겨움입니다. 우리도 얼마나 환난이 잦았는지 만나면 서로의 안부를 물어야만 하다 보니 '안녕'이 인사말이 된 것이죠. 예전에는 더 눈물 나는 인사말을 썼습니다. '식사하셨어요?' 이런 문장을 인사로 나눴습니다. 얼마나 끼니를 해결하는 문제가 심각했으면 이런 인사를 나눴겠는가 싶습니다. 아무튼 유대인들은 '샬롬'을 소망하며 인사를 나누지만 '샬롬'을 누리는 삶이라고 하기에는 어려운 환경 속에 살았습니다.

하지만 이런 유대인의 '샬롬'은 우리의 안녕과 전혀 다른 측면을 가지고 있습니다. 우리의 안녕은 그저 서로 안녕을 묻고 점검하는 내용입니다만 '샬롬'이라는 인사는 그런 수준이 아닙니다. '샬롬'은 절대적인 평안이고 하나님께서 주시는 평안입니다. 이 평안은 신적인 보호를 통해서 이루어진다는 고백이 담겨 있는 인사가 바로 '샬롬'입니다. 이것을 생각하면서 본문을 이해해야 합니다.

본문은 화평을 경작하는 사람은 하나님의 아들이라 지칭될 것이라고 했습니다. 이 화평은 하나님께서 주시는 '샬롬'이기에 '샬롬'을 경작하는 사람들이 하나님의 아들이라 불리는 것은 어찌 보면 너무도 당연합니다. '샬롬' 농장의 주인이 하나님이시고, 그 농장에서 '샬롬'을 경작하고 있는 사람들을 그 농장의 상속자로 보면서 하나님의 아들이라고 부르는 것은 자연스러운 표현이라 할 수 있습니다. 이들이 바로 그리스도인입니다.

평화를 원하는 세상

이 세상은 평화를 원합니다. 하지만 인류의 역사는 전쟁의 역사입니다. 예전에 유럽은 문화적, 종교적 우월감을 앞세워 전 세계에 식민지를 개척하면서 제국주의를 표방하고 나갔습니다. 그렇게 전 세계를 짓밟는 것으로 자신들의 우월성을 증명하며 폭압과 착취를 일삼았습니다. 그들은 이것으로 자신들의 부를 쌓았습니다. 하지만 이렇게 쌓은 모든 것들이 이들을 더욱 폭력적으로 만들었고 결국 두

차례의 세계 대전을 일으키게 되는 힘이 되었습니다. 그리고 그 힘을 아낌없이 전쟁에 쏟아 부어 유럽전체가 초토화 되었습니다.

이처럼 인간들은 자신의 우월성을 증명하고 착취를 위해서 전쟁을 다른 나라 사람들을 짓밟는 일을 서슴지 않고 있습니다. 타락의 본성이 나타나는 것입니다. 세상은 평화를 원하고 평화를 지키기 위해 노력하지만 결코 평화롭지 못합니다. 1차 세계대전 이후에 평화를 위한 국제기구를 설립했으나 2차 세계 대전이 일어났습니다. 지금은 유엔이라는 기구를 통해서 국제적 갈등을 조절하고 있으나 여전히 힘의 논리로 움직이고 있습니다. 오히려 강대국의 이익을 위한 전쟁에 유엔이 참여하는 일까지 벌어지고 있습니다. 지금도 어딘가에서 전쟁이 벌어지고 있으며, 전쟁의 위협으로부터 완전히 벗어난 화평이 불가능한 세상에 살고 있습니다.

'악인에게는 평강이 없다'

이런 가운데 현대문명은 자신들의 평안과 안녕을 지키기 위해서 기술의 발달에 온전히 의존하고 있습니다. 마치 기술이 하나님인 것처럼 전능하다고 생각하고 있습니다. 그렇기에 자신들을 지켜 주리라고 여깁니다. 하지만 기술이야 말로 피를 먹고 발전합니다. 기술이 가장 비약적인 발전을 이루는 것은 전쟁을 통해서입니다. 무기는 최첨단 기술의 자기 시현체(示現體)입니다. 이런 성격을 가진 기술에 자신들의 화평을 맡기고 있으니 날이 갈수록 불안이 가중될 수밖에 없습니다.

이는 자살을 위한 노력이요, 열정입니다. 이처럼 죽음을 향해 질주하는 이 세상에는 당연히 참 평안이란 있을 수 없습니다. 여기서 화평을 얻겠다는 것은 헛된 꿈입니다. 늘 전쟁이 있는 것이 당연합니다. 성경은 '악인에게는 평강이 없다(사48:22, 57:21)'고 반복적으로 말씀합니다.

사59:7그 발은 행악하기에 빠르고 무죄한 피를 흘리기에 신속하며 그 사상은 죄악의 사상이라 황폐와 파멸이 그 길에 끼쳐졌으며 8그들은 평강의 길을 알지 못하며 그들의 행하는 곳에는 공의가 없으며 굽은 길을 스스로 만드나니 무릇 이 길을 밟는 자는 평강을 알지 못하느니라.

그럼에도 불구하고 세상은 평안을 원하고, 자신들이 화평을 만들고 누릴 수 있을 것으로 여기고 있습니다. 그리고 그것을 누리고 있는 중이라는 생각까지 합니다. 기술이, 힘이, 권력이, 돈이 평안을 줄 수 있다고 믿습니다. 이것들은 자신이 평안을 줄 수 있다고 장담합니다. 하지만 이것은 속임수입니다. 이것들은 거짓 선지자들입니다. 에스겔서에 보면 에스겔은 예루살렘의 멸망을 예고하고 있으나 에스겔과 전혀 반대의 예언을 하는 사람들이 나타납니다. 에스겔 13:16을 보겠습니다.

겔13:16이들은 예루살렘에 대하여 예언하여 평강이 없으나 평강의

묵시를 본다 하는 이스라엘의 선지자들이니라 나 주 여호와의 말이니라 하셨다 하라

분명히 멸망이 다가오고 있음에도 불구하고 백성을 속이며 평강의 묵시를 본다고 하는 거짓 선지자들이 나타난다는 말씀입니다. 또한 예레미야 6:14-15에서도 이 거짓 선지자들의 모습을 볼 수 있습니다.

렘6:14그들이 내 백성의 상처를 심상히 고쳐주며 말하기를 평강하다 평강하다 하나 평강이 없도다 15그들이 가증한 일을 행할 때에 부끄러워하였느냐 아니라 조금도 부끄러워 아니할 뿐 아니라 얼굴도 붉어지지 않았느니라 그러므로 그들이 엎드러지는 자와 함께 엎드러질 것이라 내가 그들을 벌하리니 그때에 그들이 거꾸러지리라 여호와의 말이니라

여기서 심상히 고쳐준다는 것은 심각한 병에 아스피린 한 알을 주고 안심시키는 것과 같습니다. 자신들이 어떤 상태에 놓였는지도 모른 채, 멸망이 다가 오고 있는데도 전혀 상태에서 이 거짓 선지자들의 말에 의지하며 '평안하다'하고 노래를 하고 있습니다. 이것이 바로 세상의 모습입니다.

총구 앞에 있는 세상

하나님의 공의로우심이 그 죄에 대하여 얼마나 주목하고 계신지

전혀 알지 못하고 지내는 모습입니다. 하나님께서 이런 자들을 직접 벌하시겠다고 하셨습니다. 시편 7:11-13을 보겠습니다.

시7:11하나님은 의로우신 재판장이심이여 매일 분노하시는 하나님이시로다 12사람이 회개치 아니하면 저가 그 칼을 갈으심이여 그 활을 이미 당기어 예비하셨도다. 13죽일 기계를 또한 예비하심이여 그 만든 살은 화전이로다.

하나님께서는 죄인들에게 매일 분노하십니다. 회개치 아니하는 자들을 향하여 칼을 갈며 형벌을 준비하십니다. 죄인의 머리를 향하여 총구를 겨누고 방아쇠에 검지가 올라가 있습니다. 어둠 속에서 가장 결정적인 순간을 기다리는 스나이퍼처럼 하나님께서도 활을 당기고 죄인의 죄가 무르익을 때까지 기다리고 계십니다. 죄인은 언제든지 하나님의 표적 안에 들어와 있습니다. 성경이 누누이 이런 사실을 알려주고, 자신의 양심이 이런 사실에 대해서 호소하는데도 불구하고 모른 척 애를 쓰며 누리는 평안은 진정한 평안일 수 없습니다.

진정한 평안을 얻으려면 이 총구에서 벗어나야 합니다. 벗어나야 하는데 스스로는 벗어날 방법이 없습니다. 벗어나기는커녕 언제나 사단의 계략에 이끌려 멸망의 길을 걸어 표적의 정중앙을 향하고 있습니다. 그렇기에 예수 그리스도로 말미암는 대속의 사역이 필요합니다. 예수 그리스도의 대속의 공효로 말미암아 죄를 향한 하나님의 총구가 거둬져야만 비로소 평안을 누릴 수 있습니다. 이런 예수 그리스도의 대속 공효를 전파하고 열매가 맺히도록 힘쓰는 자들이 바로 진정한 평화를 만들어내는, 화평케 하는 자들입니다.

세상에 검을 주러 왔노라

그러나 이들은 이 세상에서 화평케 하는 자로 인식되지 않습니다. 오히려 분란을 일으키는 자(trouble maker)로 취급받습니다. 지금 다들 만족스럽고 평온하게 살고 있는데 괜한 시비를 거는 사람처럼 보입니다. 그냥 놔두면 훨씬 덜 시끄럽고 덜 싸울 것 같은데 굳이 나서서 문제를 들춰내 없던 문제를 만들어내는 사람같이 생각됩니다. 이런 현상에 대해 예수님께서도 이같이 말씀하셨습니다.

마10:34내가 세상에 화평을 주러 온 줄로 생각지 말라 화평이 아니요 검을 주러 왔노라 35내가 온 것은 사람이 그 아비와, 딸이 어미와, 며느리가 시어미와 불화하게 하려 함이니 36사람의 원수가 자기 집안 식구리라

예수님으로 말미암아 자식과 아비가 싸우게 됩니다. 하나의 본질을 가진 자들끼리 싸우고 있습니다. 그러한 현상이 너무도 확연히 나타날 것이기에 예수님께서는 화평을 주러 온 것이 아니라 검을 주러 왔다고까지 하셨습니다. 물론 예수님께서는 분명히 세상에 평안을 주려고 오셨습니다. 그렇기에 위의 말씀도 검을 가지고 싸워도 된다는 말씀으로 이해해서는 안 됩니다. 그보다는 '내가 왔다고 해서 화평하게 될 것이라고 생각하지 마라. 오히려 분쟁이 일어날 것

이다'는 말씀으로 이해해야 됩니다.

예수님께서는 평안을 가져오셨는데 왜 이런 극단적인 분쟁이 벌어질까요?

요14:27 **평안을 너희에게 끼치노니 곧 나의 평안을 너희에게 주노라 내가 너희에게 주는 것은 세상이 주는 것 같지 아니하니라 너희는 마음에 근심도 말고 두려워하지도 말라**

예수님께서 주시는 평안은 세상이 주는 평안과 전혀 다르기 때문입니다. 예수님께서 주시는 평안이 참 평안이며 세상의 거짓 선지자들이 주는 평안은 거짓 평안입니다. 예수님의 참 평안과 세상의 거짓 평안은 서로 대립할 수밖에 없습니다. 참 평안은 거짓 평안에 칼로 작용합니다. 그래서 검을 주러 왔노라 하신 것입니다. 그렇기에 이런 평안을 전파하는 그리스도인들은 분명히 화평케 하는 자인데도 불구하고 분란을 일으키는 자로 여겨집니다.

자살을 막는 자

세상은 죄로 말미암은 멸망으로 달려가고 있습니다. 거짓 평안을 따라서 죽을 길로 가고 있습니다. 예수님께서 자살로 가는 길을 막고 서셨습니다. 그러자 세상이 자기 길을 가겠다며 예수님을 죽이려고 십자가에 못 박았습니다. 이와 같이 참 화평을 경작하려는 그리스도인들도 핍박합니다. 죽도록 내버려두라고 소리 지릅니다. 그럼에도 그리스도인들은 두 팔을 벌리고 세상의 길을 막아야 합니다. 그들을 참 평안의 길로 돌려 세워야 합니다.

소돔과 고모라가 멸망을 향해 질주하게 된 이유는 의인 열 명이 없어서입니다. 그 사회에 악을 막고 시위를 할 수 있는 최소 단위인 열 명이 없기에 멸망했습니다. 그리스도인들은 바로 이 열 명이 되어야 합니다. 비록 현상적으로는 나름대로의 질서 속에서 살아가고 있는 사회에 한 줌도 안 되는 방해꾼이며 분란을 일으키는 자들로 취급되어 핍박을 받더라도 이들로 인해 오늘도 그 사회가 환난과 멸망에 빠지지 않는 것입니다. 우리가 없으면 세상이 멸망하고 우리가 있음으로 인하여 세상이 유지됩니다. 그렇기에 우리가 진짜 화평케 하는 자이며 하나님의 아들입니다.

12

의를 위하여
핍박 받는 자의 복

본문: 마태복음 5 : 10-12

마5:10의를 위하여 핍박을 받은 자는 복이 있나니 천국이 저희 것임이라 11나를 인하여 너희를 욕하고 핍박하고 거짓으로 너희를 거스려 모든 악한 말을 할 때에는 너희에게 복이 있나니 12기뻐하고 즐거워하라 하늘에서 너희의 상이 큼이라 너희 전에 있던 선지자들을 이같이 핍박하였느니라

화평케 하는 자란 참 평안, 하나님께서 주시는 '샬롬'을 경작하는 사람입니다. 세상은 참으로 평안을 원하지만 세상이 가지고 있는 성격 때문에 절대로 참된 평안을 얻을 수 없습니다. 참 평안을 가질 수 없도록 만드는 세상의 성격이란 죄로 인한 것입니다. 하나님을 떠나고, 하나님께 반역한 세상은 자신을 멸망의 구렁텅이로 끌고 가려는 자살에의 의지를 가지고 있습니다. 이것은 하나님을 하나님이 되지 못하게 하려는 사단의 음모였습니다. 이 음모에 아담이 가세함으로서 세상엔 하나님을 향한 반역죄가 존재하게 되었습니다. 그렇기에 세상에 평안이 있을 수 없습니다.

하나님께서 주시는 '샬롬', 참된 평안이란 무엇보다도 죄의 문제가 해결되어야만 얻을 수 있습니다. 죄의 문제는 세상의 그 어떤 힘으로도 해결할 수 없습니다. 왜냐하면 죄의 값은 사망이기 때문입니다. 세상에 죄가 있으니 세상이 죽어야만 합니다. 그래서 예수 그리스도께서 대신 죽으심으로 죄를 속하여 주시는 사역이 필요합니다. 예수 그리스도의 대속사역의 공로를 의지함으로써만 죄의 문제를 해결할 수 있습니다. 그래야 참된 평안, '샬롬'을 얻을 수 있습니다.

하나님께서 주시는 이 '샬롬'을 세상에 심고 경작하는 이들이 바로 하나님의 아들들이며, 그리스도인들입니다. 이들은 세상이 본래의 자신의 성격, 죄로 말미암는 죽음을 향해 달려가려는 의지를 막아서고 거기에 하나님의 죄에 대한 용서를 선포해야 합니다. 소돔과 고모라에 의인 열 명이 있었더라면 멸망하지 않았을 것을 기억해야 합니다. 하나님의 아들로서 분명한 자기 정체성을 가지고 이 세상의 멸망을 막고, 거기에 평안을 심고 경작하는 자들이 되어야 합니다.

세상의 의와 하나님 나라의 의

이런 역할을 하는 자들이 세상에서 필연적으로 당하는 일이 있는데, 그것이 바로 오늘 본문이 말씀하는 '의를 위하여 핍박을 당하는 것'입니다. 언뜻 생각하면 이것은 말도 안 되는 황당한 일입니다. 세상도 나름대로 윤리와 도덕을 만들고, 규칙을 만들며, 더욱 강제적인 법을 만들어서라도 '의'를 추구하고 있습니다. 어느 사회에서라도 불의를 조장하거나 권하지 않습니다. 정상적인 부모라면 자녀에게 불의하게 살라고 가르치지 않습니다. 불의한 군사독재 정권에서는 오히려 일반적인 범죄가 줄어들도록 강력히 조치하기도 하고, 도적들 사이에서조차 의리를 중시하는 것을 봐도 그렇습니다. 그리고 누구라도 의로운 일을 하는 사람을 보면 훌륭하다고 생각하게 되고, 자신은 그렇게 하지 못하지만 마음속으로라도 칭찬을 하고 존경을 하게 됩니다. 이처럼 세상은 의를 싫어하지 않습니다. 그렇기에 의를 행하는데 핍박을 받는 것은 좀 이상합니다.

세상이 '의'를 행하는 자를 핍박하는 진짜 이유는 세상이 가지고 있는 의와 하나님 나라의 의가 다르다는데 있습니다. 세상은 아담과 하와의 후손입니다. 그렇기에 그들의 행위를 본받고 있습니다. 아담과 하와는 하나님께서 내신 명령에 순종하는 것을 의로 여기기보다는 자신들이 하나님과 같아지는 것을 의라고 생각했습니다. 그러나 그것은 하나님께서 내신 명령 곧, 하나님께서 내신 의를 어기는 행위입니다. 하나님께서는 선악을 알게 하는 나무를 통해서 선악을 알도록 하셨는데, 인간은 자신들이 그 나무의 실과를 따먹음으로써 선악의 결정권을 가진 자가 되려고 했습니다. 세상은 이와 같은 반역적인 행동을 따라가고 있습니다. 세상은 아담과 하와의 행위를 따라서 선과 악을 정해놓고, 의와 불의를 판단하고 있습니다. 그렇기 때문에 세상의 의는 하나님의 의와 같을 수 없습니다.

이런 세상 안에 하나님의 의가 실현되었습니다. 바로 예수 그리스도가 하나님의 의가 되셨습니다. 그리고 그 의를 이 세상에 심고 가꾸고 경작하는 일을 예수 그리스도의 제자들에게 맡기셨습니다. 이 제자들은 하나님의 의이신 예수 그리스도를 통하여 이 세상에 참된 화평이 이루어지기를 소원하며 의로운 행동을 행하고 있습니다.

그러나 이런 그리스도인들의 행동은 세상이 볼 때에는 전혀 의롭지 못한 행동입니다. 선악의 결정권을 인간에게서 빼앗아 다시 신에게로 돌리려고 하는 반역자로 여겨집니다. 고대에 신들에게 억압당하던 그 시대로 돌아가자고 하는 참으로 어리석은 자로 인식합니다. 그것은 역사의 진행을 거스르는 것이고, 오늘날 인간은 더욱 매진하여서 신이 되는 자리로 나가야 한다고 주장합니다. 그렇기에 그리스도인에 대한 세상의 핍박은 필연적입니다. 그리고 이 핍박을 끊임없이 수행해 왔습니다.

의에 대한 핍박의 역사

이런 세상의 핍박은 이미 가인과 아벨에게서부터 나타납니다. 아담과 하와는 에덴동산에서 쫓겨나 살면서 자녀를 낳았습니다. 그 첫 자식이 바로 가인인데, 가인의 이름의 뜻은 '얻었다'입니다. 구원자를 주시기로 하신 약속의 실현을 가인에게서 보았다는 의미입니다.

창3:15내가 너로 여자와 원수가 되게 하고 너의 후손도 여자의 후손과 원수가 되게 하리니 여자의 후손은 네 머리를 상하게 할 것이요 너는 그의 발꿈치를 상하게 할 것이니라 하시고

아담과 하와는 이 약속에 나오는 여자의 후손이자 구원자를 주신 것이라고 생각하며 아들의 이름을 가인이라고 지었습니다. 가인을 통해 구원이 이루어질 것을 기대하고 있었음을 알 수 있는 이름입니다.

그런데 놀라운 것은 뒤따라 나오는 아우의 이름입니다. 가인의 아우 아벨의 이름의 뜻은 '허무'입니다. 왜, 둘째 아들의 이름을 '허무'하다고 지었을까? 아마 그들이 기대하던 구원자로서의 모습을 가인에게서 전혀 볼 수 없었기 때문일 것입니다. 도리어 인간의 타락한 심성이 너무도 확연히 드러났기에 절망했던 것 아닐까요. 그래서 아담과 하와는 자신들이 낳은 자식에게서 더 이상 구원의 희망을 갖지 못하고 '허사로다'라고 이름을 지었습니다.

그런데 참으로 놀라운 것은 아담과 하와가 전혀 기대하지 않았던

'허무'한 아벨이 오히려 역사 속에서 경영하시는 하나님의 구원 의지를 보고 하나님의 약속을 믿었다는 사실입니다.

^{히11:4}**믿음으로 아벨은 가인보다 더 나은 제사를 하나님께 드림으로 의로운 자라 하시는 증거를 얻었으니 하나님이 그 예물에 대하여 증거하심이라 저가 죽었으나 그 믿음으로써 오히려 말하느니라.**

이처럼 아벨은 진정한 의미에서 '의'를 추구하고 살았고, 이 사실이 하나님께 제사 드리는 일을 통하여 아주 분명하게 드러났습니다. 반면 가인에게서는 이런 인식과 행위가 나타나지 않았습니다. 그래서 하나님께서는 아벨의 제사를 받으시고, 가인의 제사는 받지 않으셨습니다. 그러자 가인은 자신의 본성을 아주 분명하게 드러냈습니다.

^{창4:5}**가인과 그 제물은 열납 하지 아니하신지라 가인이 심히 분하여 안색이 변하니**

가인은 자신의 제사가 열납되지 않았다는 것을 보면서도 자신이 하나님 앞에 얼마나 잘못되고 있는가에 대한 증거로 여기지 않았습니다. 오히려 하나님께서 자신의 제사를 받지 않으셨다는 것에 분을 내고 이를 겉으로까지 표현하고 있습니다. 이것은 가인이 하나님에 대해서 가지고 있는 인식을 보여줍니다. 가인은 제사를 '신에게 좋은 것을 해주는 행위'로 생각했던 것입니다. 자신이 뭔가 좋은 것을 해줬는데 그것을 받지 않았다고 생각하니까 화가 났습니다.

그러나 바른 제사란 하나님 앞에서 자신이 죄인임을 고백하며, 이 죄에 대해 하나님께서 용서하셔야 하는 문제임을 인식하고 고백하는 행위입니다. 그렇기에 제사가 열납 되지 않았다는 사실은 자신이 화를 낼 문제가 아니라 자신의 죄가 하나님 앞에서 여전히 남아 있다는 것에 심히 두려움을 느끼고 가운데 송구히 여겨야 했습니다. 그런데도 가인은 하나님 앞에서 더욱 악한 모습을 보였습니다.

하나님께서는 이에 대해 곧바로 정죄와 심판을 행하지 않으시고 친히 다음과 같이 말씀하셨습니다.

창4:6 여호와께서 가인에게 이르시되 네가 분하여 함은 어찜이며 안색이 변함은 어찜이뇨 7네가 선을 행하면 어찌 낯을 들지 못하겠느냐 선을 행치 아니하면 죄가 문에 엎드리느니라 죄의 소원은 네게 있으나 너는 죄를 다스릴찌니라 8가인이 그 아우 아벨에게 고하니라 그 후 그들이 들에 있을 때에 가인이 그 아우 아벨을 쳐죽이니라

이렇게 경고의 말씀을 주심으로써 가인이 더 큰 죄를 짓고 큰 불행의 역사를 만들지 않도록 은혜를 주셨습니다. 그런데도 불구하고 가인은 결국 자신의 아우를 죽이는 더 큰 죄를 저질렀습니다. 자신의 마음의 부패함으로 인해 자신에게 아무런 해도 끼치지 아니한 아벨을 시기하고 살인으로 열매를 맺었습니다. 이것은 그저 살인을 했다는 정도의 사건이 아니라 가인이 사단에게 속하여 적극적으로 하나님의 구원 약속을 방해하는 세력으로 서 있다는 것을 의미합니다. 힘을 가지고 하나님의 의를 세울 자, 뱀의 머리를 밟으시는 자의 오

심을 방해하려고 한 일입니다.

예수 그리스도의 탄생을 방해하려던 세상

이것이 세상의 성격입니다. 이후로도 사단에게 속해 있는 세상은 하나님께서 보내시기로 한 '여인의 후손'이 태어나는 것을 어찌하든지 방해하고자 하고 있습니다. 이 일을 위해 힘으로 상대방을 제압하려는 가인이즘으로 세상을 가득 채우려 합니다. 그러나 이것은 세상을 속이는 사단의 전략입니다. 가인이즘이 가득하고 죄가 충만하게 차서 더 이상 하나님의 공의로우심이 이 세상을 두고 보지 않으시고 멸망케 하도록 하기 위해서입니다.

이것이 거의 성공할 것처럼 보인 때가 노아 홍수 직전 상황입니다. 땅 위에 죄악과 강포가 가득해서 하나님께서 땅 위에 사람을 지으셨음을 한탄하셨다는 표현이 나올 만큼 사단에게 속한 자들이 득세를 하고, 가인이즘이 가득했습니다. 그로 인해 세상은 완전히 멸망하는 듯 했습니다. 드디어 사단이 승리하는 것 같았습니다. 그러나 하나님께서는 그 가운데서도 노아와 그의 가족들을 통해서 역사를 이어가셨습니다. 그리고 무지개를 통하여 물로 멸망시키지 않겠다는 언약을 주셨습니다.

그럼에도 여인의 후손이 세상에 오는 것을 방해하려는 사단의 노력은 계속되었습니다. 아브라함을 택하여 거룩한 자손을 내시려고 하자, 사단은 애굽 왕의 힘을 이용해서 아브라함의 부인 사래를 범하고자 했습니다. 또한 이스라엘이 애굽에 있을 때 어떻게 하든지 말살하려고 애를 썼습니다. 광야에서도 멸망당하게 하려고 갖은 애를 쓴 기록을 볼 수 있습니다. 이스라엘이 국가로 세워지자 멸망시키기 위해 강대국들의 힘을 이용할 뿐 아니라 이스라엘 내부적으로도 죄가 팽배하게 하여 하나님께로부터 멸망을 당하도록 노력을 했습니다.

물론 이 모든 일 가운데서 하나님께서는 직접 간섭하셔서 구원하셨습니다. 결국 이스라엘 민족의 나라가 멸망을 당했으나 여인의 후손이 오는 길은 분명히 지켜졌습니다. 사단은 여인의 후손이 오는 길을 막으려고 노력했고 하나님께서는 여인의 후손을 이 땅에 보내시기 위해 준비하고 계셨습니다. 이것이 예수 그리스도께서 오시기 전까지의 역사의 성격이었습니다. 이런 방해의 사실이 아주 집약적이며, 드라마틱하게 나타난 것이 예수님께서 태어나실 때의 일입니다. 사단은 어찌하든지 예수님을 죽이려 했고 이 일을 위하여 헤롯은 무고한 어린 아이들을 죽이는 잔인함을 서슴지 않았습니다.

하지만 하나님께서는 천사들을 보내어 적극적으로 보호하셨습니다. 결국 예수 그리스도께서 이 땅에 오셨고, 자신의 사역을 다 이루셨습니다. 이제 더 이상 사단에게는 기회가 없습니다. 사단은 결정적인 치명타를 입었습니다. 그렇다고 사단이 순순히 항복하고 반신국적인 행위를 그만둔 것이 아닙니다. 자신에게 속해 있는, 자신이 장악하고 있는 세상을 더욱 악랄하게 하나님을 거스르는 행동을 하도록 조장하고 있습니다. 그리하여서 할 수만 있다면 하나님의 구원역사를 늦추고, 할 수만 있다면 세상이 지금이라도 멸망할 수 있게 만들려고 애를 쓰고 있습니다. 이것이 예수 그리스도께서 오신 이후의 역사의 본질이며, 성격입니다.

그리스도인들이 서 있는 역사의 위치

그리스도인들은 바로 이런 역사적인 위치에 서 있습니다. 우리는 할 수 있는 대로 이 세상에 하나님의 구원역사, 하나님의 의를 드러내야 합니다. 하나님 나라의 진전에 우리 자신을 다 드리면서 "주 예수여 어서 오시옵소서"라고 외쳐야 합니다.

그러면서도 우리는 이 세상이 빨리 자신의 죽음을 죽으려는 것, 세상이 사단의 계략에 속아서 죽음을 향하여 달려가는 것을 막아야 합니다. 그것을 위해 우리는 세상이 가지고 있는 '의'와 다른 '의'를 행해야 합니다. 우리의 '의'는 세상이 볼 때 미련해 보이고, 꺼려지는 것입니다. 그 의는 바로 예수 그리스도를 구원의 길로 선포하는 것이기 때문입니다.

세상 사람들이 볼 때에 이것은 말도 안 되는 이야기입니다. 그저 2000년 전에 어떤 청년의 죽음에 불과한데 그것이 구원의 길이라는 것은 도무지 있을 수 없는 일입니다. 더욱이 그를 믿는 것이 '의'이며, 그를 믿는 것만이 구원의 길이라는 말에 대해 세상은 자신들의 분을 감출 수 없을 것이며, 여러분을 핍박하고 아벨처럼 죽이려고 할 것입니다.

그러나 이런 세상의 반응에 대해서 전혀 슬퍼할 일이 아닙니다. 왜냐하면 그들의 이런 반응이야 말로 우리가 천국의 백성임이며, 하나님의 의를 담지한 자임을 분명히 증명하게 때문입니다.

마5:11나를 인하여 너희를 욕하고 핍박하고 거짓으로 너희를 거스려 모든 악한 말을 할 때에는 너희에게 복이 있나니 12기뻐하고 즐거워하라 하늘에서 너희의 상이 큼이라 너희 전에 있던 선지자들을 이같이 핍박하였느니라

오히려 우리는 기뻐하고 즐거워해야 할 것입니다. 우리 신앙의 선배들도 동일하게 핍박을 받았기 때문입니다. 그것이 뭐 기뻐하고 즐거워 할 일인가?라고 하겠지만 그들에게 역사하셨던 하나님께서 우리에게 동일하게 역사하셔서는 우리를 위로하시고, 지키실 것이기 때문입니다. 예수님께서 하늘에서 너희의 상이 클 것이라고 약속하셨습니다. 아마도 우리가 상상할 수 없는 것, 지금 우리로서는 전혀 이해할 수 없으나 너무도 가치 있는 것을 받게 될 것입니다. 동전 밖에 모르는 어린 아이가 지폐를 알지 못하는 것처럼, 또한 고대 사람들에게 사이버머니를 설명할 수 없듯이 현재의 우리는 아무리 설명을 들어도 그 상이 무엇인지 알 수 없습니다.

롬8:18생각건대 현재의 고난은 장차 우리에게 나타날 영광과 족히

비교할 수 없도다.

이것을 믿는 것입니다. 뭔가 바라고 의를 위한다는 것이 고상하지 못한 것 같습니까? 교만이고 자존심입니다. 우리는 그렇게 센 사람들이 아닙니다. 말할 수도 없고, 상상할 수도 없는 놀랍고 고귀한 것을 상으로 받을 것을 믿으십시오. 하나님의 말씀이며, 예수 그리스도의 약속입니다.

이것을 믿고 오늘 내게 오는 핍박을 견뎌내십시오. 다른 사람의 삶을 위해 힘쓰십시오. 그 사람의 뜻을 거스르면서 자꾸 귀찮게 하고, 그것으로 인해 미움을 사더라도 그 사람의 생명력을 위해서 노력하십시오. 멸망의 길로 가는 것을 두 팔을 벌려 가로 막으십시오. 말도 안 되는 오해를 받고 뺨을 맞는다면 억울해 하지 마시고, 기뻐하십시오. 속되게 표현하자면, 뺨 한 대당 1억이라고 생각하시고 기쁘게 맞으십시오. 왜냐하면 그것보다 더 큰 상을 받을 것이기 때문입니다.

2부

다시 완전하게 세우는 율법
그리고
들을 귀 있는 자를 위한
비유

1

소금과 빛이 되라고?

본문: 마태복음 5 : 13-17

----

¹³너희는 세상의 소금이니 소금이 만일 그 맛을 잃으면 무엇으로 짜게 하리요 후에는 아무 쓸 데 없어 다만 밖에 버려져 사람에게 밟힐 뿐 이니라 ¹⁴너희는 세상의 빛이라 산 위에 있는 동네가 숨기우지 못할 것이요 ¹⁵사람이 등불을 켜서 말 아래 두지 아니하고 등경 위에 두나니 이러므로 집안 모든 사람에게 비취느니라 ¹⁶이같이 너희 빛을 사람 앞에 비취게 하여 저희로 너희 착한 행실을 보고 하늘에 계신 너희 아버지께 영광을 돌리게 하라

팔복에 대한 정리

우리는 지난 시간까지 팔복을 살펴보며 하나님 나라 백성이 가지는 존재의 특성에 대해서 확인했습니다. 하나님 나라 백성은 자신 안에 하나님 나라적인 것이 없다는 사실을 지식적으로 깨달아서 가난함을 느끼는 자입니다. 그런데 이 가난함이 지속적일 뿐 아니라 포괄적이기 때문에 그는 정서적으로 애통하는 자가 됩니다. 이처럼 지적인 측면과 정서적인 측면에서 결핍되어 있는 자에게 하나님께서 하나님 나라를 주시며, 위로해 주십니다. 그리하여 그는 하나님만 의지하면서 어떤 압제와 환난 속에서도 안정되고 청정한 마음을 소유할 수 있습니다. 이것을 온유하다고 합니다. 전적으로 하나님을 의지함으로 온유한 자에게 땅이 기업으로 주어진다는 것은 땅이 그 본래의 기능을 회복하여 그의 생존을 지지하게 된다는 말입니다. 그리하여 그는 더 이상 자신을 위해 살지 않고 하나님의 의를 향하여 살 수 있게 되었습니다. 우리는 세상에서 하나님의 의를 바라고 삽니다. 하지만 타락한 세상 속에서 하나님의 의를 발견하지 못하여 의에 굶주립니다. 이렇게 의에 굶주리고 있을 때 하나님께서 의를 제공해 주셔서 배부르게 됩니다. 이상이 하나님 나라 백성들의 내적 특성입니다.

이와 같은 내적인 특성을 가진 하나님 나라 백성이 그 특성을 외적으로 드러낼 때 긍휼한 자, 마음이 청결한 자, 화평케 하는 자, 의를 위하여 핍박을 받는 자로 나타납니다. 하나님 나라 백성이 긍휼한 자가 될 수 있는 것은 하나님께서 이미 우리에게 무한한 긍휼을 베푸셨음을 알기 때문입니다. 마음이 청결한 자가 하나님을 볼 것이라는 말씀은 하나님을 향한 단일한 마음, 즉 일편단심을 가진 자, 하나님을 사랑하는 자는 하나님과 인격적인 관계, 사랑의 교제를 하게 될 것이라는 말씀입니다. 또한 하나님 나라 백성은 화평케 하는 자라고 하셨는데, 이는 화평을 경작하는 사람으로서 하나님의 공의의 심판으로 참 평안이 존재할 수 없는 세상에 하나님의 용서를 선언하고 전파함으로서 참 평안을 일구어내는 사람을 의미합니다. 이러한 일들을 행하는 것이 바로 하나님의 의를 행하는 것입니다.

그런데 세상은 하나님의 의를 거스르는 속성을 가지고 있기 때문에 이런 의를 행하는 자를 오히려 핍박합니다. 역사의 중심은 이와 같이 하나님의 의를 행하는 자와 이것을 저지하려는 세력의 갈등입니다. 아담의 타락 이후로 가인과 아벨의 역사로부터 예수님의 오심을 방해하던 사단의 세력, 그리고 오늘날까지 참 복음의 선포와 이를 거스르고 핍박하는 세력 간의 갈등과 충돌이 역사의 본질입니다.

비유를 해석할 때 유의하여야 함

이처럼 역사는 세상과 하나님 나라의 전쟁의 장입니다. 그 속에서 그리스도인들이 어떤 역할을 하는 자들인지에 대해서 비유로 가르치셨습니다. 그것은 바로 '소금과 빛'의 비유입니다. '너희는 세상의 소금이다', '너희는 세상의 빛이다'. 이렇게 직유법을 써서 말씀하셨습니다. 비유란 비유한 대상의 어떤 특성을 강조하고, 실제적인 이해를 도모하기 위해서 쓰는 수사법입니다. 그렇기에 어떤 점을 강조하기 위해 비유를 들어 설명하고 있는지를 살펴봐야 합니다. 그런데 문맥에 유념하지 않고 비유를 확장해 나가면 이것을 '알레고리'라고 합니다. 알레고리적 해석은 한국 기독교를 풍미하고 있으며, 그 폐해는 말할 수 없이 큽니다.

예를 들자면, 강도를 만난 사람을 구해주는 사마리아인 비유를 해석할 때와 같은 알레고리가 대표적입니다. 어떤 사람이 예루살렘에서 여리고로 가는 길에 강도를 만나서 거의 죽게 되었습니다. 신실하다는 몇몇 유대인들이 이를 보고도 그냥 지나칩니다. 반면 유대인들이 '개' 취급하는 사마리아인이 강도 만난 이 사람을 도와준다는 비유입니다. 이 비유를 잘 아실 것입니다. 그런데 비유의 해석은 어떤 정황과 문맥에서 행해졌느냐를 아는 것이 내용보다도 더 중요할 수 있습니다.

눅10:25어떤 율법사가 일어나 예수를 시험하여 가로되 선생님 내가 무엇을 하여야 영생을 얻으리이까 26예수께서 이르시되 율법에 무엇이라 기록되었으며 네가 어떻게 읽느냐 27대답하여 가로되 네 마음을 다하며 목숨을 다하며 힘을 다하며 뜻을 다하여 주 너의 하나님을 사랑하고 또한 네 이웃을 네 몸과 같이 사랑하라 하였나이다 28예수께서 이르시되 네 대답이 옳도다 이를 행하라 그러면 살리라 하시니 29이 사람이 자기를 옳게 보이려고 예수께 여짜오되 그러면 내 이웃이 누구오니이까

선한 사마리아인 비유는 '내 이웃이 누구입니까? 그 한계를 규정해 주십시오. 그러면 제가 온전히 지켜 보이겠습니다.'라는 율법사

의 도전에 대한 대답으로 하신 말씀입니다. 예수님께서는 이 비유를 통해서 '너는 그것을 온전히 지킬 수 없다. 왜냐하면 이웃은 내 쪽에서 정하는 것이 아니라 요청하는 쪽에서 정하는 것이기 때문이다.'라고 대답을 하신 것입니다.

그래서 예수님께서는 비유를 마치시며 되물으실 때 선행을 베푼 사마리아인의 이웃이 누구냐고 묻지 않으시고(율법사의 질문은 이것이었습니다), 강도를 만난 사람의 이웃이 누구냐고 물으셨습니다. 이것이 이 비유의 핵심입니다. 그런데 한국교회에서는 이런 본문의 의도와 가르침을 파악하는데 힘을 쓰기 보다는 이것을 알레고리적으로 해석하는데 힘을 써서 기발한 이야기를 만들어냅니다.

'어떤 사람이 왜 강도를 만났느냐? 신앙의 도시 예루살렘에서 저주받은 도시인 여리고로 갔기 때문이다. 이것은 신앙이 떨어졌다는 것을 의미한다. 그러므로 여기서 강도는 사단이다. 이처럼 사단의 공격으로 고통 속에서 신음하고 있는 사람을 구해 준 사마리아인은 바로 예수님이다. 예수님께서는 기름과 포도주로 상처를 치료하셨는데 이것은 바로 세례와 예수님의 보혈의 피를 의미한다. 그리고 여관집으로 데리고 갔는데 여기는 바로 교회다. 그리고 여관집 주인은 바로 하나님이시다. 예수님께서는 교회에 데리고 가서서 하나님께 치료를 받게 하신다. 이때에 치료를 위해 두 데나리온을 내시는데 그것이 바로 구약과 신약이다. 그리고 이 환자를 짐승에 태우고 오셨는데 그것이 바로 성령이다. 이것이 바로 우리가 구원받는 모습이며, 성삼위 하나님의 역사하심이다.'

이와 같은 이야기는 참 기발하고 재미있으며, 혹여 어떤 이들에게는 자신의 구원의 모습에 적용되어 '은혜'라는 것을 받을지도 모릅니다. 그러나 이것은 성경말씀이 이야기하는 바와는 전혀 관계가 없는 내용입니다. 특히 억지로 이야기를 꿰어 맞추다보니 삼위일체 하나님에 대한 진술이 완전히 삼신론적인 설명이 되어 버렸습니다. 특히 성령 하나님께서 짐승이 되시는 수모를 겪으셨습니다. 성령님에 대해 얼마나 우습게 여기고 있는지가 여기에 나타나고 있습니다. 그럼에도 한국교회에서는 이런 식의 이야기가 이른바 '잘 쪼개는 설교'라고 환영받곤 했습니다. 그러므로 비유를 해석할 때는 이런 오류를 늘 유념해야 합니다. 그렇지 않으면 성경과는 전혀 관계없는 이야기를 하고서도 그것이 하나님 말씀인 줄 알게 됩니다.

소금과 빛이 되라?

비유를 해석할 때는 많은 주의가 필요합니다. 특히 예수님의 비유들은 '들을 귀 있는 자'들을 위한 비유입니다. '들을 귀 있는 자'에 반대 개념인 '들을 귀 없는 자'란 청력에 문제가 있는 사람들이 아니라 일반적인 이해를 가진 사람들을 의미합니다. 즉, 들을 귀 있게 듣는 것과 들을 귀 없게 듣는 자들 둘 다에게 나름대로의 이해가 발생한다는 말입니다. 일반적인 이해로 접근하면 예수님의 말씀을 잘못 이해할 수밖에 없습니다.

그렇기에 예수님의 비유를 알아듣기 위해서는 비유의 내용에 대한 신중한 접근도 중요합니다만 그 비유의 문맥을 살펴야 합니다. 비유가 행해진 정황과 그 목적을 확인해야 비로소 '들을 귀 있는 자'가 될 수 있습니다. 우리는 예수님과 2000년이라는 시간의 간격을 가지고 있습니다. 그리고 유대인과 한국인이라는 차이도 큽니다. 이런 면을 고려해야만 예수님께서 비유를 통해 말씀하신 것이 무엇인지 알 수 있습니다.

오늘 본문도 비유이기 때문에 이와 같은 오류에 빠지기 쉽습니다. '너희는 세상의 소금이고 빛이다.'라는 말씀에 대한 제일 흔한 오류는 '너희는 세상에서 소금과 빛이 되기 위해서 노력해야 한다.'로 이해하는 것입니다. 세상은 성공해서 많은 사람들의 본이 되는 사람을 가리켜 빛이라고 합니다. 또한 세상을 향해 긍정적인 역할을 한 사람을 소금이라고 합니다. 이런 빛나는 사람, 소금 같은 사람이 되라는 것이 본문의 의미가 아닙니다.

이것은 좋은 이야기이고 세상의 윤리적인 교훈은 될 수 있습니다. 그것을 부정하거나 그런 교훈이 나쁘다는 말이 아닙니다. 다만, 그것이 이 성경 본문의 가르침은 아니라는 말씀입니다. 아무거나 자신이 좋은 것이라고 여기는 것, 생각나는 것을 가져다 붙인다고 다 해석이고 설교가 되는 것은 아닙니다.

성경은 우리에게 '소금이 되라, 빛이 되라'고 가르치지 않습니다. 우리가 그리스도인이라면 '이미' 소금이며 빛이기 때문에 소금이나 빛이 되라고 하지 않으십니다. '너희는 세상의 소금이며, 빛이다'라고 우리의 존재론을 선언하신 것입니다. 즉, 어떤 존재로 서 있느냐의 문제이지 무엇을 행해야만 하는 문제가 아니라는 말입니다. 이것을 많은 사람들이 참 이해하기 어려워합니다. 이와 동일한 구조로 오해되고 있는 본문을 보겠습니다. 마태복음 7:15-20입니다.

마7:15거짓 선지자들을 삼가라 양의 옷을 입고 너희에게 나아오나 속에는 노략질하는 이리라 16그의 열매로 그들을 알지니 가시나무에서 포도를, 또는 엉겅퀴에서 무화과를 따겠느냐 17이와 같이 좋은 나무마다 아름다운 열매를 맺고 못된 나무가 나쁜 열매를 맺나니 18좋은 나무가 나쁜 열매를 맺을 수 없고 못된 나무가 아름다운 열매를 맺을 수 없느니라 19아름다운 열매를 맺지 아니하는 나무마다 찍혀 불에 던지우느니라 20이러므로 그의 열매로 그들을 알리라

이 본문을 가지고 많은 이들이 '좋은 열매를 맺자'라고 이야기 합니다. 그러나 그런 말씀이 아닙니다. '분별해라!'. 너희가 좋은 열매를 맺어야 한다가 아니라 열매를 보고서 거짓 선지자와 참 선지자를 구분해야 한다는 말씀입니다. '사과를 열매 맺는다면 사과나무고, 배를 열매 맺는다면 배나무다. 어떤 사람이 선지자라고 하면서 세상적인 것을 열매 맺고 있다면 그는 거짓 선지자다. 그런 거짓 선지자들은 심판을 받을 것이니 잘 살펴서 따라가지 말라'는 말씀입니다.

성경은 우리에게 '너희가 열심히 열매를 맺어라'라고 명령하지 않는다는 것을 확인했습니다. 성경은 오히려 '너희가 좋은 나무면 좋은 열매를 맺을 것이다. 사과나무면 당연히 사과를 열매 맺을 것이

다. 너희가 하나님 나라 백성이라면 너희는 당연히 세상의 소금이요, 세상의 빛이다.'라고 일관되게 말씀하고 있습니다. 소금이 되기 위하여 뭘 해야 하는 것이 아니고, 빛이 되기 위해서 뭘 해야 하는 것이 아니라는 말씀입니다.

소금과 빛이 되려고 하는 한국교회

그런데 오늘날 많은 교회들이 소금과 빛이 되기 위해 뭔가를 해야 한다는 강박관념에 사로 잡혀있습니다. 기독교의 사회참여라는 정당성을 확보하고 세상이 인정해주는 소금과 빛의 모습을 나타내려고 힘을 씁니다. 그래서 세상이 생각하는 소금과 같은 역할을 하기 위해 자선사업을 대대적으로 수행하면서 거기에 힘을 쏟습니다. 어떤 교회는 그런 사업 자체를 위해서 존재하는 듯, 그런 사업을 수행하면서 복음을 같이 실어 내보내는 것이 교회의 임무라고 여기기도 합니다.

또한 어떤 교회들은 이 세상에서 빛과 같은 역할을 수행해야 한다는 것을 근거로 하여 가장 뛰어난 최첨단의 시설과 장비들을 갖추고 이런 것을 보급함으로써 문화적인 빛의 역할을 하는 것이 교회의 일이라고 여기기도 합니다. 또는 이 사회에 기독교인 엘리트들이 많이 나타나는 것이 교회가 빛의 역할을 수행하는 것이라고 강조하기도 합니다.

그러나 이런 식의 소금의 역할, 빛의 역할은 교회의 독특한 특성이 결코 아닙니다. 예수님께서는 이런 것을 교회의 소금과 빛의 역할이라고 말씀하지 않으셨습니다. 이것은 오히려 교회를 사회의 다른 단체들과 별반 다르지 않은 집단으로 전락시키는 일입니다. 사회참여를 한다고 구제를 교회가 행해야 할 소금의 역할로 여기고 그렇게 힘을 쓴다면 머지않아 교회는 일개 구제를 위한 단체에 불과하게 될 것입니다. 이런 현상이 우리 사회에 나타나고 있습니다. 그래서 구제를 열심히 하는 교회가 진짜 교회라는 보편적인 인식이 자리 잡고 있습니다. 그리고 훌륭한 엘리트를 많이 배출하고, 이것을 통해 세상을 이끌고 나가는 것을 교회가 수행해야 할 빛의 역할로 인식하면 머지않아 교회는 엘리트 교육을 하는 학교내지는 자신들의 엘리트들을 통해서 권력을 쟁취하려는 편협한 정치집단으로 전락할 것입니다.

이렇게 되면 교회는 오늘 본문이 말하는바와 같이 교회로서의 특성을 잃게 됩니다. 소금이 맛을 잃어버려서 땅에 버려지고 사람들에게 밟히고 맙니다. 교회는 사회를 향해 뭔가 긍정적인 역할을 하려고 했으나 결국에는 사회에서조차 천시됩니다. 지금 우리 시대가 이 비극적인 모습을 보이고 있습니다. 한국 교회는 그동안 나름대로 사회참여를 하며 구제에 힘써 왔고, 문화를 선도했고, 엘리트를 배출했으며, 정치적 힘을 썼습니다. 그러나 이 사회는 한국 교회를 향하여 매우 강한 반감을 표출하고 있습니다. 아주 우습게 여기고 있습니다. 땅에 버려지고 멸시를 당하고 있습니다. 소금이 그 맛을 잃어버린 것과 같습니다.

'소금과 빛' 비유의 참 의미

1. 소금과 빛이 되라고?

그렇다면 본문이 말씀하는 소금됨과 빛됨이란 무엇인가? 이 문제를 풀어갈 하나의 열쇠만 더 언급하겠습니다. 마태복음 5:10-12을 보겠습니다.

마5:10의를 위하여 핍박을 받은 자는 복이 있나니 천국이 저희 것임이라 11나를 인하여 너희를 욕하고 핍박하고 거짓으로 너희를 거스려 모든 악한 말을 할 때에는 너희에게 복이 있나니 12기뻐하고 즐거워하라 하늘에서 너희의 상이 큼이라 너희 전에 있던 선지자들을 이같이 핍박하였느니라

3-10절까지 팔복 내내 '저희'라는 3인칭 복수가 쓰였습니다. 그런데 11절에서 2인칭 복수를 쓰면서 지금까지 서술된 내용이 바로 '너희'에 대한 설명이었다고 자연스럽게 연결합니다. 그리고 '너희는 세상의 소금'이라고 이어지고 있습니다.

종합해서 설명하자면, 팔복의 특성을 가진 하나님 나라 백성이 하나님의 의를 행하지만 그것으로 인해서 세상이 욕하고 핍박할 것입니다. 예수님 때문에 핍박을 받는 존재인 너희가 바로 세상의 소금이요, 세상의 빛이라는 말씀입니다. 이것을 예수님께서는 착한 행실이라고 하시고, 이 착한 행실을 통하여 세상이 하나님께 영광을 돌리게 될 것이라고 말씀하고 계십니다. 이것을 통해서만 교회의 독특성이 드러나는 것이지 다른 것을 가지고 교회의 교회됨을 드러내려고 하고, 다른 방식으로 소금 역할을 하고 빛의 역할을 하려고 한다면 맛을 잃어버리는 소금이 됩니다.

2
너희는 세상의 소금이다

본문: 마태복음 5 : 13-17

13너희는 세상의 소금이니 소금이 만일 그 맛을 잃으면 무엇으로 짜게 하리요 후에는 아무 쓸 데 없어 다만 밖에 버려져 사람에게 밟힐 뿐 이니라 14너희는 세상의 빛이라 산 위에 있는 동네가 숨기우지 못할 것이요 15사람이 등불을 켜서 말 아래 두지 아니하고 등경 위에 두나니 이러므로 집안 모든 사람에게 비취느니라 16이같이 너희 빛을 사람 앞에 비취게 하여 저희로 너희 착한 행실을 보고 하늘에 계신 너희 아버지께 영광을 돌리게 하라

예수님께서는 일반적인 교훈처럼 '너희는 빛과 소금이 되라'고 하지 않으시고, '너희는 빛과 소금이다'라고 하셨습니다. '되라'가 아니라 '이다'입니다. 일반적인 사람들에게 좋은 말씀으로 교훈을 주려고 하신 것이 아니란 말씀을 드리고 있습니다. 이 둘은 매우 다른 것입니다. 예수님의 말씀이 교훈이 아니라는 말을 전달하기가 이렇게 어렵습니다. 우리가 성경을 교훈을 주는 잠언처럼 여기고 있기 때문입니다. 행동지침서가 아니라 기억에서 잊어버린 영적 존재에 대한 설명입니다.

소금 맛에 대한 오해

'너희는 세상의 소금이니'라고 하셨을 때 여기 쓰인 '세상'이라는 단어는 물리적인 지구를 의미하는 헬라어 '게'라는 단어가 쓰였습니다. 반면 '세상의 빛'이라고 하셨을 때는 우주적인 세상을 의미하는 단어인 '코스모스'라는 단어가 쓰였습니다. 그렇기에 이 소금은 실존적이며 물질적인 세상에 직접 파고들어 효용을 내고 역할을 감당하게 될 것이라는 의미가 담겨 있습니다.

어떤 사람들은 소금이 그 맛을 잃으면 안 된다는 말씀으로 인해서 맛을 지키고자 금욕주의적인 태도를 취하고 나갑니다. 맛을 지키기 위하여 세상과 격리되어야 한다고 생각합니다. 세상과 접촉할수록 죄를 짓고 거룩하지 못하게 되고 부패하고 타락한다고 생각해서 산으로 들어가거나 수도원을 짓고, 거기서도 기도하고 명상하고 성경만 보면서 점점 자신을 격리시켜서 거룩해지고 거룩하게 살겠다고 합니다.

사회에서 격리되어 금욕주의적인 태도로 살아가겠다는 것은 과연 예수님의 의도와 맞는 일일까? 이러한 금욕주의적 태도는 예수님의 뜻이 아닙니다. 요한복음 17:15을 보겠습니다.

요17:15 내가 비옵는 것은 저희를 세상에서 데려가시기를 위함이 아니요 오직 악에 빠지지 않게 보전하시기를 위함이니이다.

위 성경은 예수님께서 세상에 속하지 않고 힘들어 하는 제자들을 위해 하신 기도인데, 모두를 당황스럽게 합니다. 우리를 좀 좋은 곳으로 보내주셨으면 좋겠지만 예수님은 세상 속에 그냥 놔두시겠다는 뜻을 가지고 계십니다. 성부께 기도하시면서 이들을 좋은 곳으로 데려가는 것이 아니라 이곳에서 악에 빠지지만 않고 견디게 해주시기를 원하십니다. 그래서 예수님의 제자들은 그들을 미워하고 핍박하는 세상 속에서 살아야 합니다. 이와 같이 세상과 격리되고 금욕적인 태도를 보이는 것이 신앙이며, 소금이 맛을 잃지 않을 수 있는 방법이라고 하는 것은 예수님과 성경을 통해서 나온 관념이 아닙니다. 자신들이 가지고 있는 금욕주의로 인한 편견일 뿐입니다.

이 말씀에 대한 또 다른 오해에 대해서 이야기 해보겠습니다. '너희는 세상의 소금이다'라는 말씀을 교회의 사회참여로 이해하는 사람들이 많습니다. 교회가 소금노릇을 한다고 하면서 직접 관여하여 사회봉사를 하거나 정치적인 가담을 하는 경우가 있습니다. 이것은 본문이 의미하는 내용이 아니라 자신들이 본문 속으로 가지고 들어온 내용입니다. 교회가 사회봉사를 해야 하느냐 하지 말아야 하느냐, 정치적 행동을 하는 것과 않는 것에 대해서 말하고자 함이 아닙니다. 그런 행동들에 대한 정당성을 이 본문을 통해 얻고자 하는 것은 문제가 있다는 말씀입니다.

소금의 특성

'너희는 세상의 소금이다'라고 말씀하신 참 의미는 무엇일까? 소금이란 없어서는 안 되는 필수품입니다. 소금은 일상생활에서 두 가지 용도로 많이 쓰입니다. 하나는 '맛'을 내기 위한 용도이고, 또 하나는 '부패방지'를 위해서 쓰입니다. 예수님께서 '너희는 세상의 소금이다'라는 선언 후에 소금의 맛에 대해서 거론하셨기 때문에 맛과 관련해서만 해석해야 한다고 주장이 있습니다.

마5:13上 **너희는 세상의 소금이니 소금이 만일 그 맛을 잃으면 무엇으로 짜게 하리요**

하지만 이는 소금에 대한 대표적인 특성 하나만 예로 들어서 말씀하신 것이지 오직 짠 맛에 대해서만 거론하고자 하신 것은 아닙니다. 특히 구약의 제사의식에서 소금은 청결함을 의미하고 있습니다. 그렇기에 예수님께서 짠 맛 하나만 말씀하셨더라도 고대로부터 소

금을 통해 표현하던 맛과 부패방지의 용례 모두에 대해서 고려해야
합니다.

여기로부터 더 생각해야 할 것이 있습니다. 그리스도인들이 소금
역할을 해서 세상이 미워한답니다. 그런데 적정하게 들어간 소금은
맛을 내고, 맛을 좋게 합니다. 세상이 미워할 리가 없습니다. 부패를
방지하기 위해 소금을 사용할 때는 다릅니다. 이때는 짠 맛이 싫더
라도 소금을 짜게 뿌려야만합니다. 소금을 많이 뿌리지 않으면 부패
하여 썩어버리기 때문에 짜서 싫어질 정도의 농도로 뿌려 놓습니다.
당시의 냉장고가 없던 시절임에 더욱 유념해야 합니다. 그리스도인
들은 부패를 방지하기 위한 소금처럼 싫어할 만큼 짠 맛을 내는 자
들이라는 것이 이 말씀의 의미입니다.

하나 더 말씀드리자면, 소금을 통해 부패를 방지한다는 것은 신선
하게 한다는 것이 아닙니다. 소금을 뿌린다고 신선해지지 않습니다.
더 이상 썩지 않게만 할 뿐입니다. 그러나 이것은 대단히 중요합니
다. 소돔과 고모라에서 보았던 것과 같이 세상은 소금으로서의 의인
이 없으면 멸망당해야 할 만큼 부패합니다.

교회만의 맛

하지만 한 번 더 강조하자면 예수님께서 말씀하신 것은 '소금이 되
라'가 아니라 '너희는 소금이다'입니다. 바람이 아닌 명령이며 예수

님께서는 세상에 나가서 소금이 되기 위해 어떤 역할을 하라고 하신 것이 아니라 우리가 그리스도의 교회로 서 있으면 그것 자체가 세상의 소금으로서 효용을 낸다는 말씀입니다.

또한 본문에 '너희는'은 강조된 표현입니다. 이는 '너희만 세상의 소금이다'라고 번역할 수 있습니다. 그리스도의 교회만이 세상의 소금입니다. 그리스도의 교회만 세상의 소금이기 때문에 자기의 맛을 확고히 가지고 있어야 한다는 말씀입니다. 그렇다면 우리는 어떻게 세상의 소금이 될 것이냐를 고민할 것이 아니라 과연 그리스도의 교회만의 맛이 무엇이냐를 아는 것이 중요합니다.

마5:13下 소금이 만일 그 맛을 잃으면 무엇으로 짜게 하리요 후에는 아무 쓸 데 없어 다만 밖에 버리워 사람에게 밟힐 뿐 이니라

교회의 맛이란 결국 하나님 말씀뿐입니다. 이것은 세상에 없습니다. 하나님 말씀을 선포하고 하나님의 공의로우심을 세상에 알리는 일을 충실하게 수행하는 것으로 교회의 맛을 확고히 해야 합니다. 이것 말고 다른 것을 하는 것은 소금으로서의 맛을 내는 것이 아닙니다. 소금을 맛있게 한다며 어리석게도 설탕을 섞는다면 어떻게 되겠습니까? 소금의 독보적인 맛을 잃는다면 버려지는 것 같이 교회도 자신의 독보적인 맛을 잃는다면 버려져서 밟힙니다. 소금의 역할을 한다고 교회가 직접 나서서 사회에도 참여하고 정치에도 참여하는 방식으로 해야 합니까? 그것은 오히려 소금에 설탕도 넣고, 후추도 넣는 일이 될 수 있습니다. 교회는 교회로서 하나님 말씀에만 곧

게 서 있어야 합니다.

　그렇다면 교회가 세상의 소금으로서 맛을 확고히 지키면서 하나님
의 말씀에만 봉사하는 일이 전부인가? 복음을 선포하는 일 이외에는
세상에 대해서 아무런 책임도 지지 않고 영향도 미치지 않아도 되는
가? 그렇게 하면서 무슨 세상의 소금이 되는가? 이러한 질문이 있을
수 있습니다.

　여기에 대해 교회는 세상의 소금으로서 맛을 잃지 않고 나가야 합
니다. 그리고 그것은 오직 하나님 말씀에만 봉사하는 것입니다. 이
점에 대해서는 흔들림이 없어야 합니다. 하지만 그렇다고 해서 교회
가 세상에 대해 아무런 책임도 지지 않거나 영향을 미치지 않는 것
은 아닙니다. 바로 교회의 구성원인 그리스도인 각자가 소금으로서
세상에 맛을 전달하는 것입니다. 그들의 삶을 통해 각자가 서 있는
곳에 하나님 말씀의 능력을 증언하고 증거합니다. 하나님의 말씀이
얼마나 능력 있게 사람을 변화시키며 세상에 은혜와 은총을 내리시
는지에 대하여 그들 자신이 증거가 됩니다. 세상 사람들과 다른 가
치관을 가지고 살아가면서 세상과 전혀 다른 방식의 반응을 보입니
다. 세상은 그리스도인들의 이런 태도와 반응을 짠 맛으로 인식하여
싫어하고 미워합니다. 하지만 이 짠 맛이 바로 세상의 부패를 막고
멸망을 막는 역할을 합니다.

　산상수훈을 통해 묘사되는 하나님 나라 백성의 모습이 바로 소금
의 역할입니다. 오른편 뺨을 맞고서 왼편 뺨을 돌려대며, 원수를 사

랑하는 자들입니다. 지금 당장 이 일을 우리가 다 수행할 수 없습니다. 하나님 말씀을 배워야하고 우리의 존재를 배워야 가능합니다. 그럼에도 우리가 잊지 말아야 할 것은 교회가 소금이며 저와 여러분이 이 세상에 교회의 짠 맛을 세상에 전달해야 하는 존재라는 사실입니다. **"무엇으로 짜게 하리요"** 우리 말고는 이 일을 할 사람이 없습니다. 소금의 효용을 대처할만한 것이 없다는 것입니다. 소금의 부재, 소금이 맛을 잃는 것은 세상에 큰 문제를 가져올 것이 분명합니다. 또한 맛을 잃어버린 소금 자신에게도 문제가 생기는데, '밖에 버려져 사람에게 밟히게 된다.'고 하셨습니다. 교회가 자신의 맛을 잃어버린다면 결국 세상에게 모욕을 당하게 됩니다.

'세상의 빛'과 세상이 생각하는 빛

마5:14上 너희는 세상의 빛이라

빛의 비유도 소금의 비유와 비슷한 내용과 구조를 가지고 있습니다. 소금의 비유가 그랬듯이 빛의 비유도 빛의 특성과 효용성을 통해서 세상 속에서의 그리스도인의 위치와 작용을 설명해 줍니다. '세상의 빛이다'라고 하셨을 때, '세상'에 대한 원어는 우주적이고 조직체적인 차원을 의미하는 '코스모스'라는 단어가 쓰였습니다. '코스모스에 빛처럼 작용하는 하나님 나라 백성들'에 대해서 말씀하신 것입니다. 물리적인 지구를 뜻하는 '게'와는 다른 의미를 담고 있습니다. 이처럼 다른 단어로 표현하신 이유는 소금과 빛의 작용 방식이 다르다는 것에서 찾을 수 있습니다. 소금은 녹고 섞임으로 내부에 침투하여 작용합니다. 반면에 빛은 어두움과 섞이는 것이 아니지요. 대상의 내부로 침투하여 뭔가 변화를 이루어내는 것이 아닙니다. 이런 특성까지 고려하여 비유를 쓰셨습니다.

이 '코스모스의 빛'이 과연 무엇인지 알기 위해 먼저 세상이 가지는 '세상의 빛'에 대한 오해와 선입견을 살펴보겠습니다. 세상은 과연 어떤 것을 빛이라고 생각합니까? 세상은 슈바이처 박사와 같은 박애주의 봉사를 하는 사람, 아인슈타인처럼 인류 문명에 과학적 진보를 가져온 사람을 자신들의 빛으로 인정합니다. 누구나 자신을 연마하여 업적을 쌓으면 인류의 빛이 되거나 등불 노릇을 할 수 있습니다. 그래서 세상의 빛이 되라는 말은 최고의 도덕적 요구를 가져야 되는 교훈을 말해주기도 합니다.

그러나 성경은 이런 사람들을 '세상의 빛'이라고 하지 않습니다. 하나님의 백성을 세상의 빛이라고 합니다. 저 하늘 높이 빛나서 많은 사람들의 존경과 찬사를 받는 사람들이 아니라 하나님 나라 백성들이 이 세상에 발을 딛고 함께 살아가며 이 땅을 비춰서 저들이 돌부리에 걸려 넘어지거나 웅덩이에 빠져 허우적거리지 않을 수 있도록 돕는 것을 '세상의 빛'이라고 하십니다. 성공의 푯대와 표상으로서의 빛이 아니라 구석지고 눅눅한 곳을 비춰내는 것입니다. 그렇기에 예수님께서 말씀하신 '세상의 빛'이라는 말씀과 일반적으로 통용되는 '세상의 빛'을 구분해서 우리가 예수님께서 말씀하신 '세상의 빛'임을 유념해야 합니다.

산 위의 도성으로서의 빛

그리스도인들이 이런 빛의 작용을 수행해 나갈 때 본문은 두 가지 측면의 접근을 제시하고 있습니다. 하나는 산 위의 도성으로서의 빛이며, 다른 하나는 집 안의 등잔불입니다. 이에 대해서 좀 더 자세히 살펴본다면 우리가 어떤 방식을 취하고 나가야 할지에 대한 분명한 가르침을 얻을 수 있습니다.

마5:14**너희는 세상의 빛이라 산 위에 있는 동네가 숨기우지 못할 것이요**

'너희는 세상의 빛'이라고 말씀하시고, 산 위의 동네를 말씀하셨습니다. 이때 '세상'이란 코스모스로서 우주적이며 조직체로서의 세상을 의미하며, 산 위의 동네란 폴리스라고 불리는 도성입니다. 이처럼 산 위에 자리 잡은 도성은 낮이고 밤이고 숨겨질 수 없습니다. 이는 거대한 조직체로서의 세상이 움직일 때 산 위의 도성에서 발하는 빛이 등대와 같은 효용을 내는 그림을 생각하게 합니다.

교회는 세상이 교회의 뜻대로 나갈 때, 세상의 좌표를 확인할 수 있는 기준점이 된다는 것입니다. 세상이 교회의 빛을 따라오든지 오지 않든지 교회는 세상의 빛, 세상의 등대입니다. 세상이 교회를 무시하고 아무리 자신의 길을 가더라도 교회가 올곧게 그 자리에 서 있으면 세상은 자신의 위치를 깨닫게 됩니다. 산 위의 도성처럼 아무리 안보이려고 노력한다고 해도 드러나듯이 교회라는 등대도 그

곳에 존재한다면 분명한 기준이 됩니다.

 그런데 만일 세상이 자신의 길을 잃어서 산 위의 도성을 찾아도 안 보인다면, 그런 도성은 거기에 존재하지 않는 것입니다. 혹시 보이기는 보이는데 확고히 서있지 못하고 움직이고 있다면 산 위의 도성이 아니라 물 위의 배입니다. 기준으로서의 가치가 전혀 없으며 교회의 빛이 될 수 없습니다. 교회는 하나님의 말씀 위에만 서서 세상의 어떤 행보에도 흔들림 없이 그 자리를 지켜야 합니다. 교회는 도도하게 하나님의 빛을 나타내고 그 자리에 서 있어야지, 사람들이 이리로 간다고 해서 따라가고 저리로 간다고 해서 따라가서는 안 됩니다. 때로 세상이 너무 멀리 나가는 것 같다고 해서 따라 나선다면 세상과 교회 모두가 길을 잃고 맙니다. 멀리 간 세상은 교회가 돌려 세우는 것이 아니라 하나님께서 돌려 세우십니다. 그때 우리가 등대와 같이 기준이 되는 빛을 비추고 있어야 합니다.

등경 위의 등불

마5:15사람이 등불을 켜서 말 아래 두지 아니하고 등경 위에 두나니 이러므로 집안 모든 사람에게 비취느니라.

 집안의 등불이란 자연스럽게 미시적인 측면을 나타냅니다. 거대한 세상에 대칭을 이루면서 개인적인 삶의 영역에 대한 말씀으로 이해됩니다. 그리스도인이 자신의 삶의 자리에서 어떤 작용을 하게 될 것인지에 대한 비유입니다. 등불이란 그 주변에 있는 것들을 비춰서 본질 그대로를 보이도록 하는 작용을 합니다. 아름답고 깨끗한 것뿐 아니라 추하고 더러운 것까지도 여과없이 비춰냅니다. 있는 그대로의 현실을 드러내는 것, 이것이 바로 그리스도인들 개개인이 이 땅에서 할 일입니다.

그런데 많은 경우에 현실은 자신들이 생각하는 것보다 훨씬 비참합니다. 그래서 속히 미화하려고 노력하며 덮어버리고 없는 것처럼 여기고 살려고 합니다. 몰라서 모르기보다는 너무 비참해서 잊고 살고자 하는 것까지도 있는 그대로 보여주는 역할을 그리스도인들이 감당하게 됩니다. 그러다 보니 진정한 그리스도인의 행보는 자주 비관주의자로 매도됩니다. 심지어 분열주의자요, 반역자로 여겨지기도 합니다. 모두가 괜찮다고 말하고 있는데도 죄에 대해서 말해야 하고 회개에 대해 말해야 하기 때문입니다. 이러한 것이 바로 빛의 역할입니다.

사람의 지혜로 등불을 켰으면 그 효용 가치를 최대한 살리기 위하여 온 집을 비출 수 있는 곳에 놓습니다. 나무통 안에 놓아두는 어리석은 사람은 없습니다. 하나님께서는 우리를 하나님 말씀을 담지한 등불로 쓰십니다. 당연히 등불의 역할에 맞게 유용하게 쓰일 곳에 놓으십니다. 그런데 그리스도인이 하나님의 등불로써 작용을 못하면서 '환경이 나무통 안에 있는 것과 같아서 등불 역할을 못하고 있다'는 핑계를 하곤 합니다. 이는 하나님의 지혜를 사람의 지혜보다 못하다는 폄하입니다. 환경이 문제라서 등불 노릇을 못하는 것은 절대로 아닙니다. 어떤 환경에 있다고 하더라도 거기서 등불 노릇을 해야 합니다. 그리고 진정으로 그리스도인이라면 분명 등불 노릇을 지금도 하고 있는 것입니다.

마5:16**이같이 너희 빛을 사람 앞에 비취게 하여 저희로 너희 착한 행실을 보고 하늘에 계신 너희 아버지께 영광을 돌리게 하라**

세상이 이런 빛을 좋아할 리 없습니다. 당연히 미워하고 핍박합니다. 그리고 그리스도인들은 미움과 핍박으로 인하여 절망합니다. 자신이 발산하는 빛의 작용에 세상이 오히려 분노하는 현실을 보면서 낙담합니다. 그러면서 자신의 빛을 가릴 수 있는 통을 뒤집어 쓸 수 있기를 소원합니다. 하지만 절망하거나 낙담할 것이 없습니다. 그것이 빛에 대한 자연스러운 반응입니다. 오히려 기뻐하고 즐거워하라고 하셨지 않습니까! 그 자리에서 자신의 분량만큼 감당하면서 의와 선이 무엇인지 비출 수 있는 만큼 비추고 있으면 됩니다.

이것을 세상이 미워하고 싫어한다고 하더라도 접어서는 안 됩니다. 의사는 환자가 병에 대해 싫어한다 할지라도 말해야하는 것과 같습니다. 세상이 병들었으며, 세상이 죄악을 향해 달리고 있으며, 결국 자살에의 의지를 가지고 죽음을 향해 돌진하고 있다는 사실을 말해야 합니다. 이것이 바로 착한 행실입니다. 착한 행실이 당장 환영받지 못한다고 해서 착한 행실이 아닌 것은 아닙니다. 하나님께서는 이러한 우리의 행실을 사용하여 사람들이 하나님을 알고 믿고 영광을 돌리게 하십니다.

3

폐하러 온 줄로
생각지 말라

마태복음 5 : 17-20

마5:17내가 율법이나 선지자나 폐하러 온 줄로 생각지 말라 폐하러 온 것이 아니요 완전케 하려 함이로라 18진실로 너희에게 이르노니 천지가 없어지기 전에는 율법의 일점 일획이라도 반드시 없어지지 아니하고 다 이루리라 19그러므로 누구든지 이 계명 중에 지극히 작은 것 하나라도 버리고 또 그같이 사람을 가르치는 자는 천국에서 지극히 작다 일컬음을 받을 것이요 누구든지 이를 행하며 가르치는 자는 천국에서 크다 일컬음을 받으리라 20내가 너희에게 이르노니 너희 의가 서기관과 바리새인보다 더 낫지 못하면 결단코 천국에 들어가지 못하리라

시편 기자는 "주의 말씀은 내 발에 등이요, 내 길에 빛이니이다.(시 119:105)"고 노래했습니다. 주의 말씀이 빛이 될 때 두 가지 역할을 합니다. 하나는 길의 빛이며, 다른 하나는 발 앞의 등불입니다. 길의 빛이란 멀리에서도 보이는 빛을 바라보며 기준으로 삼고 가는 것을 의미합니다. 반면 발 앞에 등불이란 등불이 비춰주는 지형을 보면서 발을 내딛고 걸어가는 것입니다. 그리스도인들은 이러한 하나님 말씀의 빛이 된 작용을 따라갑니다.

동시에 그리스도인들은 동일한 역할을 세상 앞에 행하는 것입니다. 하나님의 말씀을 인지함으로써 세상의 빛이 된 하나님의 백성들은 세상의 길에 기준을 잡아주는 빛이 되며, 세상의 발 앞을 비춰주는 등불이 됩니다. 그리스도인 개개인은 집안의 등불과 같이 세상의 현실을 있는 그대로 보여줍니다. 하나님 없는 인생이 얼마나 뒤틀려 있는지 밝혀줍니다. 또한 집단적으로 교회를 이루어 산 위의 도성과 같이 기준이 되어 세상 자신이 어디 즈음에 와 있는지 확인할 수 있도록 해줍니다.

구약 해석의 차이

예수님께서는 '율법이나 선지자나 폐하러 온 것이 아니다. 오히려 이것들을 완전케 하려고 왔다'고 하십니다. 율법과 선지자란 구약 전체를 말합니다. 이처럼 예수님께서는 구약적인 교훈과 내용을 폐하려고 한다는 오해를 받으셨습니다.

왜 이런 오해가 일어나는가? 당시 사람들이 하나님의 말씀에 대한 바른 이해가 부족했기 때문입니다. 민중은 하나님의 말씀을 제대로 해석하지 못하고, 잘못된 해석을 붙잡고 있었습니다. 이런 잘못된 해석을 전한 자들이 바로 서기관들과 바리새인들입니다. 이들로 인해 하나님의 말씀은 심히 왜곡되었고, 하나님의 본의는 도무지 전달되고 있지 못했습니다.

오죽하면 예수님께서 서기관과 바리새인들을 향해서 "이 독사의 자식들아"라고 욕을 하셨겠습니까? 이 욕은 이스라엘 사람들에게 있어서는 그 어떤 욕보다도 심한 욕입니다. 마태복음 23장 전체를 이 서기관들과 바리새인들을 욕하는데 활용하셨습니다. 33절에서는 "뱀들아 독사의 새끼들아 너희가 어떻게 지옥의 판결을 피하겠느냐"라고 노골적으로 심하게 욕을 하고 계십니다. 그만큼 이들의 죄가 크다는 것입니다.

이것을 무겁게 인식해야 합니다. 이들은 예수님과 같은 성경을 보았습니다. 같은 하나님을 믿는다고 했습니다. 그러나 이들은 자신들의 생각과 사상을 구축하고 견고히 하는데 성경 말씀을 이용하였습니다. 자신들이 성경 안에서 발견되기를 소원하기보다 성경이 자신들을 지지해주기를 바랐습니다. 이렇게 성경 말씀을 바르게 해석하지 못함으로 인해 예수님께 큰 꾸지람을 들었고, 결국 예수님을 십자가에 못 박는 자들이 되었습니다. 성경을 주의하여 읽고 바르게 해석하지 않으면 우리도 저들처럼 심각한 꾸중을 듣게 됩니다.

안식일에 대한 해석의 차이

마태복음 12장에 나타난 사건을 보겠습니다.

마12:1그 때에 예수께서 안식일에 밀밭 사이로 가실 쌔 제자들이 시장하여 이삭을 잘라 먹으니 2바리새인들이 보고 예수께 고하되 보시오 당신의 제자들이 안식일에 하지 못할 일을 하나이다 3예수께서 가라사대 다윗이 자기와 그 함께한 자들이 시장할 때에 한 일을 읽지 못하였느냐 4그가 하나님의 전에 들어가서 제사장 외에는 자기나 그 함께한 자들이 먹지 못하는 진설병을 먹지 아니하였느냐

  먼저 재미있는 사실 하나 생각해보겠습니다. 안식일에 회당에 간다는 것은 우리가 주일에 예배당에 가는 것과 같습니다. 혹시 논밭 사이로 오신 분이 계십니까? 회당은 어느 정도 규모가 있는 도성에 세우는 것이기에 도로가 잘 닦여 있습니다. 그런데 예수님께서는 제자들을 데리고 밀밭 사이로 오셨습니다. 고의로 제자들을 그리로 인도해 오신 것입니다. 자세한 해설은 해당 본문으로 가서 말씀드리기로 하고, 아무튼 사고뭉치 제자들이 예수님 뒤에서 괜한 문제를 일으키고, 그것을 예수님께서 변호하신 것이 아니라는 것을 아셔야 합니다. 예수님께서 도발하신 것입니다. 바리새인들이 펄펄 뛸 것을 아시면서도 하신 일입니다. 왜 그러셨을까요? 안식일에 대해 이들과 논쟁을 벌여 민중들에게 성경에 대한 바른 해명을 주고자 하신 것입니다.

그 당시에 밀밭 사이로 가면서 이삭을 잘라먹는 것은 율법적으로, 관습적으로 문제가 없는 행위입니다. 누구든지 배고픈 자는 허기를 채울 수 있도록 허용되었습니다. 하나님께서는 이렇게 하여 사회적으로 하나님의 긍휼하심이 드러나도록 하셨습니다.

바리새인들이 문제로 삼고 있는 부분은 이 일을 안식일에 했다는 것입니다. 이삭을 자르는 행위는 추수에 해당되기 때문에 안식일에 할 수 없는 행동, 안식일을 범한 행동이라는 것입니다. 구약의 관점으로 안식일을 범하는 자는 이스라엘 백성에서 끊어지며, 돌로 쳐죽이도록 되어 있는 심각한 범법행위였습니다.

그런데 예수님께서는 이런 제자들의 행동에 대해서 꾸짖지 않으시고 아주 당연한 일을 한 것으로 인정하시면서 옹호하셨습니다. 예수님께서는 여기서 그치지 않으시고, 그날 또 다른 행동을 하심으로 바리새인의 분노를 일으키셨습니다.

마12:9거기를 떠나 저희 회당에 들어가시니 10한편 손 마른 사람이 있는지라 사람들이 예수를 송사하려 하여 물어 가로되 안식일에 병 고치는 것이 옳으니이까 11예수께서 가라사대 너희 중에 어느 사람이 양 한 마리가 있어 안식일에 구덩이에 빠졌으면 붙잡아 내지 않겠느냐 12사람이 양보다 얼마나 더 귀하냐 그러므로 안식일에 선을 행하는 것이 옳으니라 하시고 13이에 그 사람에게 이르시되 손을 내밀라 하시니 저가 내밀매 다른 손과 같이 회복되어 성하더라.

바리새인들에게 병을 고치는 일은 노동이기 때문에 안식일에 금지되어있는 행위였습니다. 병자가 불쌍하고 안타깝더라도 하나님의 말씀을 지키기 위해서는 안식일에 병자를 고치는 일을 하면 안 된다고 가르쳐 왔습니다. 하필 그날 아픈 것, 그래서 치료를 못해서 죽는 것도 하나님의 뜻이라는 의미가 담긴 것입니다. 하나님의 율법을 지키는 일이 더 중요한 것임을 고수하기 위한 고뇌에 찬 결단일 것입니다.

그런데 예수님께서는 마땅히 병자를 고쳐서 자비를 베풀어야 한다고 가르치신 것입니다. 이것은 바리새인들에게는 심각한 도전으로 보였습니다. 예수님께서 인기에 영합하는 말재주로 민중의 마음을 어지럽혀서 하나님의 율법을 지키지 않아도 되는 것 같이 생각하게 만들고 있다고 판단한 것입니다. 포퓰리즘(Populism)으로 민중의 마음을 훔쳐가려는 거짓선생이고, 유대민족을 하나님으로부터 멀어지게 만드는 배교자로 본 것입니다. 그래서 예수님을 죽이려고 마음먹게 되었습니다.

마12:14**바리새인들이 나가서 어떻게 하여 예수를 죽일꼬 의논하거늘**

민중에게도 배척 받으심

또 다른 사건이 있습니다. 요한복음 8장에 묘사된 사건입니다.
요8:3**서기관들과 바리새인들이 간음 중에 잡힌 여자를 끌고 와서 가**

운데 세우고 4예수께 말하되 선생이여 이 여자가 간음하다가 현장에서 잡혔나이다. 5모세는 율법에 이러한 여자를 돌로 치라 명하였거니와 선생은 어떻게 말하겠나이까. 6저희가 이렇게 말함은 고소할 조건을 얻고자 하여 예수를 시험함이러라. 예수께서 몸을 굽히사 손가락으로 땅에 쓰시니 7저희가 묻기를 마지아니하는지라 이에 일어나 가라사대 너희 중에 죄 없는 자가 먼저 돌로 치라 하시고 8다시 몸을 굽히사 손가락으로 땅에 쓰시니 9저희가 이 말씀을 듣고 양심의 가책을 받아 어른으로 시작하여 젊은이까지 하나씩 하나씩 나가고 오직 예수와 그 가운데 서있는 여자만 남았더라. 10예수께서 일어나사 여자 외에 아무도 없는 것을 보시고 이르시되 여자여 너를 고소하던 그들이 어디 있느냐 너를 정죄한 자가 없느냐 11대답하되 주여 없나이다 예수께서 가라사대 나도 너를 정죄하지 아니하노니 가서 다시는 죄를 범치 말라 하시니라

지금 로마의 통치 아래 있기 때문에 자신들 마음대로 사사로이 처형을 할 수가 없는 상황입니다. 하지만 민족주의적인 선지자라면 당연히 로마의 법보다는 하나님의 율법을 따를 것이고, 그렇다면 이 여인을 돌로 쳐 죽여야 한다는데 앞장서는 용감하고 희생적인 모습을 보여야 한다는 것입니다.

서기관과 바리새인은 예수님을 진퇴양난에 빠뜨렸다고 생각했습니다. "6저희가 이렇게 말함은 고소할 조건을 얻고자 하여 예수를 시험 함이러라" 예수님께서 포퓰리즘적인 태도로 인기에 영합하여 돌로 치는데 앞장선다면 로마라는 권력에 의해 잡혀갈 것이고, 아무런

조치도 취하지 않고 꽁무니를 뺀다면 로마를 두려워하는 겁쟁이로 판단되어 민중의 탄핵을 받게 될 것이기 때문입니다.

그런데 예수님께서는 "**죄 없는 자가 먼저 돌로 치라**"고 하심으로 모두를 당황하게 만드셨습니다. 하나님 말씀의 본의가 레이저 같이 모두의 심장을 뚫고 들어가서 그들의 정죄와 분노가 일시에 정지되었습니다. 그렇지만 그들이 이것을 토대로 회개에 이르게 된 것은 아닙니다. 말씀의 충격에서 벗어난 이들은 더욱 강하게 뭉쳐서 반발을 하게 됩니다. 결국 이 요한복음 8장 마지막 절은 매우 충격적인 구절로 끝납니다.

요8:59 **저희가 돌을 들어 치려하거늘 예수께서 숨어 성전에서 나가시니라**

예수님의 구약 해석에 대해서 아무도 동의하지 않았을 뿐 아니라 적극적으로 거부하는 표시로 예수님을 돌로 치려고 했습니다. 이처럼 예수님의 구약 해석은 당시 사람들에겐 혁명적일 뿐 아니라 대단한 증오심을 유발하는 내용이었습니다.

하나님의 뜻을 왜곡하는 결의론

상대적으로 사두개인들보다는 훨씬 하나님 말씀에 대해서 진지한 서기관들과 바리새인들이 예수님께 이처럼 더욱 강력한 공격을 당한 이유는 이들이 성경을 지킨다는 것을 외형적이고 형식적인 것으로 만들었기 때문입니다. 손을 씻었느냐 안 씻었느냐, 안식일을 지켰느냐 범했느냐, 무엇을 했느냐 안 했느냐의 문제로 끌고 갔습니다. 이것들을 얼마나 잘 지키느냐를 신앙의 척도로 생각했습니다.

이들은 율법을 엄밀히 따지고 들어가면 끝이 없기 때문에 결의론(決疑論)을 세워서 자신들이 지킬 수 있는 수준으로 만들어 지켰습니다. 결의론이란 의심스러운 것에 대해서 결정해 놓는 것을 말합니다. 예를 들어 위에서 거론했던 안식일을 지키는 문제가 대표적인 결의론입니다. '어디까지 걸으면 노동이고 그것을 넘지 않으면 노동이 아니다'라는 것은 사실상 엄밀하게 규정할 수 없습니다. 그렇기에 임의로 여러 가지 이론을 더하여서 그 정도를 결정한 것이고, 이런 것이 바로 결의론입니다.

예수님께서는 이런 바리새인들의 가르침에 대해서 '외식하는 자들'이라고 맹렬히 비판하셨습니다. 그리고 하나님 말씀의 본의를 따른다는 것은 너희가 생각하는 것처럼 외형적인 정밀함으로 이야기하자면 훨씬 심각한 기준을 요구받고 있다는 것을 5장 21-48절까지 논증하셨습니다.

살인하지 말라는 말씀에 대해서 바리새인들처럼 외형주의적으로, 형식주의적으로 지켜나가려면 욕도 하지 말아야 제대로 지키는 것이 아니겠느냐고 하신 것입니다. 또한 간음치 말라는 말씀에 대해서 온전히 지키려면 음욕도 품어서는 안 되는 것이며, 이혼은 절대 불가하다는 말씀입니다. 맹세도 해선 안 됩니다.

너희 선생들이 맺은 결의론을 지킨 것이 과연 하나님 말씀에 대한 정당한 순종이며 올바른 해석이냐고 물으신 것입니다. 이런 도전 앞에 서면 그 누구라도 '저는 도무지 할 수 없습니다. 불쌍히 여겨 주십시오'라고 긍휼함을 구할 수밖에 없습니다. 하나님의 은혜 가운데 하나님 나라 백성으로 있어야만 합니다. 오직 그리스도의 몸 된 교회의 분자로 서 있을 때만 이 말씀이 묘사하는 거룩한 백성으로 존재할 수 있습니다.

율법에 대해서 받아온 두 가지 도전

교회는 역사 속에서 늘 두 가지 유형의 도전을 받아왔습니다. 하나는 바리새인들과 같은 율법주의자들의 도전입니다. 이들은 신앙을 특정한 종교적 행위로 간주합니다. 오늘날 기독교는 신앙을 수많은 예배, 기도, 전도, 찬송, 봉사, 주일성수, 십일조 등으로 등치시킵니다. 이는 자칫 잘못하면 자신들의 종교적 열심과 행위를 자랑으로 여기고 정죄의 칼로 쓰게 됩니다. 이로써 서기관들과 바리새인들 같은 오해와 실수를 범하는 것이 될 수 있습니다. 하지만 이런 식의 신앙 행위는 결코 서기관과 바리새인들의 종교적 열심과 경건 행위의 수준을 좇아가지 못하는 것입니다.

또 다른 하나의 도전은 율법폐지론자들의 주장입니다. 이들은 예수님께서 율법주의자들을 공격하셨고, 바리새인들을 독사의 자식이라고 부르셨다는 것에 의지합니다. 바울도 반율법주의를 가르쳤다고 주장합니다. 하지만 오늘 본문이 말씀하는 것처럼 예수님께서는 율법을 폐하러 오신 것이 아닙니다. 완전케 하러 오셨습니다. 완전케 한다는 것은 모자라서 더 보태러 오셨다는 의미가 아닙니다. 율법의 본의를 성취하러 오셨다는 말씀입니다. 또한 사도 바울도 반율법적인 태도를 가진 것처럼 이해될 수 있을만한 말씀을 하셨습니다만, 그가 얼마나 율법에 정통하고 율법적인 토대를 가지고 지키면서 살았는지를 안다면 그런 오해를 버리게 될 것입니다.

예수님께서 율법을 더 잘 가르치고 더 엄밀하게 지키게 하시기 위해서 오신 것이 아니며, 동시에 율법을 폐하러 오신 것도 아니라는 것이 무슨 의미인지 깨달아야 합니다. 예수님께서 율법과 선지자라고 불리는 구약을 성취하기 위해서 오셨다는 사실에 우리의 사고를 집중해야 합니다. 율법을 무시하고 폐하시는 듯 행하셨고, 때로는 저 바리새인들도 좇아오지 못할 만큼 엄밀한 행위를 요구하셨음을 살펴봐서 우리의 기준을 삼아야 합니다. 그렇게 하면 우리는 이 땅 위에서 때로는 율법주의자들에게 반 율법적인 무리들로 간주되고, 때로는 세상에서 저런 고집불통의 보수주의자를 찾아보기 힘들다는 평가를 받게 될 것입니다. 그것이 바로 오늘 본문이 말씀하는 바를 이루어가는 참된 모습입니다.

4

율법의 세 가지 용도

본문: 마태복음 5 : 17-20

----

^{마5:17}내가 율법이나 선지자나 폐하러 온 줄로 생각지 말라 폐하러 온 것이 아니요 완전케 하려 함이로라 ¹⁸진실로 너희에게 이르노니 천지가 없어지기 전에는 율법의 일점일획이라도 반드시 없어지지 아니하고 다 이루리라 ¹⁹그러므로 누구든지 이 계명 중에 지극히 작은 것 하나라도 버리고 또 그같이 사람을 가르치는 자는 천국에서 지극히 작다 일컬음을 받을 것이요 누구든지 이를 행하며 가르치는 자는 천국에서 크다 일컬음을 받으리라 ²⁰내가 너희에게 이르노니 너희 의가 서기관과 바리새인보다 더 낫지 못하면 결단코 천국에 들어가지 못하리라

서기관들과 바리새인들은 외형적이고 형식적으로 율법을 준수하고자 노력했고 이를 율법주의라고 합니다. 이런 율법주의에 대해서 예수님께서는 외식하는 자들, 회칠한 무덤, 독사의 자식과 같은 심한 욕을 하셨습니다. 더 심각한 신학적 오류를 가지고 있던 것은 사두개인들인데 오히려 바리새인들과 더 많이 충돌하셨고, 더 강력한 비난과 저주를 하셨습니다. 그만큼 바리새인들은 하나님 나라에 큰 해악을 주는 자들이었습니다.

오늘날 기독교인들에게서도 이러한 바리새적인 모습이 많이 나타납니다. 바리새인들처럼 구약 율법을 철저히 행하지는 않지만 자신들이 형성해 놓은 몇몇 가지 행위들을 율법처럼 지키도록 만듭니다. 각종 집회와 행사를 만들고 여기에 열정적으로 참석하는 것을 신앙이 좋은 것으로 평가합니다. 이런 식의 신앙생활은 결국 '했거나, 하지 않았거나'와 '죄인지 아닌지'라는 것만을 따지게 되고, 고도한 인격자이신 하나님과의 소통이나 그 소통이 주는 풍성함 같은 것은 누릴 수 없게 됩니다. 이런 식의 신앙생활을 지속하다보면 '**진리가 너희를 자유케 하리라(요8:32)**'는 말씀을 경험하지 못하고 얽매이는 심정을 신앙이라고 생각하여 답답해합니다.

또한 이와는 정반대의 태도도 있습니다. 이른 바 반율법주의를 주장하는 자들이 있습니다. 이들은 로마서 3:20을 근거로 이런 주장을 합니다.

롬3:20**그러므로 율법의 행위로 그의 앞에 의롭다 하심을 얻을 육체**

가 없나니 율법으로는 죄를 깨달음이니라

반율법주의자들은 은혜를 강조하면서 아무 것도 하지 않아도 된다고 합니다. 역사적으로 보면 이미 사도 시대에도 이런 가르침이 있었습니다. 특히 영지주의자들은 자신들은 이미 영적인 지식에 도달했기 때문에 육체적으로 어떤 행위를 해도 구원된다고 가르쳤습니다. 오늘날 한국교회가 구원의 확실성을 확립시켜주려고 노력했는데, 이것이 이러한 영지주의자들처럼 도리어 죄에 대해서 너무도 담대한 태도를 만들어내고 있습니다. 아주 심각한 죄를 짓고서도 자신은 이미 구원을 얻었기 때문에 괜찮다고 주장하는 모습을 보게 됩니다. 죄악을 행하는 일에 대해 두려움이 현저히 감소된 것입니다. 구원의 확실성을 가르치면서 뭔가 중대한 부분을 놓치고 있기 때문이라고 생각됩니다.

그러나 성경은 이렇게 가르치지 않습니다. 사도 바울의 반율법주의적 가르침처럼 보이는 로마서의 위의 내용의 이어지는 문맥을 보면 다시 생각해야 한다는 사실을 알 수 있습니다. 로마서 3:31입니다.

롬3:31 그런즉 우리가 믿음으로 말미암아 율법을 폐하느뇨, 그럴 수 없느니라. 도리어 율법을 굳게 세우느니라.

사도 바울 뿐만 아니라 예수님께서도 율법의 중요함을 얼마나 강조하여 말씀하시는지 다시 한 번 보겠습니다.

마5:19그러므로 누구든지 이 계명 중에 지극히 작은 것 하나라도 버리고 또 그같이 사람을 가르치는 자는 천국에서 지극히 작다 일컬음을 받을 것이요 누구든지 이를 행하며 가르치는 자는 천국에서 크다 일컬음을 받으리라 20내가 너희에게 이르노니 너희 의가 서기관과 바리새인보다 더 낫지 못하면 결단코 천국에 들어가지 못하리라

예수님이나 사도 바울이나 복음과 믿음이 율법을 폐하는 것이 아니라고 하십니다. 완성케 하고 굳게 세운다고 하십니다.

예수님으로 말미암아 완전케 되는 율법

이 일이 과연 어떻게 이루어질 수 있을까? 어떻게 율법의 정죄로부터 구원하시는 예수님의 사역이 동시에 율법을 완전케 하는 것이 되는가? 이에 대한 답을 얻기 위해 갈라디아서 4:4-5을 먼저 보겠습니다.

갈4:4때가 차매 하나님이 그 아들을 보내사 여자에게서 나게 하시고 율법 아래 나게 하신 것은 5율법 아래 있는 자들을 속량하시고 우리로 아들의 명분을 얻게 하려 하심이라

여기 대단히 놀라운 말씀이 있습니다. 하나님의 아들이신 성자께서 율법아래 나셨다는 말씀입니다. 하나님은 율법위에 무한히 높은 분입니다. 이는 성부 하나님 뿐 아니라 삼위 하나님 모두 그러하십

니다. 세상의 기초를 놓으시고, 세상을 말씀으로 창조하실 때 성자 하나님께서도 함께 하셨습니다. 참으로 거룩하신 분이며 율법 위에 계시는 분입니다.

그런데 그 성자께서 성육신하셨고 율법 아래 나셨습니다. 율법위에 계신 분께서 율법 아래로, 율법을 실현하셔야 되는 자리에 임하셨습니다. 예수님께서는 전 생애 동안에 이 율법 아래에서 충실히 율법을 지키셨습니다. 그렇게 하여 율법을 폐하거나 무시하지 않으시고 오히려 율법의 절대성을 아주 분명하게 보여 주셨습니다. 이것으로 그치신 것이 아니라 죄 없이 유죄 판결을 받고 십자가에 달려 죽으셨습니다. 유죄 판결을 받은 죄인인 우리를 당신에게 묶어서 죽음의 형벌을 받으신 것입니다. 우리 대신 죽으신 것입니다.

예수님의 십자가 사역은 이와 같이 율법의 관점에서만 온전히 이해될 수 있습니다. 십자가 위에서 발생한 것은 하나님의 아들 우리 구주 예수 그리스도께서 사람의 죄를 위하여 하나님의 거룩한 율법이 정한 형벌을 그의 거룩한 몸으로 다 받으셨다는 것입니다. 율법은 죄를 정죄하며, 율법이 선언하는 정죄는 죽음입니다. 죄의 값은 사망입니다. 율법은 하나님께 대하여 죄를 범하고 그의 거룩한 율법을 깨뜨린 모든 사람에게 죽음의 판결을 내려야 한다고 선언합니다. 예수님께서는 이런 율법의 효력을 지워버리기 위해서 오신 것이 아니라 율법이 정한 벌을 죄인 당사자가 아닌 예수님 자신에게 몽땅 시행될 수 있는 터가 되기 위해서 오셨습니다. 그렇게 율법을 폐하신 것이 아니라 완전케 하셨으며 동시에 죄인을 살리셨습니다.

기억하십시오. 하나님께서는 우리를 용서하실 때 그냥 없던 것으로 리셋 버튼을 누르실 수 없습니다. 전능한 하나님께서는 못하시는 것이 하나 있는데 거짓말을 못하십니다. 이것을 신학적으로 자기부정을 못하신다고 합니다. 그렇기에 하나님은 선언하신 법을 무너뜨리면서 인간을 구원하실 수 없습니다. 죄는 죽음으로 처벌받아야 한다고 말씀하셨기에 사망은 실현되어야만 합니다. 그렇기 때문에 인간에게 쏟아질 죄의 형벌을 갈보리 언덕 십자가 위에서 자기 아들의 성스럽고 흠 없는 몸에 부으셨던 것입니다. 이처럼 하나님의 율법은 완전무결하게 성취되어야 합니다. 인간의 구원을 위해서라고 무시될 수 있는 것은 없습니다. 다 이루어져야만 합니다.

율법의 효용

율법은 구원하기 위한 것이 아닙니다. 어떤 사람들은 하나님이 이스라엘 국가에게 '내가 지금 너희에게 율법을 주고 있다. 너희가 율법을 지키면 율법이 너희를 구원할 것이다'라고 말씀하셨다고 생각합니다. 하지만 아무도 율법을 지킴으로 자기를 구할 수 없습니다. 율법은 하나님의 요구가 무엇인가를 보여줘서 거기에 비교해서 볼 때 '죄가 얼마나 강하고 악한지'를 알려주기 위한 것입니다. 그렇기에 율법은 사람들이 하나님 앞에서 자기를 의롭다할 수 없도록 하여 우리가 그리스도에게 이끌리게 합니다. 사도 바울의 말씀을 빌리자면 율법은 '우리를 그리스도에게로 인도하는 몽학선생'이 됩니다.

그렇다고 하나님께 은혜를 구하도록 만들기 위해 일부러 어려운 법을 주신 것이라는 말씀은 아닙니다. 그보다는 율법은 하나님께서 인간을 창조하신 본래의 위치에서라면 충분히 수행할 수 있는 내용이었습니다. 타락하지 않았다면 이 율법들을 기본적으로 수행할 수 있는 능력이 있었을 것입니다. 생각해보면 율법을 지키는 것과 선악을 알게 하는 나무의 실과를 따먹지 말라는 금령을 지키는 것은 어떤 측면에서 동일한 것입니다. 금령을 지키는 것이 어려운 것이 아니었던 것처럼 타락하지 않은 인간에게 율법은 지키기 어려운 내용이 아니었습니다.

지금까지 살펴본 바와 같이 은혜의 목적은 율법을 무시할 수 있는 티켓을 주려는 것이 아닙니다. 그런데도 은혜를 받았기 때문에 내가 어떻게 하든지 이미 구원을 얻었노라고 생각한다면 이는 심각한 착각입니다. 은혜 받았다는 심리적 체험이 있는지는 몰라도 하나님께서 내리시는 은혜를 받은 것은 아닙니다. 은혜란 율법을 지킬 수 있도록 힘을 주고, 의로운 자답게 만드시는 하나님의 선물입니다.

구약 율법의 세 종류

그렇다면 우리가 구약의 율법을 모두 지켜야 한다는 말인가? 맞습니다. 그러면 지금 우리는 짐승을 잡는 제사도 지내야 하고, 돼지고기도 먹지 말아야 하고, 지금도 유대교에서 행하는 방식으로 율법을 지켜야 하는가? 그것은 아닙니다. 신학적으로 설명을 드리겠습니다.

구약 율법은 의식법(儀式法, ceremonial law)·시민법(civil law)·도덕법(moral law) 등으로 나누어 생각할 수 있습니다. 예수 그리스도께서 구약의 율법을 성취하셨다고 할 때에는 모두를 성취하셨음을 말합니다. '그리스도는 모든 믿는 자에게 의를 이루기 위하여 율법의 마침이 되시니라(롬10:4)' 그리고 그것을 내가 지킨 것처럼 의롭게 여기사 칭의(稱義, jutification)의 은혜를 베풀어 주십니다. 하지만 이에 대한 인격적 성숙과 삶의 주관적 실현은 나의 몫입니다. 이때 세 종류의 율법은 종류에 따라서 구약에 기록된 내용과 다른 방식으로 지켜야 되는 것이 많습니다.

먼저 의식법은 주로 레위기와 민수기에 나타나는 번제물과 희생제물들에 관한 기록들을 의미합니다. 의식과 관련된 모든 율법의 기록들은 다 예수 그리스도에 대한 그림자이며, 모형이며, 예언입니다. 그렇기에 의식법은 예수 그리스도의 성육신하심과 죽으심과 부활, 그리고 승천으로 다 완성되었다고 볼 수 있습니다. 예수 그리스도께서 죽으시면서 성전의 휘장이 찢어지고, 그 후에 성전이 완전히 파괴된 것으로 이를 확신하게 됩니다. 그러므로 신약의 성도들은 구약의 의식법과 관련하여 그 법이 지향하고 있는 예수 그리스도의 속죄 사역과 십자가, 부활 승리를 상기하는 것으로 주관적 실현을 이루는 것입니다.

시민법은 율법의 형식과 정신을 나누어서 생각하는 것이 바람직합니다. 다시 말해 구약에 나타난 그대로의 형식을 그대로 지킬 필요는 없지만 규례의 정신을 살려 새로운 방식으로 순종할 것이 요구됩니다. 이스라엘은 하나님의 신정국가로서 특수한 상황 가운데 존재했습니다. 그렇기에 다른 나라들과는 전혀 다른 독특한 국가 운영과 삶의 태도가 요구되었습니다. 하지만 지금의 이스라엘은 신정국가가 아닙니다. 이 땅에 실존적 국가로서의 신정국가는 없습니다. 예수님께서는 이 점을 아주 분명하게 말씀하셨습니다.

마21:43그러므로 내가 너희에게 이르노니 하나님의 나라를 너희는 빼앗기고 그 나라의 열매 맺는 백성이 받으리라

이 말씀을 따라서 오늘날 신정국은 이스라엘이 아니라 하나님 나라이며, 그 나라 백성들은 그리스도의 교회의 지체를 이룹니다. 그러므로 구약의 시민법은 그 규례의 정신을 교회 안에서 이루어 가도록 요구받고 있습니다. 예를 들어, 율법 중에 레위기 19:9-10에 나오는 이삭이나 열매를 남겨 두어서 가난한 자들을 배려하도록 하는 시민법은 신약에서 '성도들의 쓸 것과 손 대접하기를 힘쓰라'는 로마서 12:13 형태로 변화하여 순종하게 되는 것입니다. 이런 예와 같이 구약 율법의 시민법은 새 언약의 질서에 합당한 방식으로 지킬 수 있는 방안을 찾아야 합니다.

마지막으로 도덕법은 구약에서 주로 십계명에 나타나있는데, 그 조항에 대한 순종의 의미는 구약 시대나 신약의 오늘날이나 별 차이가 없습니다. 십계명의 말씀을 예수님께서는 이렇게 정리해 주십니다.

마12:29예수께서 대답하시되 첫째는 이것이니 이스라엘아 들으라 주

곧 우리 하나님은 유일한 주시라 30네 마음을 다하고 목숨을 다하고 뜻을 다하고 힘을 다하여 주 너의 하나님을 사랑하라 하신 것이요 31 둘째는 이것이니 네 이웃을 네 몸과 같이 사랑하라 하신 것이라 이에서 더 큰 계명이 없느니라. 이처럼 예수님께서 말씀하신 두 계명과 십계명은 결코 다른 법이 아닙니다. 그렇기에 구약 율법 중에서 도덕법에 해당되는 내용만은 오늘날 신약의 성도들도 온전히 자신들의 법으로 받아들여서 지키기 위해 힘써야 합니다.

거룩한 소원은 훈련되는 것

우리는 구약 율법을 성취하신 예수님, 그리고 우리와 율법의 관계성에 대해서 살펴보았습니다. 예수님께서는 율법을 내신 분이시면서 동시에 율법을 수행해야 하는 자리로 들어오셔서 우리를 대신하여 율법을 이루셨습니다. 그렇기에 그리스도인들은 율법의 요구를 무시할 수 없습니다. 일점일획이라도 무시해서는 안 됩니다. 의식법, 시민법, 도덕법 그 어느 것도 소홀하게 대해서는 안 됩니다. 구약의 율법을 신약적으로 바르게 해석해서 이해하고 행해 나가기 위한 깊은 연구와 노력이 필요합니다.

예수 그리스도로 말미암아 구원을 얻은 우리에게는 이것을 지키고자 하는 소원이 일어납니다. 성령님께서 구원을 얻은 자들에게는 마음에 그러한 소원을 넣어 주시는 것입니다. 하나님을 사랑하고 이웃을 사랑하고자 하는 심정을 갖게 됩니다. 그렇지만 이러한 소원이 자동으로 율법을 지키도록 만들어주지는 않습니다. 많은 이들의 착각이 여기 있습니다. 어떤 행위나 조건이 아니라 온전히 은혜로 구원을 얻는다고 하니까, 구원받은 자가 이루어야 할 행위까지 힘을 기울이지 않아도 자동으로 될 것으로 생각합니다.

그렇지 않습니다. 구원은 조건을 요구하지 않고 주시지만, 구원 얻은 자의 삶은 훈련되어야 합니다. 구원을 얻었다고 해서 하루아침에 옛 사람의 모습을 완벽히 벗고 새 사람다움을 누리게 되는 것이 아닙니다. 하나님 나라 백성답게 모든 영역에 대해서 사고하고, 반응해 나가는 것은 많은 시행착오 속에서 훈련해야 하는 것입니다.

간혹 구원 얻은 자가 성령님의 요구에 대해서 못들은 척하기도 합니다. 그런 자의 구원은 취소되는 것이 아니라 하나님의 더욱 적극적인 간섭과 섭리하심을 '매를 들어 치심'으로 맛보고 돌이키게 됩니다. 그 속에서 하나님의 은혜를 경험하면서 자신이 하나님 나라 백성임을 확인하는 감격이 있기도 합니다. 그렇지만 이 길을 결코 추천 드리지 않습니다. 오히려 성령님의 권고하심에 순종하며 걸어 갈 때에 더 큰 은혜를 경험하고 하나님과의 풍성한 교제를 누릴 수 있음을 믿으시고 신실하게 이 길을 걸으시기를 바랍니다.

5
살인하지 말라

본문: 마태복음 5 : 21-26

----

²¹옛사람에게 말한바 살인치 말라 누구든지 살인하면 심판을 받게 되리라 하였다는 것을 너희가 들었으나 ²²나는 너희에게 이르노니 형제에게 노하는 자마다 심판을 받게 되고 형제를 대하여 라가라 하는 자는 공회에 잡히게 되고 미련한 놈이라 하는 자는 지옥 불에 들어가게 되리라 ²³그러므로 예물을 제단에 드리다가 거기서 네 형제에게 원망 들을 만한 일이 있는 줄 생각나거든 ²⁴예물을 제단 앞에 두고 먼저 가서 형제와 화목하고 그 후에 와서 예물을 드리라 ²⁵너를 송사하는 자와 함께 길에 있을 때에 급히 사화하라 그 송사하는 자가 너를 재판관에게 내어 주고 재판관이 관예에게 내어 주어 옥에 가둘까 염려하라 ²⁶진실로 네게 이르노니 네가 호리라도 남김이 없이 다 갚기 전에는 결단코 거기서 나오지 못하리라

예수님께서는 구약의 율법을 반대하시거나 폐지하고자 하신 것이 아닙니다. 일점일획까지 반드시 없어지지 않고 이뤄질 것입니다. 이 것을 예수그리스도께서 의식법적으로, 시민법적으로, 도덕법적으로 성취하시고 수행하셨습니다. 동시에 그것을 당신의 백성인 신약의 교회와 성도들에게 요구하셨습니다.

이때 필연적으로 구약에 대한 해석의 문제가 대두됩니다. 왜냐하면 현실적으로 구약율법에 대한 해석과 수행에 있어서 여러 가지 견해와 접근이 있기 때문입니다. 각자의 해석이 있으며 모두가 자신들이 하나님의 말씀에 대한 바른 도리와 신앙을 가지고 있다고 주장합니다. 이것은 서로 다른 방향성을 가지고 있으며, 충돌이 불가피합니다. 즉 서로 자신이 하나님의 말씀에 대한 바른 해명이기에 '자신이 옳다. 자신이 의다'라고 주장하고 있는 것입니다.

예수님께서는 자신의 구약의 율법에 대한 해석과 해명, 그리고 이를 실행함에 있어 다른 이론들과 경쟁하셨습니다. 누구의 해명이 더 하나님 말씀의 본의를 드러내는 것이냐를 놓고 겨루기를 피하지 않으셨습니다. 아니 매우 적극적이십니다. 당신의 제자들에게 서기관과 바리새인들의 의보다 낫지 못하면 천국에 들어가지 못한다고까지 하시면서 적극적으로 두 사상과 비교하여 자신의 구약 율법에 대한 해석의 정당성과 유일성을 펼쳐 보이셨습니다.

그렇기에 산상수훈에는 세 가지 입장의 의가 제시되고 있습니다. 유대교 신학자인 서기관들의 의와 유대교 평신도 경건자인 바리새인들의 의, 그리고 예수님의 제자들이 행해야 하는 의입니다.

예수님께서는 서기관들과 바리새인들이 주장하는 의를 예시적으로 제시하시고 거기에 존재하는 하나님 말씀에 대한 오해에 대해 논리적으로 타파하시면서 정당한 가르침을 주셨습니다. 성경을 하나님 말씀으로 아는 자라면 부정할 수 없을 만큼 명백하게 제시하셨기 때문에 예수님의 경쟁자들이나 대적들이 입을 다물고 잠잠해질 수밖에 없었습니다.

그럼에도 불구하고 당시의 민중들은 예수님의 말씀을 받아들일 수 없었습니다. 민중들은 이미 구약의 히브리어를 잃어버렸고, 신학자 그룹인 서기관들과 평신도 경건운동가들인 바리새인들에 의해 바른 하나님 말씀에 대하여 차단당하고 있었기 때문입니다. 그래서 예수님께서 바른 구약 이해를 제시해 주셨음에도 불구하고 민중들마저도 거부하게 되었던 것입니다. 이런 모습은 비단 예수님 당시에만 국한된 것은 아닙니다. 중세에도 천주교가 성경을 거의 독점하고 자신들이 만든 이론을 하나님 말씀이라고 호도했습니다.

오늘날에는 성경을 독점할 수는 없으나 성경을 바르게 이해하는 일을 어렵게 만드는 무수한 환경과 현상이 있습니다. 어떤 분은 성경을 깊이 고민하고 연구하여 전달하려는 모습을 보며 낯설고 당황스러웠던지 '목사님 이단 아니세요?'라고 물었습니다. 성경을 더 깊이 있게 온전히 이해해보려는 노력을 보면 이단을 떠올리게 되는 슬프고 고통스러운 현실입니다. 음식의 염도가 낮아지면 쉽게 상하듯이 성도들의 성경에 대한 이해가 낮아지면 이단들이 득세할 수 있는 좋은 환경이 되는 것입니다. 구약에 대한 예수님의 가르침이 서기관과 바리새인들의 잘못된 누룩을 제거하시고 진리를 세우셨듯이 성경에 대한 바른 가르침이 이단을 물리칠 수 있는 것입니다. 성명서를 내고, 시위를 하고 하는 것으로는 근본적인 방안이 될 수 없습니다. 나의 신앙과 자녀의 신앙, 교회의 신앙을 지키기 위해 말씀에 더욱 힘써야 합니다.

옛사람이 말한 바

이번 본문은 유대 신학자들의 구약에 대한 해석과 이에 대한 예수님의 구약 해석의 대립입니다. 본문의 구조를 잠깐 살펴보겠습니다. 본문 21-26절은 두 절씩 나눠 세 개의 중요한 문제를 다루고 있습니다. 21-22절은 인간의 존재 가치, 인격의 가치에 대한 말씀입니다. 인간이 어떻게 대우를 받아야 정상인가 하는 구체적인 예로써 우리의 인간관을 바로 잡아주셨습니다. 23-24절은 사람과 사람의 관계성에 문제가 생긴 상황에 대한 말씀입니다. 문제를 해결해 나가는 방식에 대한 가르침이며 명령입니다. 마지막 25-26절은 문제에 대한 온전한 해결을 도모해야 함을 말씀하셨습니다. 문제가 있고, 그 문제에 대한 고소자의 고소로부터 해방되어야 한다는 사실을 지적해 주십니다.

이제 본문을 좀 더 자세히 보겠습니다. 먼저 21절입니다.

마5:21**옛사람에게 말한바 살인치 말라 누구든지 살인하면 심판을 받게 되리라 하였다는 것을 너희가 들었으나**

여기서 '옛사람에게 말한바'는 두 가지로 해석이 가능한 문장입니다. 개역한글 성경이 말하는 것처럼 그대로 이해할 수도 있으나 '옛사람들이 말한바'로 해석할 수도 있습니다. 신학적이고 문맥적인 고려를 할 때에 후자가 더 적합한 번역으로 여겨집니다. '옛사람들이 말한 바', 여기에 옛사람들이란 모세 이후에 모세의 자리에 앉아서 가르쳐 온 유대 신학 지도자들을 의미합니다. 이들은 모세의 권위에 잇대어서 모세의 율법을 해석하는 권리를 가진 것처럼 권위를 업고 말하였습니다. 예수님께서는 이 점을 말씀하셨습니다.

그리고 이어서 나오는 '누구든지 살인하면 심판을 받게 되리라'는 문장은 구약에 대한 유대 신학 지도자들의 해설입니다. 이는 출애굽기 21:12-14에 있는 내용에 대한 해설로써 정당해 보입니다.

출21:12**사람을 쳐 죽인 자는 반드시 죽일 것이나** [13]**만일 사람이 계획함이 아니라 나 하나님이 사람을 그 손에 붙임이면 내가 위하여 한 곳을 정하리니 그 사람이 그리로 도망할 것이며** [14]**사람이 그 이웃을 짐짓 모살하였으면 너는 그를 내 단에서라도 잡아내려 죽일 찌니라**

이 말씀을 보면서 '누구든지 살인하면 심판을 받게 되리라'는 해설을 했습니다. 그러나 이것은 하나님께서 내신 율법을 외형적인 법률로 만드는 작업입니다. 하나님의 말씀을 현실에 실정법화한 것입니다. 하지만 이러한 실정법은 어떤 국가에서도 가장 기본적인 유지를 위한 제한에 불과합니다. 하나님 나라에서는 이러한 수준으로 적용되면 안 됩니다. 하나님의 말씀은 고도한 인격자께서 인격자에게 교훈하신 말씀이기 때문에 말씀을 내신 본의를 알려고 애를 써야 합니다. 고도한 인격자의 심정을 이해하려고 노력하고, 알아들으려고 힘을 다해야 합니다.

살인하면 안 되는 이유

살인하면 안 된다고 할 때에, 왜 살인하면 안 되는 것인가에 대해서 생각해봐야 합니다. 루소의 주장처럼 '만인에 대한 만인의 늑대', 만인에 대한 만인의 전쟁 상황을 피하기 위해 살인하면 안 된다는 것인가? 우리는 하나님께서 살인하지 말라고 하셨기 때문에 살인을 하면 안 된다고 생각해야 합니다. 그렇다면 하나님께서는 왜 살인을 하지 말라고 하셨는가? 하나님께서 생명을 내셨고, 하나님의 형상을 담지해서 하나님과 같게 창조하셨습니다. 더욱이 하나님께서 사람을 이 땅에 내실 때는 그 존재와 가치를 주어서 내시는 까닭에 살인을 해서는 안 됩니다.

하나님께서는 사람을 자신의 형상대로 지으셔서 그의 신성한 경영을 이룰 수 있는 분자로서 존재하도록 하셨습니다. 각 사람은 맡은 바 사명을 감당하도록 하셨습니다. 이것은 타락 이후에도 하나님께서 이 세상을 경영하시는 분이시기에 변함이 없습니다. 인간은 타락

했으나 사단이 된 것이 아니기에 그의 대부분은 여전히 하나님의 형상을 닮아 있으며 하나님께서 경영하시는 하나의 분자로 서 있습니다. 그렇기에 인류는 이 일의 수행을 위해 각 사람이 힘을 써 나가는 것입니다. 이런 사람의 생명을 해함으로써 그 수행을 방해하고자 하는 것은 곧 이 사람을 내신 하나님의 거룩한 경영을 방해하는 것이며, 하나님을 대적하는 행위입니다. 고귀한 존재를 아무 권한도 없는 자가 그렇게 도말하려는 행위를 하는 것은 하나님께 대한 엄청난 반역 행위이기에 살인이 중대한 범죄입니다.

살인이란 결국 자신의 이익을 더 중하게 생각한 나머지 범행을 저지르는 것입니다. 나의 이익을 위해 상대방의 존재를 말살시키더라도 상관없다는 생각입니다. 그 사람이 가지고 있는 존재의 의미와 가치와 권리를 완전히 무시해 버립니다. 아니 그의 존재 의미와 가치와 권리가 나의 이익을 적극적으로 침해하고 있다고 판단하고, 이러한 영향력을 말살하기 위해서 저지르는 것이 바로 살인입니다.

살인은 정당한 인간관과 사회관의 부재

살인은 정당한 인간관과 사회관이 형성되지 못해서 일어납니다. 사람은 자신이 왜 이 세상에 살아 있는가? 라는 존재 의의를 생각할 뿐 아니라 왜 남들과 함께 사회를 형성하고 있으며, 타인의 존재란 무슨 의미를 가지는지를 마땅히 생각해야합니다. 상대도 하나님께서 내신 생명임을 알고 인정하고, 함께 공동의 사회를 이루고 사는 일원으로서 공동의 사회에 대한 자기의 어떤 책임감을 느껴야 정당합니다.

하나님께서는 아담을 만드시고, 아담에게서부터 하와를 내셨습니다. 그리고 이들을 향하여 한 몸이라고까지 선언하셨습니다. 그러므로 이미 아담과 하와가 이루고 있는 사회는 두 사람이 독립적으로 서 있으면서 형성한 개별적 사회가 아니라 두 사람이 분자로 서 있는 한 사회입니다. 그 사회는 1+1이 아니라 각각이 1/n인 사회라는 의미입니다. 그리고 다음으로 두 사람에게서 다른 인격체가 탄생했을 때에 그 인격체는 아담과 하와에게서 파생되었기에 전혀 새로운 객체가 아니라 그 역시 사회의 분자입니다. 이렇게 하여 형성된 오늘날의 인류는 당연히 한 사회이며 공동 운명체입니다. 그리고 각 개인은 공동 운명체적 사회의 일원으로서 존재합니다.

이와 같은 바른 인간관과 사회관이 형성되지 않으면 자기 존재만을 크게 앞세우는 이기적인 사상에 빠지게 됩니다. 이렇게 되면 자신의 이익을 위해서 상대방의 존재가 없어지기를 바라는 소극적 태도로부터 시작하여 적극적으로 없애버리겠다는 무서운 생각까지 가지게 됩니다. 그것이 살인입니다. 그렇기에 그리스도인들은 늘 인간의 존재 의의와 가치, 사회의 존재 가치를 명확하게 생각하고 있어야 합니다. 이러한 사상 전제를 가지고 22절을 봐야 비로소 예수님의 말씀이 바르게 들립니다.

마5:22나는 너희에게 이르노니 형제에게 노하는 자마다 심판을 받게 되고 형제를 대하여 라가라 하는 자는 공회에 잡히게 되고 미련한

놈이라 하는 자는 지옥 불에 들어가게 되리라

먼저 분노가 있고, 그 다음에는 '바보(라가)'라고 부르는 멸시함이 있고, '미련한 놈(모레)'이라고 부르는 모욕이 있습니다. 바른 인간관과 사회관의 부재를 드러내는 것입니다. 이런 분노와 멸시와 모욕은 곧 그의 존재 가치에 대한 분노와 멸시와 모욕이며, 사람을 내신 하나님에 대한 분노와 멸시와 모욕이 됩니다. 사람들이 생각하지 못하고 미워하지만 내가 욕하고 미워하는 그 사람이 지금 당장 없어지면 슬퍼하고 좌절할 사람들이 있다는 사실을 기억해야 합니다. 우리의 미움이 하나님께서 그 존재를 통해서 이루고자 하는 선함과 거룩한 경영에 대한 방해요 대적이 될 수 있습니다.

구원 받은 증거로서의 형제 사랑

또한 본문이 말씀하는 형제란 여기서는 혈육의 형제보다는 사상적 형제, 신앙적인 형제를 의미합니다. 그렇기에 형제란 교회 공동체에게 우선적으로 적용됩니다. 형제는 사랑을 적극적으로 나타내야 하는 대상입니다. 이런 형제에 대해서까지 미움의 태도를 취하는 것은 자신의 공동체, 공동체 안에서조차도 결국 자신의 유익을 추구하고 있다는 증거입니다. 요한일서 3:14-15을 보겠습니다.

요일3:14우리가 형제를 사랑함으로 사망에서 옮겨 생명으로 들어간 줄을 알거니와 사랑치 아니하는 자는 사망에 거하느니라. 15그 형제

를 미워하는 자마다 살인하는 자니 살인하는 자마다 영생이 그 속에 거하지 아니하는 것을 너희가 아는 바라

형제를 사랑한다는 것은 새 생명이 발휘하는 덕의 현저한 성격입니다. 이런 도덕적 성격과 품성의 증시가 영원한 생명을 가지고 있는 큰 증거가 된다는 말씀입니다. 그렇지 못하고 형제를 미워한다면 이것은 정반대로 아무리 예수님을 믿는다고 말해도 사실은 살인하는 자이고 구원을 얻지 못했다는 증거가 됩니다. 요한은 '너희가 아는 바라'는 말씀을 통해서 구원을 얻었는지 못 얻었는지는 교회의 형제를 사랑하는지 미워하는지를 가지고 아주 분명하게 확인할 수 있다고 말하고 있습니다.

사랑한다는 것은 무엇이냐? 여기서 상세히 설명할 수는 없으나 통괄적으로 정의해 본다면, 사랑이란 어떤 대상을 위해서 열렬하고 간절한 소원을 늘 갖고 그 사람의 행복을 위해서 적극적이며 실존적으로 효과 있는 노력을 기울이는 것입니다. 이런 사랑의 관계가 형성되지 않는다면 그것은 바른 인간관과 사회관 즉, 바른 공동체관과 교회관의 부재입니다. 그리고 그것은 미움의 시작이며, 미움은 살인과 동일선상에 있습니다.

미움이 훼손한 인간관계를 회복함

본문 23-24절은 이 문제를 해결하는 것이 그 어떤 행위보다 중요

하고 우선된다는 말씀입니다.

마5:23그러므로 예물을 제단에 드리다가 거기서 네 형제에게 원망 들을 만한 일이 있는 줄 생각나거든 24예물을 제단 앞에 두고 먼저 가서 형제와 화목하고 그 후에 와서 예물을 드리라

이 말씀을 싸웠거나 누군가에게 원망들을 만한 일이 있으면 예배에 와서는 안 된다는 식으로 보는 것은 어린아이들의 말장난입니다. 만일 제가 예배 전에 아내와 다투었다면 저는 예배에 참석하지 말아야 합니까? 엄밀히 말하면 예배와 예물 드리는 일은 상당히 다릅니다. 구약의 제사 행위를 곧 신약의 예배와 같다고 이해할 수는 없습니다. 무엇보다도 여기서 예물을 드리기 위해서 제단에 가는 행위는 개인적 행위에 해당되지만, 교회의 예배는 공동체적인 일입니다.

아무튼 본문이 말씀하는 바는 바른 인간관계를 해치는 행위를 했다면 이를 바로 잡는 일에 우선순위를 놓아야 한다는 말씀입니다. 내가 저 사람에게 잘못을 했지만 하나님께만 회개하면 된다는 식으로 종교적인 행위로 이 문제를 대신하지 말라는 말씀입니다.

그렇다고 인간관계를 바르게 펴면 끝나는 것이 아닙니다. 다시 돌아와서 자신이 해친 인간관계가 결국 하나님께 대한 죄임을 고백하고 사죄를 구해야 합니다. 인간들끼리 원만하게 처리하고 화목하게 되었다고해서 끝이 아니라 돌아와서 예물을 드려야 합니다. 본문 25-26절은 이와 연관된 말씀입니다.

^{마5:25}너를 송사하는 자와 함께 길에 있을 때에 급히 사화하라 그 송사하는 자가 너를 재판관에게 내어 주고 재판관이 관예에게 내어 주어 옥에 가둘까 염려하라 ²⁶진실로 네게 이르노니 네가 호리라도 남김이 없이 다 갚기 전에는 결단코 거기서 나오지 못하리라

이 말씀은 처세술을 가르치신 것이 아닙니다. 여기 '송사자'라고 번역된 말은 '안티디코스'로써 '원수, 송사자' 등으로 번역되며 주로 마귀를 지칭하는 용어로 쓰였습니다. 구약에서는 이 참소자를 '사단'이라고 쓰고 있습니다. 마귀, 사단은 우리의 송사자입니다. 마귀 사단이 직접 우리를 벌하는 것이 아닙니다. 하나님의 공의 앞에 우리의 죄를 물고 들어가서 벌을 내리시기를 청구합니다. 누가복음 22:31-32에서는 사단이 베드로와 제자들을 청구했다는 예수님의 말씀도 있습니다.

그러므로 오늘 본문 25-26절은 이러한 맥락 안에서 이해해야 합니다. 여기서 '급히 사화하라, 화해해라' 라는 말씀은 문제에 대해서 속히 해결할 수 있기를 힘쓰라는 말씀입니다. 참소거리를 없애란 말입니다. 형제에게 잘못한 것이 있으면 실질적으로 가서 화목에 힘쓰고, 또한 하나님 앞에서도 잘못한 것이니 죄에 대하여 예수 그리스도의 공효에 의지해야 합니다. 예수 그리스도의 공효에 의지한다고 말하면서 여전히 형제를 미워하는 일은 있을 수 없습니다.

이처럼 얼마나 엄격하고 철저하게 인간의 문제, 인간 존재의 존엄성을 고귀하게 다루셨는가를 생각할 때 생명에 대하여 다시 생각하게 됩니다. 이런 인식이 없으면 미움과 증오를 별 것 아니게 여길 수 있습니다. 그러나 미움과 증오는 결국 나의 욕심을 따라서 나오는 것임을 알아야 합니다. 내 이익을 위해서 다른 사람의 존재가 작아지길 원하며, 극단적으로 죽었으면 좋겠고, 죽여야겠다는 태도임을 알아야 합니다. 미워하는 것이야 말로 생명력을 억압하는 행위이며 살인이며 하나님에 대한 반역의 시작이라는 사실을 깨달아야 합니다.

6

미(美)적 감각은
죄가 아님

마태복음 5 : 27-32

27또 간음치 말라 하였다는 것을 너희가 들었으나 28나는 너희에게 이르노니 여자를 보고 음욕을 품는 자마다 마음에 이미 간음하였느니라. 29만일 네 오른 눈이 너로 실족케 하거든 빼어 내버리라 네 백체 중 하나가 없어지고 온 몸이 지옥에 던지우지 않는 것이 유익하며 30또한 만일 네 오른손이 너로 실족케 하거든 찍어 내버리라 네 백체 중 하나가 없어지고 온 몸이 지옥에 던지우지 않는 것이 유익하니라 31또 일렀으되 누구든지 아내를 버리거든 이혼 증서를 줄 것이라 하였으나 32나는 너희에게 이르노니 누구든지 음행한 연고 없이 아내를 버리면 이는 저로 간음하게 함이요 또 누구든지 버린 여자에게 장가드는 자도 간음함이니라.

하나님 나라가 이 땅에 실현될 때에 가장 먼저 사람의 내면적 성격에서부터 시작한다는 것을 가르치신 것이 팔복입니다. 그리고 이러한 성격을 가진 사람은 세상에서 핍박을 받게 되지만, 그의 존재는 소금과 빛으로 세상에 작용하여서 세상을 좀 더 정결하게 하고, 세상의 길에 지표가 될 것입니다.

이런 하나님 나라 백성은 하나님께서 내신 법을 따라 의롭게 살아가야하기에 여러 가르침을 주셨습니다. 먼저 사람의 존재를 중시하는 살인하지 않는 문제, 그 다음에는 이런 자들이 존재 자체로 만족하는 것이 아니라 결국 사회 공동체로 확장해 나갈 때 거룩함을 유지하도록 하는 혼인에 대한 원칙을 가르치셨습니다. 또한 이렇게 이루어진 사회에서 필요한 진실과 정의의 문제인 맹세에 관한 법을 가르치셨습니다.

그리고 마지막에는 하나님 나라의 거룩한 특성으로써 모든 도덕의 기초가 되는 사랑에 대해서 말씀하셨습니다. 결국 그 사랑을 자신들의 공동체, 자신들의 사회 단위에 머무르지 않고 다른 사회와 원수에게 까지도 베풀도록 하여서 하나님 나라 백성됨의 특성을 세상에 나타내도록 하셨습니다. 이것은 우리 믿음의 조상 아브라함에게 주셨던 '땅의 모든 족속이 너로 말미암아 복을 얻을 것이라(창12:3)'는 언약의 성취로 연결됩니다.

앞 장에서는 인간 존재의 의에 대한 말씀, 살인하지 말라는 가르침을 세밀히 살펴보았습니다. 예수님께서는 살인하지 말라는 율법이 다른 사람의 생명을 제거하지 않으면 다 지키는 것이 아니라, 다른 사람의 생명력을 증진시킴으로 나타나야 한다고 하셨습니다. 하나님께서 만물을 내실 때도 그러하지만, 특히 사람을 내실 때는 그냥 내시는 것이 아니고 각 사람에게 맡기신 바가 있으며, 그가 그것을 이루도록 힘쓰게 하심으로써 세상을 경영하십니다. 그러하기에 우리는 자신의 생명력을 발휘할 뿐 아니라 다른 사람도 생명의 발휘가 풍성하게 드러날 수 있도록 힘을 써야 합니다.

그런데 타락한 인간은 이러한 존재의 본의를 생각하지 않고 자신의 이익을 추구하고자 하는데서 살의를 갖게 되며, 다른 이의 존재 의미를 짓밟고서라도 자기의 이득을 취하려는 태도가 나타나게 됩니다. 이는 참으로 하나님 앞에 큰 죄이며, 세상을 경영하시는 하나님께 대한 반역으로써 하나님 나라 백성이 해서는 안 될 일입니다.

그러나 타락한 인간들에게서는 이런 바른 태도가 도무지 나오지 않습니다. 기껏해야 자기 자녀들의 생명력이 풍성해질 수 있도록 노력할 뿐입니다. 그것도 그리 순수하지 못합니다. 자녀의 생명력을 자신의 생명력 확장의 수단으로 여기는 경우가 허다합니다. 더 저급하게는 늙어서 자신의 삶을 보장 받기 위한 수단을 확보하기 위한 노력에 불과합니다.

오직 예수 그리스도로 말미암아 구원을 얻은 자들에게서만 진정으로 형제를 사랑하고 다른 사람을 사랑할 수 있는 태도가 나올 수 있습니다. 그렇기에 구원받은 자신뿐 아니라 다른 사람의 생명력을 증진시키는 일이 바로 그리스도인들이 해야 할 일이라는 말씀입니다.

음행에 대해서 내면에까지 적용하심

이렇게 본다면 이번 본문의 '간음하지 말라'는 말씀은 그 연장선 위에 있습니다. '간음'이란 혼인을 전제로 하고 있는 것이며, 혼인이란 생육하고 번성하여 땅에 충만하고 다스리라는 명령을 이루기 위한 근본적 실행이기 때문입니다. 인간은 혼인을 통하여 다른 생명을 이 땅에 존재하게 하고 양육을 통해서 생명력을 풍성케 합니다. 이런 사명을 수행하는 가정이라는 거룩한 기관을 방해하고 더럽히는 것이 바로 간음입니다.

예수님께서는 십계명의 제7계명과 관련된 '간음하지 말라'는 말씀에 대한 바른 이해를 도모하셨습니다. 여기서도 앞에서와 동일하게 '너희는 들었으나' '나는 너희에게 이르노니'라고 하십니다. 이 말씀은 '그것은 본래 이런 의미이다'라고 하신 것입니다. 예수님께서는 모세의 율법에 대하여 당시의 서기관들과 바리새인들처럼 유대교의 유력한 선생들의 가르침에 기대어 말씀하지 않으셨습니다. 법을 내신 자의 권위를 가지고 본의를 가르치셨습니다.

예수님께서는 살인의 문제와 마찬가지로 이 율법의 말씀을 그냥 실정법화 하는 수준을 용인하지 않으시고 인간의 내면에까지 적용하셨습니다. 인간의 내면적 작용까지 꿰뚫어 보시는 분으로서 마음에 품은 음욕에 대해서도 이 율법을 적용하셨습니다. 그렇기에 행위로써 간음을 행하지 않은 사람이라고 할지라도 간음의 문제에서 온전히 자유로울 수 없습니다.

그런데 이 말씀을 잘못 이해함으로 많은 사람들이 말씀을 무시하거나 심각한 어려움에 빠집니다. 어떤 이들은 예수님께서 살인의 문제와 간음의 문제에 대해 너무 엄밀하게 내면화하심으로 인하여 범죄를 더욱 부추겼다고 주장하기도 합니다. 이들에 따르면 예수님께서 미워하는 것과 살인하는 것, 마음의 음욕과 현실적 간음을 동일시하심으로 인하여 내면적으로 이런 죄를 지은 사람이 자포자기하게 만들어서 결국 현실적인 범죄를 실행하게 만들었다고 주장합니다.

또 다른 사람들은 예수님의 이 말씀은 도무지 범하지 않을 방법이 없다고 생각하며 그냥 못들은 것처럼 지내면서 자신의 죄를 쌓아갑니다. 그리고 많은 그리스도인들은 이 말씀을 잘못 이해해서 예수님께서 의도하지 않으신 부분까지도 포함하여 지키려고 노력하다가 오히려 어려움을 겪고 있습니다.

음욕을 품는 것

예수님의 말씀을 좀 더 주의하여 살펴봄으로써 이러한 방탕과 어려움들에서 벗어나 참다운 그리스도인의 모습은 어떤 것인지 확인하도록 하겠습니다. 본문 28절을 보도록 하겠습니다.

마5:28나는 너희에게 이르노니 여자를 보고 음욕을 품는 자마다 마음에 이미 간음하였느니라.

아무리 봐도 이 말씀에서 빠져 나갈 방법은 없어 보입니다. 완전히 득도하거나 아예 성적인 것을 느끼지 못하는 사람이어야만 이 말씀에 저촉되지 않을 수 있을 것으로 보입니다. 하지만 이것은 예수님의 말씀을 주의해서 듣지 않기 때문에 생긴 오해입니다. 여기서 '음욕을 품는 자'란 말씀은 헬라어 원문으로 보면 의도를 가지고 행하는 것을 의미합니다. 자기의지의 확실한 동의 아래에서 일어나는 심상을 말합니다. 마음 가운데 충분히 자기 의지가 개입해서 '안 된다'고 반대하는 일이 없이 거룩치 못한 그릇된 욕구를 품고 나가는 상태가 바로 '음욕을 품는 것'입니다. '의도적이며 작위적으로 생각을 하고 있느냐'가 판단 기준이 됩니다.

많은 사람들이 '음욕을 품는 자마다 간음하였다'는 말씀을 결벽증적으로 이해합니다. 자기 자신에게도 그렇게 적용하고 다른 사람에게도 그렇게 적용해서 어려움을 자초합니다. 특히 배우자에게 더할 수 없을 만큼 엄격히 적용합니다. 그러다보니 자신도 늘 죄책감에 시달리고 다른 사람들, 특히 배우자도 늘 정죄하게 됩니다. 또한 질투와 의심증에 대해서 면죄부를 주어 마음껏 질투하고 마음껏 의심하는 것을 허용합니다. 질투하고 의심하고 정죄하고 자책하느라 평안이란 있을 수 없으며 행복을 누릴 수도 없고, 이미 지옥을 경험을 하고 있는 경우가 허다합니다. 하지만 이런 태도는 예수님의 이 말씀과는 아무런 상관이 없습니다. 예수님께서 우리를 신경쇠약에 빠뜨리려고 이 말씀을 하신 것이 아닙니다.

아름다움을 느끼는 것은 정상적임

이 문제를 해결하는데 있어서 우리가 알아야 하고, 인정해야 하는 것이 있습니다. 인간이 이성에 대해서 감성적 반응을 일으키는 것은 정상적인 작용이라는 것입니다. 이것은 죄가 아닐 뿐만 아니라 하나님께서 주신 은혜입니다. 오히려 이성에 대해서 전혀 아무런 감성적인 반응을 느끼지 못한다면 대단히 비정상적입니다. 만일 여러분 중에서 동성에게 이성과 동일한 감성적 반응이 나타나고 있다면 그 분은 빨리 치료를 받으시는 편이 좋을 것입니다. 나와 다른 이성에 대한 감성적 반응은 지극히 당연한 것이며, 정상적인 것일 뿐 아니라 매우 필요합니다.

아름다움, 미에 대한 감각도 악한 것이 아닙니다. 그렇기에 남성이 아름다운 여성을 보며 아름답다고 느끼고, 여성이 멋진 남성을 보면서 멋지다고 여기는 것은 너무도 당연합니다. 아름다운 여성을 보고도 아무런 느낌도 느낄 수 없다면 그 남성은 정신이상입니다. 마찬가지로 멋진 남성을 보면서 아무런 느낌도 느낄 수 없다면 그 여성도 정신이상입니다. 나와 다른 이성을 보면서 아름다움을 인식하고 평가할 수 없을 만큼 감각이 없다면 심각한 것입니다.

그런데 예수님의 말씀을 듣고서 이런 사람이 되어야 한다고 생각하고 노력합니다. 될 리가 없지요. 아름다움을 느끼는 것, 그것으로는 아무런 죄도 아닙니다. 이것 때문에 자책하거나 정죄하지 마십시오. '저 여인은 참 아름답다' 여기까지는 아무런 음욕이 아닙니다.

섹시(sexy)를 미(美의) 기준으로 삼고 있는 현대 사회

다만, 현대 사회는 미에 대한 평가가 상당히 복잡합니다. 왜냐하면 미에 대한 기준이 성적인 것으로 치환되었기 때문입니다. 섹시하다는 말을 많이 합니다. 섹시(sexy)함이 하나의 미(美)인 것은 인정할 수 있으나 오늘날은 섹시하다는 것이 아예 미(美)의 기준이 된 것 같습니다. 사실 '섹시하다'는 말은 '성적인 매력을 발산한다.'는 말입니다. 이런 미(美)는 성적 치환이 일어날 가능성이 훨씬 높습니다. 성적 치환이 일어나면 음욕을 품게 될 가능성이 대단히 높아집니다. 그렇기에 음욕을 품는 쪽도 심각한 문제이지만 음욕을 품도록 만드는 쪽도 동일한 책임을 통감해야 합니다. 이런 측면에서 특히 옷을 단정히 입는 것은 중요합니다.

옷은 대단히 상징성이 높은 언어입니다. 고대에는 평민이 황제의 권위를 의미하는 금색 옷을 입지 못했습니다. 옷은 그 사람의 지위를 말해주며, 기품을 말해주며, 성격과 정서까지도 말해줍니다. 그런데 옷을 섹시하게, 성적인 매력이 발산되도록 입는다면 그것 자체가 자신을 향해서 성적인 욕구를 품어달라고 호소하는 것일 수 있습니다.

그렇기에 그리스도인들은 섹시하다는 것을 추구해서는 안 됩니다. 그렇다고 아주 고리타분하게 까맣고 긴 치마에 하얀 긴팔 블라우스만 입어야 한다는 말씀은 아닙니다. 정상적인 아름다움을 추구해 나가야 합니다. 균형 잡힌 아름다움을 추구할 수 있습니다. 섹시함이 아닌 다른 쪽으로도 얼마든지 아름다움과 멋스러움을 만들어 낼 수 있습니다. 섹시함을 거부하라고 했다고 해서 아름다움을 거부하라고 말한 것으로 이해된다면 이미 아름다움에 대한 균형감이 심각히 무너진 것임을 자각해야 합니다.

다만, 제가 생각할 때에 그리스도인들이 아주 노골적으로 섹시함을 추구해도 되는 곳이 있습니다. 바로 배우자 앞에서입니다. 배우자 앞에서는 그 어떤 섹시함의 추구도 용납될 수 있습니다. 성적인 욕구는 사실상 하나님께서 주신 은혜입니다. 생육하고 번성하고 땅에 충만 하라는 명령을 수행할 수 있도록 주신 은사입니다. 만일 성적인 욕구가 없었다면 많은 사람들은 혼인을 하지 않았을 수 있습니다. 그러면 생육하고 번성하라는 명령을 지키지 못하는 것입니다. 그렇기에 배우자에게는 얼마든지 성적인 매력을 발산하시고 나누도록 노력해야 합니다.

어떤 이들은 그리스도인들은 성적으로 금욕적이어야 하며, 그렇기에 성관계는 아이를 잉태하기 위한 행위로서만 가능하다고 주장합니다. 사랑이 성애와 쉽게 혼돈되고, 그로 인한 죄악은 단순한 피해의 수준이 아니라 존재 전체와 영혼에까지 영향을 미치기 때문에 이처럼 극단적인 주장도 나오게 되는 것입니다. 어쩌면 타락한 인간

본성이 조금이라도 죄를 덜 짓게 만들기 위한 방법으로 이런 금욕주의가 효과적일 수도 있습니다.

그러나 성애와 성관계가 사랑에서 배제되어야 하는 것이 아닙니다. 성적관계를 맺는 가운데 둘이 한 몸이 됨을 온전히 성취해 가는 것입니다. 사랑하는 사람을 성적으로도 사랑하는 것은 자연스러운 것이며 좋은 것입니다.

하지만 혼인이 성관계만으로 이루어진 것은 아닙니다. 성적인 욕구만을 가지고 혼인하는 사람은 온전하지 못한 사람입니다. 성관계와 성애를 사랑과 혼동하는 것은 도리어 사랑을 제한하고 파괴하여 깊은 완성으로 나갈 수 없게 합니다. 사실상 성은 혼인생활에서 지극히 일부분에 해당합니다. 그럼에도 불구하고 성적인 부분에서 불결함이 더해진다면 가정은 심각하게 무너집니다. 가정은 내가 좋아서 내가 만든 나만을 위한 가정이 아닙니다. 나의 가정이기 전에 하나님께서 내어주시고 창세에 세우신 거룩한 사명의 기관입니다. 예수 그리스도의 군사를 양육하도록 위탁받은 하나님 나라의 기관입니다.

이런 가정을 오염시키고, 무력화하고, 파괴하는 결정적인 행위인 음행, 간음은 절대 일어나서는 안 되는 일입니다. 오른 눈, 오른손이 음행에 빠지게 만든다면 냉혹하게 잘라버릴 것을 명령하셨습니다. 그 명령이 과연 어떤 함의를 가지고 있는지 다음 장에 계속 살펴보겠습니다.

7
교회에 괴물들만?

마태복음 5 : 27-32

----

²⁷또 간음치 말라 하였다는 것을 너희가 들었으나 ²⁸나는 너희에게 이르노니 여자를 보고 음욕을 품는 자마다 마음에 이미 간음하였느니라. ²⁹만일 네 오른 눈이 너로 실족케 하거든 빼어 내버리라 네 백체 중 하나가 없어지고 온 몸이 지옥에 던지우지 않는 것이 유익하며 ³⁰또한 만일 네 오른손이 너로 실족케 하거든 찍어 내버리라 네 백체 중 하나가 없어지고 온 몸이 지옥에 던지우지 않는 것이 유익하니라 ³¹또 일렀으되 누구든지 아내를 버리거든 이혼 증서를 줄 것이라 하였으나 ³²나는 너희에게 이르노니 누구든지 음행한 연고 없이 아내를 버리면 이는 저로 간음하게 함이요 또 누구든지 버린 여자에게 장가드는 자도 간음함이니라.

음욕을 품는 것과 아름다움에 대한 인지능력을 가지고 있는 것은 분명히 다릅니다. 아름다움을 느끼게 되는 것을 죄악시해서는 안 됩니다. 자신에게든지, 배우자에게든지. 이는 죄책감과 의심과 질투로 이어지고, 정죄의식 속에서 평안을 얻지 못하고 결백증과 신경쇠약에 빠지게 만듭니다. 미적 완성도가 높은 남성이나 여성을 보면서 '참 멋지다, 아름답다'고 쳐다보게 되는 것은 매우 자연스러운 현상이며, 본능입니다. 이것조차 안 된다고 하면, 안됩니다. 그것은 기능이 부족한 것이고, 병일 수 있습니다.

문제는 이런 본능을 그냥 용인하지 않고 제어해야 한다는 것입니다. 우리가 경계해야 하는 것은 음욕을 품는 것입니다. 음욕을 품는다는 것은 의지적 작용이 개입되었는지를 가지고 판단해야 합니다. 성적 유혹에 노출되고, 촉발될 수 있습니다. 그 때에 이를 제어하여 눈을 돌려야 합니다. 우리의 본능은 타락 이후에 적극적인 제어가 절실한 부분이 되었음을 인정해야 합니다. 그렇지 않고 본능이라고 해서 용인하고 있다면 이미 의지적 작용이 거기에 붙어 있는 것입니다.

이것은 새가 나의 머리에 잠시 앉는 것과 그 새가 머물면서 집을 짓도록 허용하는 것의 차이라고 말할 수 있습니다. 어쩌다가 새가 머리에 앉을 수 있습니다. 이는 내 책임을 묻기 어렵습니다. 이렇게 되면 바로 머리를 흔들고 손을 저어서 쫓아 버려야겠지요. 그런데 그 새가 자신의 머리에 집을 짓도록 내버려둔다면 그것은 이미 자신이 용인하였을 뿐 아니라 이것을 즐기고 있는 것입니다.

이보다는 더 적극적으로 우리는 아름다움에 대한 우리의 시각을 정당하게 가질 수 있도록 끊임없이 훈련해야 합니다. 우리의 사회에서는 미에 대한 정당하고 균형 있는 가치와 시각을 갖기가 어려워졌습니다. 성적인 것도 하나의 미이며, 매력임을 인정할 수 있으나 너무 부각되어 있어서 아름다움과 성적 매력은 등치되는 것처럼 되었습니다. 이런 사회에서 깨어있지 않으면, 성적 유혹에 노출되어 음욕을 품을 가능성이 현저히 높아집니다.

실족케 하거든 오른 눈을 빼어 버리라

이제 본문 중에서 마태복음 5:29-30과 관련된 부분을 중점으로 보도록 하겠습니다.

마5:29만일 네 오른 눈이 너로 실족케 하거든 빼어 내버리라 네 백체 중 하나가 없어지고 온 몸이 지옥에 던지우지 않는 것이 유익하며 30 또한 만일 네 오른손이 너로 실족케 하거든 찍어 내버리라 네 백체 중 하나가 없어지고 온 몸이 지옥에 던지우지 않는 것이 유익하니라

이 말씀을 보면 설마 그 정도까지 하라고 하신 것은 아니겠지? 라는 마음을 갖게 됩니다. 아니면 정말 눈을 빼고 손을 잘라야 하는가? 라는 생각도 듭니다. 기독교는 한 때 이 말씀을 문자적으로 지키는 것을 금하고 정죄한 적도 있습니다. 자꾸 눈을 빼고, 손을 자르는 사람들이 나타났기 때문입니다.

어떤 신학자들은 이 말씀을 예수님께서 지킬 수 없는 극단적인 윤리를 말씀하신 것이라고 주장합니다. 반면에 어떤 신학자들은 이 말씀을 상징적으로 이해해야 한다고 봅니다. 또 다른 이들은 상징적으로 보면 예수님의 말씀을 너무 약화시키는 것이라고 생각하기도 합니다. 그렇다면 과연 바른 해석은 어떤 것일까? 같이 살펴보도록 하겠습니다.

먼저 다른 것은 몰라도 오늘 본문에서 '오른 눈'과 '오른손'은 분명히 상징적으로 쓰였습니다. 오른 눈은 왼쪽 눈과 따로 움직이지 않습니다. 오른쪽 눈으로 보고 실족케 되는데 왼쪽 눈은 아무것도 안보고 실족케 하는 일에 아무런 영향도 미치지 않았다고 주장할 수 있습니까? 그런 의미에서 손도 마찬가지입니다. 오른손이 실족케 하면 왼손은 그냥 있는 것이 아닙니다. 정상적인 손은 장애가 없다면 같이 사용하게 됩니다. 그렇기에 예수님께서 오른 눈과 오른손을 말씀하신 것은 가장 중요한 기관을 상징적으로 쓰신 것임을 알 수 있습니다.

이 상징들은 무엇을 의미하고 지칭하기 위하여 쓰인 것일까? 이 상징어는 내 몸에 붙어 있는 눈, 손, 발 등의 신체를 의미하기 위함이 아니라 내 의지를 실행하는 도구를 지칭하신 것입니다. 오른 눈은 정보 수집과 판단을 일으키는 도구들을 의미하며, 오른손은 이런 나의 의지를 실행하는데 쓰이는 수단들 전부를 의미합니다.

어떤 이는 눈이 없어도 눈의 기능을 할 수 있는 도구와 수단을 가질 수 있습니다. 또한 어떤 이는 실행에 필요한 손과 발이 없어도 그

기능을 대신할 수 있는 것을 갖고 있을 수 있습니다. 일차적으로는 안경이나 의수를 생각할 수 있습니다만, 그보다는 보편적으로 재력이나 권력 등이 자신의 수족 노릇을 해서 자신의 의지를 실행하고 이익을 얻기도 합니다. 조직의 우두머리가 자신의 의지를 그 부하가 실현하고 실행하는 부하를 그의 수족(手足)이라고 하고, 오른팔이라고 부른다는 것을 생각해 보십시오. 예수님께서는 이런 모든 도구와 수단을 오른 눈과 오른손으로 표시하셨습니다.

그렇기에 손이 죄를 짓게 하면 손을 잘라야 하듯이, 재력이 자신으로 죄를 짓게 하면 돈을 버려야 합니다. 권력이라면 권력을 버려야 합니다. 사람이나 물건이 그런 도구로 쓰일 수도 있습니다. 그렇다면 그것을 버리고 잘라야 합니다.

예수님께서는 이런 것을 잘라버리는 문제에 대해서 심각하게 다루셨습니다. '네 백체 중 하나가 없어지고 온 몸이 지옥에 던지우지 않는 것이 유익하다'는 말씀을 두 번이나 반복하고 계십니다. 즉, '오른 눈'과 '오른손'은 분명히 상징적인 언어이지만, 이 말씀만은 상징이나 비유적으로 받아들여서는 안 됩니다. 그냥 겁을 주려고 하신 이야기가 아닙니다. 분명한 실행을 요구하십니다. 이 부분에서 무엇이 상징이고 무엇이 실천적 요구인지 혼돈해서는 안 됩니다.

눈을 빼면 죄를 짓지 않게 되는가?

그런데 문제는, 눈을 제거하고 손을 제거하면 죄를 안 짓게 되느냐? 그렇게 하면 문제가 해결되느냐? 금욕주의자들은 그렇게 해야 한다고, 그렇게 함으로써만 죄를 제거할 수 있다고 합니다. 그러나 그렇게 하면 아무것도 남지 않고 결국 괴물이 될 수밖에 없다는 것을 누구나 알 수 있습니다. 우리 안에 계속적인 죄의 욕구가 존재하기 때문입니다. 눈을 제거하고 손을 제거한다고 해도 계속 죄를 짓게 됩니다.

오른 눈을 뺀다고 해서 죄의 유혹이 보이지 않게 됩니까? 조만간 결국 왼쪽 눈마저도 뽑아야만 합니다. 그렇게 장님이 되면 죄의 마음, 음욕을 품지 않게 됩니까? 그렇지 않습니다. 오른손을 자른다고 죄를 짓지 않게 됩니까? 결국 왼손을 자르게 됩니다. 그렇게 해서 손이 없다고 죄를 행하고 싶은 마음까지 완전히 제거됩니까? 그렇지 않습니다.

어떤 사람이 화투로 가산을 탕진해서 다시는 화투를 하지 않겠다는 결단으로 손목을 잘랐습니다. 하지만 장단지에다 잘린 손목으로 화투장을 눌러 펼쳐보면서 도박을 하더라는 이야기를 듣게 됩니다. 돈이 있어서 죄를 짓던 사람이 돈이 없으면 죄를 안 짓게 되는 것은 아닙니다. 여전히 죄를 짓지만 돈을 안 쓰면서 죄를 짓습니다. 죄의 문제를 그런 식으로 쉽게 생각하면 안 됩니다.

죽어야만 죄를 안 짓는다

예수님께서는 죄를 짓도록 만드는 것을 제거하라고 하셨습니다. 그런데 눈과 손은 죄를 짓는 도구에 불과합니다. 눈이 자체적인 뇌가 달려서 판단하고 행동하는 것이 아닙니다. 손이 자체적인 뇌가 달려서 생각하고 행동하는 것이 아닙니다. 눈과 손은 독립적인 사고와 의지의 행위를 하는 존재가 아닙니다. 결국 눈과 손은 자체로 죄를 짓는 것이 아니라 우리의 뇌가 지시한 것입니다. 그러므로 우리의 뇌를 바꿔야 합니다. 우리의 마음이 죄를 짓도록 만든 것이니 가슴을 도려내야 합니다. 이것은 불가능한 일입니다. 아무리 눈을 뽑고, 손을 잘라도 지옥에 들어갈 수밖에 없습니다. 살아서는 죄 안 짓고 살아갈 능력이 없습니다. 결국 우리가 죽어야만 죄를 짓지 않게 됩니다. 타락한 인간은 죄의 노예이기 때문입니다.

죽어야만 죄 짓는 것을 멈출 수 있습니다. 하지만 그때는 죄의 심판을 받아야만 합니다. 이처럼 죄의 문제는 우리 자신이 조금도 어찌할 수 없이 심각한 것입니다. 그렇기에 우리에게는 죄를 대신 짊어지고 십자가에서 죽으신 예수 그리스도의 대속의 죽으심이 필요합니다.

롬6:4그러므로 우리가 그의 죽으심과 합하여 세례를 받음으로 그와 함께 장사되었나니 이는 아버지의 영광으로 말미암아 그리스도를 죽은 자 가운데서 살리심과 같이 우리로 또한 새 생명 가운데서 행하게 하려 함이니라

우리는 이런 예수 그리스도와 연합함으로써 예수님의 십자가 죽

음에 동참해서야만 이 문제를 해결할 수 있습니다. 예수 그리스도를 믿는 자들은 세례로 그 분과 연합하여 함께 죽습니다. 거기서 죄에 대하여 죽고 예수 그리스도께서 부활하실 때에 살리심을 받습니다. 그렇기에 새로운 생명을 얻어 그 생명의 작용으로 말미암아 죄를 짓지 않을 수 있는 사람이 됩니다.

의의 병기가 되어야 함

이렇게 새 생명을 얻은 우리의 몸은 이제 도무지 벗어날 수 없던 죄로부터 자유하게 됩니다. 우리 신체의 기관들과 우리가 사용하는 도구와 수단들은 범죄의 통로가 될 수 있습니다. 하지만 죽은 자 가운데서 다시 살아난 자들은 모든 것을 죄가 아닌 하나님께 드릴 수 있습니다. 죄의 도구와 수단이 아니라 '의의 병기'가 되어 의의 도구와 수단으로 쓸 수 있습니다.

롬6:13**또한 너희 지체를 불의의 병기로 죄에 드리지 말고 오직 너희 자신을 죽은 자 가운데서 다시 산 자같이 하나님께 드리며 너희 지체를 의의 병기로 하나님께 드리라**

우리는 '불의의 병기'가 아니라 '의의 병기'로 하나님께 드려집니다. 그렇기에 함부로 잘라서는 안 됩니다. 잘라버리면 '의의 병기'로 쓰지 못합니다. 즉흥적이고 감상적으로 행동해서는 안 됩니다. 우리의 모든 지체들과 도구와 수단들은 이제 우리의 것이 아닙니다.

고전6:19**너희 몸은 너희가 하나님께로부터 받은바 너희 가운데 계신 성령의 전인 줄을 알지 못하느냐 너희는 너희의 것이 아니라** ²⁰**값으로 산 것이 되었으니 그런즉 너희 몸으로 하나님께 영광을 돌리라**

예수님께서 수족을 자르라고 하신 말씀은 진짜 잘라야 한다는 말씀이지만, 그 실천적 방법은 죄에 드리지 말고 적극적으로 항거해서 하나님께 드려야한다는 것입니다. 우리는 새 생명을 얻었으나 아직도 우리 안에 남아 있는 옛사람의 구습으로 말미암아 불의의 병기로 쓰일 가능성이 있습니다. 이런 현실을 직시하여 죄에 대하여 매우 적극적인 항거를 요구하신 것이 바로 눈을 빼고 손을 자르라는 말씀입니다. '너희가 죄를 짓는 것은 너희 몸을 불의의 병기로 쓰는 것이다. 불의의 병기로 쓰이는 너희 몸을 잘라 버려라. 불의의 병기로 쓰지 말라. 의의 병기로 하나님께 드려라.' 이런 의미의 말씀입니다.

죄를 짓지 말아야 하는 이유

그런데 성경은 구원을 얻은 자는 죄를 짓지 않는다고 말씀합니다 (요일3:8-9). 죄를 짓는 것은 마귀에게 속한 것을 증명하는 것이고, 죄를 짓지 않는 것은 하나님 나라 백성임을 증명합니다. 하지만 죄를 짓지 않는다는 것은 늘 한 번도 죄를 짓지 않는다는 의미가 아닙니다. 죄 가운데 빠졌을 때 거기서 '기분 좋다'하고 있지 않고 항거하고 탈출하려고 애를 쓰고 나오는 것을 의미합니다. 이와 같은 죄에 대한 항거의 노력이 그리스도인 됨의 표증입니다.

또한 그리스도인이 죄를 진다고 해서 구원이 취소되는 것은 아닙니다. 그럼에도 불구하고 적극적으로 죄에 대하여 항거해야 합니다. 그렇게 해야 하는 가장 실제적인 이유는 죄를 지으면 하나님과의 사랑의 소통이 단절되기 때문입니다. 죄를 짓는 것은 마귀에게 속한 것이라고 말씀하십니다. 그렇기에 죄를 지으면 우리의 영혼은 끊임없이 번민하게 됩니다. 거기다가 하나님의 은혜의 빛을 볼 수 없기에 더욱 심각해집니다. 이사야서 59:2은 이렇게 말씀합니다.

사59:2 오직 너희 죄악이 너희와 너희 하나님 사이를 내었고 너희 죄가 그 얼굴을 가리워서 너희를 듣지 않으시게 함이니

하나님께서 죄를 짓는 사람에게도 웃는 얼굴로 대하시는 것이 아닙니다. 하나님의 거룩한 통제로부터 완전히 제외되는 것은 아니지만, 사랑의 교감에서는 벗어나게 됩니다. 그렇기에 그분의 은혜의 따스한 빛이란 느낄 수 없고 아주 냉혹한 어두움을 경험하게 됩니다. 그러므로 죄를 짓지 말아야 하며 죄를 짓지 않기 위해서는 자신을 하나님께 드려서 의의 병기로 쓰여야 합니다.

죄를 짓지 않고 사는 삶이 얼마나 행복한 것인지에 대해서 생각해 보시기 바랍니다. 오늘 본문이 순결한 가정의 문제와 관련 있으니 가정을 예로 들어서 생각해 보겠습니다. 하나님 나라 백성의 순결하고 거룩한 가정이 주는 복과 은혜는 이루 말할 수 없이 큽니다. 지상의 어느 곳에서도 이러한 기쁨을 맛볼 수 없습니다. 끝없이 풍성한 행복을 이런 가정에서 누리게 됩니다. 낙원이 따로 없습니다. 그것 때문에

라도 이러한 가정을 곤고히 세우고 지키는 의의 병기가 되어야 합니다. 자신의 쾌락을 위하여 간음을 행함으로써 그 가정을 파괴하는 '불의의 병기'가 된다면 그 풍성한 낙원은 지옥이 될 것입니다.

8
너희 마음의
완악함 때문에

마태복음 5 : 31-32

----

³¹또 일렀으되 누구든지 아내를 버리거든 이혼 증서를 줄 것이라 하였으나 ³²나는 너희에게 이르노니 누구든지 음행한 연고 없이 아내를 버리면 이는 저로 간음하게 함이요 또 누구든지 버린 여자에게 장가드는 자도 간음함이니라.

예수 그리스도께서는 산상수훈을 통해 당신의 백성들이 이 땅에서 살아갈 때에 만나게 되는 문제들에 대한 가르침을 주고 계십니다. 제일 먼저 팔복을 통해서 정체성을 분명하게 선언해 주셨고, 그 다음에 제자들이 세상에서 어떤 위치와 대우를 받게 될 것인가에 대해서 알려 주셨습니다. 그리고 삶에서 만나게 되는 구체적인 상황들을 제시하고 이에 대한 답을 주셨습니다. 먼저 존재의 문제를 가르치셨습니다. 그 다음에는 이 존재의 발전을 이루는 번성의 문제 즉, 혼인의 문제에 대해서 가르치셨습니다.

혼인의 문제 중에서 우선 간음에 대한 기준을 실제의 행위에만 머물러 두지 않으시고 내면의 문제까지 확대하셔서 혼인의 관계를 지키는 일에 온힘을 다해야 한다는 것을 가르치셨습니다. 이 일을 수행하는데 어떤 걸림돌도 용납되지 않습니다. 그 걸림돌이 내 눈이면 눈을, 내 손이면 손을 찍어 내버려야 한다는 단호한 명령을 하셨습니다. 간음이 배우자에 대한 신의를 저버리는 일이기 때문에 이처럼 심각한 요구를 하시는 것이 아닙니다. 그것도 중요하지만, 무엇보다도 가정이 하나님 나라의 거룩한 기관이기 때문에 그 순결성을 지키시고자 하심입니다.

하지만 그럼에도 불구하고 우리는 이러한 죄를 이길 힘이 없습니다. 내 눈이나 손이 아니라 우리 뇌를 파야하고, 온몸을 다 산산이 찢어야만 한다는 것을 확인하게 됩니다. 우리가 죽어야 한다는 사실을 고백하게 됩니다. 그렇기에 예수 그리스도께 의지해야 합니다. 예수 그리스도께서 십자가에서 죽으셨을 때에 우리도 함께 죽어서 우리가 죄에 대하여 죽고, 의에 대해서 살게 되었음을 믿어야 합니다. 비록 지금도 동일하게 죄를 짓고 살지만 결코 그것을 '기분 좋다'고 용인하지 않고, 자신이 죄를 미워하고 항거할 수 있게 되었음을 깨닫고 거기서 그리스도인의 정체성을 확신하게 되는 것입니다. 그렇게 시작하여 멀지 않아 의의 병기로 쓰이는 자신을 발견하게 될 것입니다.

구약에 대한 유대교의 해석

마5:31또 일렀으되 누구든지 아내를 버리거든 이혼 증서를 줄 것이라 하였으나

'누구든지 아내를 버리거든 이혼 증서를 줄 것이라'는 말은 모세의 율법에 대한 유대 신학자들의 가르침입니다. 이들은 신명기 24:1에 대한 해설로 이 법을 세웠습니다.

신24:1사람이 아내를 취하여 데려온 후에 수치 되는 일이 그에게 있음을 발견하고 그를 기뻐하지 아니하거든 이혼 증서를 써서 그 손에 주고 그를 자기 집에서 내어 보낼 것이요

이 말씀을 보고서 유대 신학자들이 '누구든지 아내를 버리려거든 이혼 증서를 줘라'라고 정리해서 가르쳤습니다. 문제가 있어 보입니까? 이들이 신명기의 말씀을 잘못 이해한 것처럼 볼 수 있습니까? 예수님

께서는 이들이 잘못 이해했다고 하시는데, 아무리 봐도 유대교 신학자들이 무엇을 잘못했는지 찾기 어렵습니다.

수치 되는 일이 음행을 말씀하는 것이 아닐까 생각하시는 분들도 계실 것입니다. 하지만 그것은 아닙니다. 음행에 대해서는 그 남녀를 돌로 쳐 죽이라고 하실 만큼 매우 엄격하게 다루셨습니다. 여기서 수치 되는 일이란 밥을 태운다든지 하는 일상적인 삶의 문제에서 발생하는 것입니다. 이들은 심지어 '기뻐하지 않으면'에 강조점을 두고서 그냥 아내가 맘에 들지 않아도 이혼할 수 있다고 보았습니다.

이렇게 볼 때에 신명기는 분명히 이혼이 가능하고, 그것도 매우 하찮아 보이는 일로도 가능하다고 하신 것으로 보이는데, 예수님은 음행한 연고 없이는 안 된다고 하신 것입니다. 그게 그냥 예수님 혼자 생각하시기에 '이게 더 옳아 보인다.'고 주장하고 가르치시는 것이면 문제가 아닐 수도 있는데, 자신의 가르침이 구약의 가르침이라고 주장하시고 계시는 것입니다. 이것이 서기관들과 바리새인들을 화나게 만드는 것입니다.

구약에 대한 예수님의 이해

여기서 성경에 대한 태도가 분명하게 드러납니다. 둘의 차이는 성경을 문서로 볼 것이냐, 인격자의 말씀으로 볼 것이냐의 차이입니다. 성경을 텍스트로 보고 텍스트에서 법률을 찾아내려고 하는 것이라면, 유대교 신학자들의 해석이 맞을 겁니다. 그러나 이것을 고도한 인격자이신 하나님께서 당신의 백성들의 삶을 위해서 주시는 훈계라는 생각으로 접근하면 전혀 다른 이야기가 됩니다.

예수님의 해석을 구체적으로 확인해 보겠습니다. 어떻게 같은 성경에 대해서 저렇게 다른 결론을 도출하신 것인지 보자는 것입니다. 먼저 신명기의 내용이 어떤 배경에서 일어난 것인지를 알아야 합니다. 하나님께서 이 말씀을 주시기 전에는 남자가 여자와 이혼할 때(이혼이라고 표현하기도 어렵고 여자를 버릴 때), 그냥 남자 맘대로 버리면 끝이었습니다. 예수님 당시까지도 유대에서는 남편이 세 번 연속으로 '나가라'고 하면 여자는 쫓겨났습니다.

이를 막기 위해서, 그렇게 함부로 여성을 버리지 못하도록 이 법을 내신 것입니다. 나중에 이혼과 관련된 질문을 받으시고서는 "모세가 너희 마음의 완악함 때문에 아내 버림을 허락하였거니와 본래는 그렇지 아니하니라."(마19:8)고 더 분명하게 설명해 주셨습니다. 놀랍고도 재미있는 것은 예수님께서 음행 이외의 이혼을 못하게 하시자 제자들조차도 '차라리 장가를 안 가는 것이 낫겠네(마19:10)'라며 투정을 부렸다는 것입니다. 그만큼 여성들의 인권이 유린되고 있었습니다.

남자들이 자기 맘대로 아내를 버리는 것을 조금이라도 막아보기 위해, 사회적 간섭과 조율의 침투를 위해서 이 법을 내신 것입니다. 이혼을 하려고 법정에 가서 거기서 이혼 사유를 써서 주고 공증되어야 하니 일단 절차가 귀찮아서, 그리고 사회적 조언, '뭐 굳이 그깟 일로

(노예 같은) 아내를 버릴 이유가 있나!' 라는 식의 권고 등이라도 효력을 발생할 여지를 만들어서 조금이라도 더 여성을 보호하려는 하나님의 눈물 나는 노력이신 것입니다.

더 나가서 그렇게 내침을 당한 여인들은 인권이 문제가 아니라 목숨이 위태롭게 되기 쉬웠습니다. 왜 내침을 당했을까? 혹시 음행한 연고가 아닌지 의심을 사기 쉬운 것입니다. 그런 의심이 증폭되면 억울하게 돌 맞아 죽는 것입니다. 아무리 일방적이라도 이혼은 서로에게 상처가 많은 법이지요. 그런 상황에서 여자를 버린 남자도 비난을 받을 수 있으니 사실 관계를 남편이 자기 쪽으로 유리하게 전개할 것이고, 버린 여인에 대한 의심을 적극적으로 변호해주지 않기 쉽습니다. 그러다 여차하면 억울한 누명 속에서 죽임 당하기 십상인 것입니다.

그러니 법정에 가서 공증된 이혼 증서에 '음행이 아닌, 수치 되는 일, 기뻐하지 않는 일, 이 여자의 이러저러한 일이 수치스러워서 버린다.', '이 여자가 결혼할 때는 몰랐는데 입이 살짝 삐뚤어져서 기쁘지 않아서 버린다.'라고 명시를 해주라는 말입니다. 그래야 이 여자가 돌에 맞아 죽지 않는다는 말입니다. 여자들에게 한없이 불의하고 슬픈 일입니다.

약자를 향한 하나님의 사랑

이처럼 악한 사회에서 일반적인 수준은 그냥 버리면 끝나는 것이었습니다. 그것을 조금이나마 진정시켜서 여성의 인권을, 사람의 사람됨을 더해주기 위해서 이 법을 내신 것입니다. 사회적 약자인 여성, 그보다 훨씬 더 심각한 어려움에 빠져있는 버림받은 여성의 생존을 보장하기 위해서 이혼증서가 필요했던 것입니다. 하나님께서는 어떻게든지 그 사람의 존재가 귀히 여겨질 수 있는 방법을 짜내신 것입니다. 그때에 그 사회가 받아들일 수 있고, 그 사회 속에서 사람을 살려내는 문제가 훨씬 더 중요하기 때문에 사회 전체가 안고 가는 악에 대해서 일시적으로 허용하시는 측면이 있었다는 것입니다. 원칙적으로 둘이 한 몸을 이루었기에 나누지 못한다는 것이 하나님께서 내신 법인데도, 이들의 완악함을 고려하시면서 이 말씀을 주신 것입니다.

이혼증서를 써 준다고 해서 그 사람에게 죄가 없는 것은 아닙니다. 이미 둘이 한 몸이라는 말씀으로 충분한 뜻을 보이셨는데도 이를 무시하고 아내를 버리고자 하는 사람은 어차피 그것이 죄임을 깨닫지 못하고 자기 멋대로 행하는 사람이기 때문에 버림받는 사람의 생명이라도 살리시고자 하는 것이 이 법에 나타나는 하나님의 심정입니다.

놀랍지 않습니까! 공의로우신 하나님께서 자신의 공의를 가리시고 인간들의 죄악을 허용하시면서까지라도 약자의 최소한의 인권과 생명을 실질적으로 보호하고자 하셨다는 사실에서 숨이 멎을 만큼 큰 은혜를 보게 됩니다. 이것이 성자인 예수 그리스도를 죄인인 우리를 위하여 죽음에 내주시는 모습인 것입니다.

그런데 유대교 신학자들은 이런 하나님의 심정을 읽지 못하고, 이 법을 이혼을 할 수 있는 방법으로 가르치고 있었다는 말입니다. 이 걸 '이혼하고 싶다. 그러면 아내에게 이혼 증서를 써주면 된다.'라는 식으로 악용하였습니다. 예수님께서는 이러한 악용에 대해서 용인 하지 않으신 것입니다.

가정을 세우신 본의

이처럼 강력하게 이혼을 반대하신 예수님께서 한 가지 예외 규정 을 두셨습니다. 그것은 음행으로 인한 이혼입니다.

마5:32나는 너희에게 이르노니 누구든지 음행한 연고 없이 아내를 버리면 이는 저로 간음하게 함이요 또 누구든지 버린 여자에게 장가 드는 자도 간음함이니라.

이혼의 문제는 혼인의 문제입니다. 혼인으로 세워진 가정에 여러 가지 문제가 있을 수 있습니다. 그렇지만 가정을 파기해야 할 만큼 심각한 문제는 음행뿐이라고 말씀하신 것입니다. 음행의 문제는 일 차적으로는 배우자에 대한 것입니다. 그러나 배우자 이전에, 그리고 그보다 훨씬 중요한 것은 가정이 거룩한 하나님 나라 백성의 기관이 라는 사실에 있습니다. 그리스도인 가정이란 두 사람이 자기들끼리 좋아서 결혼을 하는 것으로 이루어지는 것이 아닙니다. 하나님께서 내신 바 그 사명을 제대로 감당할 수 있도록 혼인이라는 제도를 내신 것입니다.

아담 혼자 독처하는 것이 좋지 못해 하와를 만들어서 혼인이라는 제도를 써서 가정을 세우셨습니다. 그런데 여기서 아담의 독처함이 좋지 못하다는 것이 혼자 외로워하고 쓸쓸해 보인다는 심리적인 측면의 이야기가 아닙니다. 혼자서는 도무지 하나님께서 내신 사명을 감당해 낼 수 없는 것, 불가능과 결핍된 상태를 좋지 못하다고 하신 것입니다. 아담 혼자서는 도무지 사명을 감당할 수 없다는 사실을 확인시키시고, 가정을 이루어서 사명을 감당하라고 하와를 만드시고 혼인을 시켜주신 것입니다.

사람이 지음 받으면서 하나님께로부터 받은 명령, 생육하고 번성하여 땅에 충만하라, 땅을 정복하고 다스리라는 것입니다. 정복하고 다스리라는 말씀을 타락한 세상의 기준으로 보아서는 안 됩니다. 정복하라는 말씀은 밟으라는 뜻입니다. 이것을 짓밟는 폭행으로 이해해선 안 됩니다. 땅을 밟고 서라는 의미입니다. 다스린다는 것도 군림하는 것을 생각해서는 안 되는 것입니다. 선한 왕의 통치를 생각해야 합니다. 이렇게 보면 어떤 뜻이 되느냐 하면, 멀리서 원격통치하지 말고 직접 가서 땅을 밟고 서서 선하게 다스리라는 말씀입니다.

원격통치를 하지 않고 무슨 수로 아담 혼자서 세상을 다 다스립니까! 사람이 많아지지 않으면 안 됩니다. 아담이 '아! 나 혼자서는 안 되겠구나' 이렇게 깨닫게 하신 후 하와를 주신 것입니다. 이처럼 사명을 감당하는데 결핍이 있기 때문에 혼인하는 것입니다. 아담과

(그의 '뼈 중의 뼈요, 살 중의 살')하와가 혼인하여 본질적으로 동일한 자손을 낳아서 번성하게 하시려고 가정을 만들어 주신 것입니다. 그렇게 하여 거룩한 하나님의 자녀들이 아무런 오염이 없이 땅에 충만하게 하셨습니다. 이것이 가정을 세우신 뜻입니다.

예수님께서 음행을 예외로 하신 이유

그런데 이런 거룩한 기관인 가정이 무너지게 되는 것, 거룩한 자녀를 더 이상 양육할 수 없게 되는 것이 음행에 의한 오염입니다. 음행으로 가정이 오염되면 그 독소를 빼낼 재주가 없습니다. 더 이상 거룩한 하나님 나라의 가정으로 존재할 수가 없습니다. 그래서 예수님께서도 다른 문제에 대해서는 이혼을 허락지 않으셨으나 음행에 대해서만큼은 예외로 하신 것입니다.

간음하지 말라는 말씀은 일차적으로는 배우자에 대한 신의를 지키는 문제이지만, 그보다는 순결하고 거룩한 가정을 오염시키지 않도록 금지하신 명령입니다. 순결하고 거룩한 가정이야말로 타락한 이 세상에서 하나님 나라를 이루고 교회를 이룰 수 있는 초석입니다. 거룩한 가정이 거룩한 자녀를 낳고 양육하여 다음 세대의 교회와 사회에 하나님의 은혜를 끼치고 이끌어가게 됩니다.

그런데 부모들이 자신들의 향락으로 인하여 간음의 죄악을 저지르고 나면 가정은 오염됩니다. 오염된 가정에서는 순결하고 거룩한 하나님의 자녀가 자랄 수 없습니다. 아무리 노력해도 심상이 이지러지는 것을 막을 수 없습니다. 자녀들에게도 고통스러운 심정을 지속하게 하고, 그 영향이 교회와 사회에 전가되어서 공동체 전체에 어려움을 줍니다. 그러므로 간음하지 말라는 말씀은 혼인의 순결성을 행위적으로 지키는 것으로 끝나지 않습니다. 순결하고 거룩한 가정을 세우고 자녀를 하나님 나라 백성으로서 거룩하게 양육해야 합니다.

음행으로 오염된 이후의 가정은 지속되어도 거룩한 기관으로서의 기능을 상실하고 마는 것입니다. 그저 현실적인 어려움과 문제들 때문에 서로 모른척하고 사는 것이지, 거룩한 하나님 나라의 가정으로서의 위치가 아니란 말씀입니다. 음행한 연고가 있으면 현대 사회에 돌로 쳐 죽일 순 없으니 음행한 자를 내쫓아야 하는 것입니다. 당장에 더 큰 고통과 깊은 상처가 남더라도 음행의 문제를 일으킨 사람을 집에서 내치게 되면 자식들이 '저러면 쫓겨나는구나.' 라는 교훈이라도 얻는 것입니다. 음행의 오염 속에서 대충대충 뭉개고 산다면 자녀들도 '어라, 이혼도 별거 아니네.' 이렇게 됩니다. 그러면 그 독소가 작용하여 거룩하게 자라지 못하고 존재가 다 삐뚤어지게 됩니다. 아무리 애를 써도 이걸 다 피할 방법이 없습니다. 학생들 상담을 하다보면 음행의 문제가 있는 가정에서 자란 경우에는 보통 어려운 것이 아닙니다. 제가 감당할 수 있는 수준을 훨씬 넘어서 도무지 해결할 방법을 발견하기 어렵습니다.

더 나가서 신학적으로 기독교인이면서 음행으로 인해 이혼한 사람들의 구원과 관련해서는 논의가 불가능합니다. 이 사람이 구원을 받느냐 못 받느냐를 논할 수가 없습니다. 지옥이 언제 만들어졌습니까와 비슷합니다. 성경이 말하지 않습니다. 구원의 취소를 말할 수 없기에 더 논의할 수가 없는 것입니다.

음행과 관련하여 우리는 매우 어려운 세대를 살고 있습니다. 혹여라도 여러분의 마음을, 여러분의 눈을 이상한 데로 자꾸 돌리면 그 돌린 만큼 위험해지는 겁니다. 이상한 것을 보는 만큼 성적 환타지는 현실과 엄청난 괴리를 만들고, 그 괴리가 결국 음행의 문제를 불러 올 수밖에 없는 데로 귀결됩니다. 이것은 너무도 당연한 이야기입니다. 과속으로 난폭운전을 하면 사고가 일어날 확률이 높아지는 것과 같은 이유입니다. 하나님께서 이 세상의 원리를 그렇게 만드셨기 때문입니다.

새 떼들이 날아다니는 세대입니다. 언제 날아와서 우리 머리 위에 앉는다 해도 사실 누구도 비난할 수 없을 만큼 많은 새 떼가 하늘이 보이지 않을 만큼 날고 있습니다. 새가 와서 앉는 걸 어떻게 하겠습니까? 그러나 쫓아 버려야 합니다. 훈련하셔야 됩니다. 그것이 여러분과 여러분의 가정을 음행의 위험으로부터 지켜줄 것입니다.

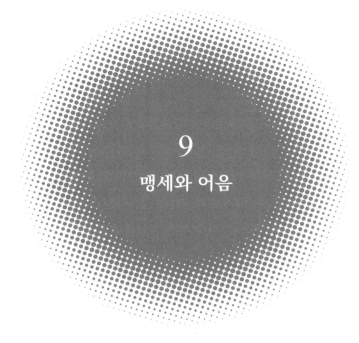

9
맹세와 어음

마태복음 5 : 33-37

----

³³또 옛사람에게 말한바 헛맹세를 하지 말고 네 맹세한 것을 주께 지키라 하였다는 것을 너희가 들었으나 ³⁴나는 너희에게 이르노니 도무지 맹세하지 말지니 하늘로도 말라 이는 하나님의 보좌임이요 ³⁵땅으로도 말라 이는 하나님의 발등상임이요 예루살렘으로도 말라 이는 큰 임금의 성임이요 ³⁶네 머리로도 말라 이는 네가 한 터럭도 희고 검게 할 수 없음이라 ³⁷오직 너희 말은 옳다, 옳다, 아니라, 아니라 하라 이에서 지나는 것은 악으로 좇아 나느니라.

예수님께서는 살인하지 말라는 구약의 율법은 살인이라는 범죄행위를 처벌하는 수단 정도가 아니라 궁극적으로 인간의 생명이 얼마나 존중되어야 하는가에 관한 말씀이라는 사실을 가르치셨습니다. 그러므로 이런 고귀한 생명을 기본 요소로 하고 있는 사회가 발전해 나가기 위해서는 거룩하고 순결한 가정이 보존되어야 하기에 간음이라는 오염이 제거되어야 합니다.

하나님께서는 태초에 사람을 창조하시면서 생육하고 번성하라고 하셨습니다. 이 말씀만 본다면 간음은 문제가 되지 않습니다. 어찌 되었든지 새끼를 많이 낳으면 그만이기 때문입니다. 그렇게 되면 개체수가 많아져서 번성하게 됩니다. 이것이 인간들이 가지고 있는 타락한 본성일 것입니다. 다만 그렇게 되면 자신들의 욕망의 충돌로 인해 심각한 문제를 만나기 때문에 자신들의 욕망을 최소화하여 기본규칙을 만들고 그것을 법이라고 부를 뿐입니다.

예수님께서는 하나님의 율법이 이 수준에서 법률화 되는 것을 거부하셨습니다. 외면적인 부분만을 규제할 수 있는 법의 한계를 넘어서서 인간의 내면에까지 적용하셨습니다. 이렇게 하여 거룩하고 순결한 가정을 지키고자 하셨습니다. 그렇기 때문에 음행한 연고가 있을 때는 이혼을 허락하신 것입니다. 음행과 관련하여 오른 눈과 오른손을 잘라 버리라고 말씀을 하심으로 음행을 행했다면 잘라버려야 한다는 뜻을 보이신 것입니다. 음행이 있는 가정은 더 이상 거룩한 하나님 나라의 기관이 아닙니다. 거기서는 하나님 나라 백성이 정상적으로 양육될 수 없습니다. 크게 일그러졌기에 피해를 최소한으로 줄이는 것은 바로 음행자를 내쫓는 것입니다.

헛맹세를 하지 말라는 가르침

이번 본문에서는 좀 더 복잡한 인간의 사회생활의 문제를 말씀하셨습니다. 사람과 사람 사이에 있어서 무엇이 중요한 도덕이 되는 것이냐 할 때에 맹세에 대한 옛사람이 한 말을 인용하여 가르치셨습니다. 유대교 신학자들은 헛맹세를 하지 말라고 가르쳤습니다. 헛맹세를 하지 않는 것은 대단히 중요합니다. 또한 맹세한 것을 꼭 지키라고 가르치는 것도 중요한 일입니다. 그런데 예수님께서는 극단적으로 아예 맹세를 하지 말라고 가르치십니다. 오직 '옳다, 옳다, 아니라, 아니라'고 반복해서 강조하는 것만을 허락하셨습니다.

그렇다면 과연 유대교 신학자들은 성경이 말씀하신 것과 관계없이 가르쳤겠는가? 그렇지 않습니다. 이들은 구약의 가르침을 유대교 나름대로 정리하여 가르쳤습니다. 그리고 그 가르침은 아주 타당해 보입니다. 구약은 거짓 맹세를 하지 말라고 하시거나 맹세를 할 때에 더 신중하게 하라고 하시고, 맹세한 것을 꼭 지키라고 말씀합니다. 그러나 구약이 맹세를 아예 거부하고 있다고 보기는 어렵습니다.

창세기 22:16을 보면, "**가라사대 여호와께서 이르시기를 내가 나를 가리켜 맹세하노니**" 이처럼 하나님께서도 직접 맹세의 말씀을 하셨습니다. 예수님께서도 맹세의 성격을 가진 말씀을 하셨습니다. 예를 들자면 '진실로, 진실로'라고 하신 것은 맹세라는 용어를 쓰지 않으셨으나 이미 맹세의 성격이 드러나는 것이고 맹세의 일종일 수 있습니다. 구약 뿐 아니라 신약에서도 이와 같은 맹세의 성격을 가진 것은 많습니다. 그런데 예수님께서는 '도무지 맹세하지 말라'고 단정적으로 말씀하셨습니다.

예수님께서는 왜 구약의 율법과 다르고, 또한 자신의 태도와도 다른 말씀을 하신 것일까? 예수님께서 이처럼 극단적으로 맹세를 금지하신 오늘 본문 말씀을 보면서 그 이유를 확인해보겠습니다.

마5:34나는 너희에게 이르노니 도무지 맹세하지 말지니 하늘로도 말라 이는 하나님의 보좌임이요 35땅으로도 말라 이는 하나님의 발등상임이요 예루살렘으로도 말라 이는 큰 임금의 성임이요 36네 머리로도 말라 이는 네가 한 터럭도 희고 검게 할 수 없음이라

하늘이란 이스라엘 사람들에게는 하나님에 대한 완곡한 표현이었습니다. 그렇기에 하늘을 두고 맹세하는 것은 표현상으로는 하늘이지만 사실상 하나님을 두고 맹세하는 것입니다. 그래서 하늘로 맹세하지 말라고 하신 것입니다. 땅이 하나님의 발등상이라는 말씀은 하나님께서 땅의 권리와 통치를 가지고 계신다는 의미입니다. 이 땅의 운영권이 하나님께 속해 있는데 그것에 아무런 권리도 없는 자가 감히 땅을 두고 맹세해서는 안 된다는 말씀입니다.

그리고 예루살렘이 큰 왕의 성이기 때문에 이를 두고 맹세하지 말

라는 말씀도 하나님과 관련이 있습니다. 여기서 말씀하신 왕이란 예루살렘에 사는 인간 왕을 말씀하신 것이 아닙니다. 바로 예루살렘 성전에 당신의 이름을 두신 하나님을 의미합니다. 이 성과 나라의 경영권은 왕이신 하나님께서 가지고 계신데 거기에 대해서 마치 자신이 뭔가 주장할 수 있거나 보장할 수 있는 사람인 것처럼 가지고 들어와서 그것을 근거 삼아서 맹세할 수 없다는 말씀입니다.

이처럼 맹세하는 자는 그 대상물의 변치 않음에 잇대어 자신의 맹세의 확실함을 보증하려고 합니다만 사실상 그 대상물에 대한 어떤 권한도 갖고 있지 못하다는 측면에서 부당한 맹세입니다. 그런 맹세란 하늘을 늘 하늘로 존재케 하고, 땅을 늘 운행하시고, 예루살렘을 전권으로 통치하는 자만이 할 수 있는 것입니다. 그런 능력이 있는 자가 그 능력으로 이 일을 이렇게 하겠노라고 맹세할 때에만 정당한 맹세입니다.

'네 머리로도 말라'는 말씀도 이와 같은 맥락입니다. 인간들은 자신의 인생이기 때문에 자신에게 경영권이 있고, 주장할 수 있는 권리와 권한이 있다고 여기지만 사실상 머리카락 하나도 검게 유지하거나 빨리 희게 만들만큼도 경영하지 못하면서 자신의 인생을 걸고 맹세를 해서는 안 된다는 말입니다. 그러므로 이런 능력이 없는 자들은 '옳다, 옳다, 아니라, 아니라'는 수준에서 멈춰야 합니다. 그것을 넘어가면 이미 악의 범위에 빠지는 것입니다.

맹세는 어음

맹세가 많은 사회일수록 더 믿지 못하는 사회입니다. 진정으로 신뢰할 만한 사회는 그냥 말을 하면 그것을 믿을 수 있어야 합니다. 사람이 왜 맹세를 해야만 하는가? 다른 사람들이 믿어주지 않기 때문입니다. 그렇다면 왜 그의 말을 믿어주지 않는가? 그가 믿을만하지 못하기 때문입니다. 신뢰를 상실해가고 있는 상황이기 때문에 맹세를 해야 하고 그런 식으로 몰려서 하는 맹세는 사실상 헛맹세입니다. 누구라도 자신의 말 한마디가 곧 그의 행위와 일치된다면 이런 식의 맹세는 전혀 필요치 않고 요구되지도 않습니다.

이제 우리는 구약에 나타나는 맹세에 대해 좀 더 깊은 논의를 하겠습니다. 맹세의 본의가 무엇인지 살펴보려고 합니다. 먼저 오늘 본문과 직접적으로 관련 있는 레위기 19:12을 보겠습니다.

레19:12 **너희는 내 이름으로 거짓 맹세함으로 네 하나님의 이름을 욕되게 하지 말라 나는 여호와니라**

거짓맹세를 하는 것이 하나님의 이름을 욕되게 하는 것이라고 하셨습니다. 그런데, 하나님을 섬긴다는 사람이 하나님의 이름을 걸고 거짓말로 맹세를 하겠습니까? 그렇진 않을 것입니다. 그러므로 여기서의 거짓맹세 라는 것은 처음부터 거짓말로 맹세를 하는 것이라기보다는 맹세하는 자가 맹세할 때에는 능히 맹세를 이룰 수 있는 능력을 가지고 있다는 자기 판단 속에서 이뤄진 맹세입니다.

문제는 맹세하는 자의 당시 맹세가 세월의 흐름 속에서 맹세대로 이루어질 수 없게 되어 거짓맹세가 되고 그것으로 인해 하나님의 이름을 욕되게 만들게 됩니다. 어떤 종류의 맹세이든지 거짓맹세가 될 수 있습니다. 그렇기에 자기의 판단과 능력을 과신해서 맹세를 하였다면 어떻게 해야 하는가? 신명기 23:21-23에서 가르쳐주고 계십니다.

신23:21 네 하나님 여호와께 서원하거든 갚기를 더디하지 말라 네 하나님 여호와께서 반드시 그것을 네게 요구하시리니 더디면 네게 죄라 22 네가 서원치 아니하였으면 무죄하니라마는 23 네 입에서 낸 것은 그대로 실행하기를 주의하라 무릇 자원한 예물은 네 하나님 여호와께 네가 서원하여 입으로 언약한 대로 행할지니라.

혹시라도 맹세를 하게 되었다면 최선을 다해서 거짓맹세가 되지 않도록 노력하라는 말씀입니다. 맹세를 하지 않았다면 죄가 아니었을 것인데, 맹세를 했기 때문에 안 지키면 죄가 됩니다.

도대체 왜 맹세를 합니까? 맹세를 할 필요가 없습니다. 마음속에 어떤 감동이 있고 어떤 각오가 있다면 그것을 잘 간직하여서 이뤄 가면 됩니다. 그것을 시행하지 못한 것은 죄가 아닙니다. 그런데도 맹세하게 되는 이유는 맹세를 어음으로 사용하고자 함입니다. 앞으로 자신이 이러저러한 것을 줄 테니 그렇게 해주었을 때에 신뢰와 자원을 좀 당겨서 달라는 호소입니다. 그런 태도를 사람들 앞에서도 보이고 하나님 앞에서도 보입니다.

서원은 거래의식

그런데 과연 맹세를 자신의 어음처럼 써도 되느냐? 예수님께서는
안 된다고 하십니다. 한 군데만 더 보겠습니다. 맹세에 대한 독특한
가르침을 주고 있는 전도서 5:1-7입니다.

전5:1너는 하나님의 전에 들어갈 때에 네 발을 삼갈지어다. 가까이하
여 말씀을 듣는 것이 우매자의 제사 드리는 것보다 나으니 저희는 악
을 행하면서도 깨닫지 못함이니라. 2너는 하나님 앞에서 함부로 입을
열지 말며 급한 마음으로 말을 내지 말라 하나님은 하늘에 계시고 너
는 땅에 있음이니라 그런즉 마땅히 말을 적게 할 것이라 3일이 많으
면 꿈이 생기고 말이 많으면 우매자의 소리가 나타나느니라. 4네가
하나님께 서원하였거든 갚기를 더디게 말라 하나님은 우매자를 기뻐
하지 아니하시나니 서원한 것을 갚으라. 5서원하고 갚지 아니하는 것
보다 서원하지 아니하는 것이 나으니 6네 입으로 네 육체를 범죄치
말라 사자 앞에서 내가 서원한 것이 실수라고 말하지 말라 어찌 하나
님으로 네 말소리를 진노하사 네 손으로 한 것을 멸하시게 하랴 7꿈
이 많으면 헛된 것이 많고 말이 많아도 그러하니 오직 너는 하나님을
경외할지니라.

한 마디로 하나님 앞에서 인간이 어떤 존재인지를 일깨우는 내용
입니다. 1-2절은 종교인들이 제사와 예배를 하는 것이 좋을 것이라
는 관념에 빠지지만 '저희는 악을 행하면서도 깨닫지 못함이니라.'
고 하십니다. 하나님 앞에 나갈 때는 삼가 유념하고 높으신 하나님

앞에서의 네 위치가 어떠한지 깨닫고 겸손히 행할 것을 권고하고 있습니다. 무엇을 드렸다는 심정 때문에 우쭐거리게 되고, 그것으로 인하여 함부로 '이렇습니다. 저렇습니다.' 하고 말을 하지 말라는 것입니다.

이런 인식이 얼마나 어리석은 것인가에 대하여 설명하기 위해 2-3절을 적고 있습니다. 말이 많고, 급한 마음을 가지며, 일 자체에 빠져 있는 등의 어리석은 태도가 열거되었습니다. 이런 어리석은 자의 어리석은 인식을 구체적으로 드러내는 것이 바로 서원입니다. 서원이란 맹세하는 것입니다. 하나님 앞에서 '내가 이렇게 하리이다. 저렇게 하리이다'라고 말하는 것이 서원입니다.

전도서 기자는 서원을 조심하고 말을 아끼라고 권하고 있습니다. 또한 서원하였으면 지체하지 말고 이행하도록 촉구하고 있습니다. 만일 서원하고 이행하지 못할 사정이 되면 하나님 앞에서 거짓말을 하게 되고, 하나님을 속이는 것이 되기 때문에 그렇게 될 바에야 서원하지 않는 것이 좋다는 이야기입니다.

이는 단순히 서원하는 일에 신중을 기하라는 말씀이 아닙니다. 이런 조급하고 이룰 수 없는 자발적인 서원을 하는 자가 가지는 생각의 이면에는 결국, '내가 이런 능력을 가졌고, 이것을 사용해서 하나님께 뭔가를 해드릴 테니 하나님께서 복을 주십시오.'라고 하는 식의 거래의식이 있는 것입니다. 이런 거래를 시도하는 것 자체가 하나님 앞에서 인간이 얼마나 미미한 존재인가를 깨닫지 못한 교만한 행위이며, 악한 행위입니다.

하나님 앞에서조차 '내가 공짜를 바라는 것이 아니라니까요!'라는 생각을 갖는 것이 바로 교만이며 심각한 죄입니다. 내 쪽에서 무엇을 유용하게 실행함으로 하나님께 보탬이 될 수 있고, 그렇기에 그런 능력과 결과물을 가지고 하나님과 거래가 가능하다고 생각하지 말아야 합니다. '하나님은 하늘에 계시고 너는 땅에 있다', 하나님은 초월적인 분이시고 너는 그분이 다스리는 땅에 있는 미물에 불과함을 인식하라는 말씀입니다.

이런 인식을 바르게 갖는다면 어디 감히 내 쪽에서 '하나님께 무엇을 해드릴 테니 내게 무엇을 해 주십시오'라는 식의 어리석은 마음을 가질 수 없습니다. 우리가 그런 인식 하에 있어야 하기 때문에 예수님께서 '도무지 맹세하지 말라' 하신 것입니다.

말을 신뢰할 수 없다면 계시도 믿을 수 없다

구약의 율법에서의 서원의 관념은 유대교 신학자들에 의해서 왜곡되었습니다. 인간의 가능성, 인간의 진실됨과 실천 능력을 신뢰하고, 그 가운데 용인된 방법인 것처럼 가르쳤습니다. 하지만 인간은 그리 신뢰할 만하지 못하고 맹세를 지킬 수 있는 능력이 없을 뿐 아니라 마음도 없음이 드러나서 자꾸 문제가 되었습니다. 이를 막기 위해 더욱 강화되고 치밀한 맹세에 대한 규범을 만들었으나 사람들은 곧 그 규범을 악용하는 방식을 만들어내는 악순환을 겪고 있었습니다. 그래서 도무지 말을 믿을 수 없는 사회가 되었고, 맹세에 맹세를 해도 못 믿는 불신의 사회가 되었습니다.

하나님께서는 말씀으로 세상을 창조하셨습니다. 물론 하나님의 말씀과 인간의 말은 질적으로 너무도 큰 차이가 있습니다. 하지만 어떤 유사성과 유비가 있기 때문에 하나님께서 그 행위를 '말씀'이라고 하셨습니다. 성경에 보면 하나님께서는 창조뿐 아니라 세상의 역사를 운행하시면서도 '말씀'을 아주 유용하게 쓰고 계십니다. 오늘날 하나님의 계시는 우리에게 말씀으로 전해집니다. 하나님께서는 여러 가지 방식으로 자신을 우리에게 보이는 계시를 주셨습니다. 그러나 계시의 보존은 오직 말, 성경 말씀으로만 존재케 하셨습니다. 그런데 말에 대한 신뢰가 약화되면 하나님의 계시인 '성경의 말'에 대해서도 신뢰가 약화 됩니다. 사람들이 더 이상 '말'을 믿지 않으려고 하면 '말'인 하나님의 계시도 믿지 못하게 됩니다.

오늘날 말에 대해서 천시하다보니 세상은 성경이 무슨 말을 하고 있다든지, 예수님께서 무슨 말씀을 하셨다는 것에 큰 의미를 두지 않습니다. 그저 '무슨 일이 일어났느냐'에만 관심을 두려고 합니다. 그리스도인들이라고 하는 사람들조차도 예수님께서 팔복을 말씀하시고 산상수훈의 말씀을 하셨다는 것엔 그리 관심이 없습니다. 하지만 병을 고치시고 오병이어와 같은 기적을 베푸셨다고 하면 관심을 갖습니다. 사실 예수님의 이적들은 예수님의 말씀에 대한 실증들이었음에도 불구하고 그런 것엔 신경 쓰지 않습니다.

그리스도인들은 성경을 믿고, 예수님의 말씀을 믿는 자들입니다. 세상이 천시하고 있는 '말'을 따르는 자들입니다. 말에 대한 신뢰가 무너지면 하나님의 계시를 전달하는데 심각한 어려움을 겪게 됩니다. 그렇기에 그리스도인들은 세상 속에서 말의 권위를 세워가는 자들입니다. 말의 권위를 떨어뜨리려는 악의 세력, 악한 자들의 계략을 깨뜨리는 군사가 되어야 합니다. 그러기 위해서는 우리 자신이 '말'에 일치하는 행위를 해야 합니다. '말'을 믿을 수 있는 세상이 되도록 자신을 드려서 봉사해야 합니다.

10
약자를 보호하기
위한 법

마태복음 5 : 38-42

----

³⁸또 눈은 눈으로, 이는 이로 갚으라 하였다는 것을 너희가 들었으나 ³⁹나는 너희에게 이르노니 악한 자를 대적치 말라 누구든지 네 오른 편 뺨을 치거든 왼편도 돌려대며 ⁴⁰또 너를 송사하여 속옷을 가지고 자 하는 자에게 겉옷까지도 가지게 하며 ⁴¹또 누구든지 너로 억지로 오리를 가게 하거든 그 사람과 십리를 동행하고 ⁴²네게 구하는 자에 게 주며 네게 꾸고자 하는 자에게 거절하지 말라

지금 우리는 산상수훈을 보고 있습니다. 예수님께서는 산상수훈을 통해 당신의 제자들에게 하나님 나라 백성의 정체성을 확립해 나가셨습니다. 먼저 그 나라의 백성의 성격을 규정해 주신 팔복의 말씀이 있었고, 그 다음에는 그들이 세상에 어떤 역할을 하게 되는가에 대해서 말씀하셨습니다. 이들은 세상의 소금과 빛의 역할을 하게 될 것입니다. 그렇다면 소금과 빛의 역할이 도대체 어떤 것인가? 구체적인 모습을 하나하나 말씀해주고 계십니다.

먼저 하나님 나라 백성은 인간 생명의 존엄성을 극대화하는 역할을 하는 존재라고 말씀하셨습니다. 형제를 '바보'라고 멸시하지 않고 생명의 풍성함을 존귀하게 하는 일을 하는 사람이 바로 그리스도인입니다. 이렇게 존귀한 생명은 하나의 객체로 머무는 것이 아니라 가정이라는 기관을 통해서 확대되어야 하는데, 음행은 가정을 쓸모 없는 것이 되도록 오염시키는 행위입니다. 음행이 있고, 간음이 존재하는 상황에서는 거룩한 자녀가 양육될 수 없기 때문에 어떤 측면에서 하나님의 거룩한 관심 밖이 되는 것입니다.

이렇게 확대되고 확장된 사회가 어떻게 도덕성을 유지할 수 있느냐의 문제를 맹세하지 말라는 말씀으로 가르치셨습니다. 사회는 기본적으로 사람들의 말을 신뢰할 수 있어야 합니다. 하지만 도무지 말을 믿지 못할 만큼 신용이 떨어지고, 그래서 신용에 대해서 맹세라는 어음을 발행하고, 어음이 부도가 나서 더이상 말을 신뢰하지 못하는 사회로 가게 됩니다. 이를 바로 잡기 위해서는 맹세를 멈추고 말의 신뢰를 회복해야 합니다.

그리스도인들에게 '말'은 대단히 중요합니다. 말이란 언어와 같지 않습니다. 언어를 의사 전달과 소통의 도구 전체를 포괄적으로 의미한다면 말은 인간음성을 사용하여 인격성이 그대로 묻어나는 소통의 도구입니다. 하나님께서는 '말씀'으로 세상을 창조하셨고, 말씀이 전달되도록 성경을 계시로 우리에게 주셨습니다. 그런 측면에서 성경은 일반적인 글로 쓰인 책과는 다릅니다. 그리스도인들은 성경책을 읽는 것이 아니라 성경을 통해서 하나님의 말씀을 듣는 것입니다. 또한 교회는 다른 언어 수단을 사용하지 않고 설교라는 도구를 사용하여 하나님의 말씀을 공유합니다.

그런데 세상이 점점 말 보다는 다른 언어들을 중요하게 여기는 쪽으로 가고 있습니다. 기술의 발달로 공연이나 영상 같은 시청각자료들이 강력한 힘을 발휘하기 시작하면서 이젠 설교의 영역까지도 영상으로 대체하고자 하는 시도가 있을 정도입니다. 그러나 이러한 언어들은 말을 보조하는 수단에 불과합니다. 하나님께서 선택하신 언어는 '영상'이 아니라, '말'입니다. 말을 천시(賤視)하고 비하(卑下)하면 하나님의 계시가 전달되는데 심각한 문제가 생깁니다. 이처럼 말에 대한 본질적인 고민을 하면 거짓맹세 라는 것이 얼마나 심각한 문제가 되는지 알 수 있으며, 맹세를 하는 것조차 그런 가능성을 내포하기에 극단적으로 금지하신 예수님의 뜻을 알게 됩니다.

눈은 눈으로, 이는 이로 갚으라

하나님 나라 백성이 살아가는 태도에 대하여 구체적으로 말씀해 주시면서 이번에는 사회가 가지는 치리의 기본 문제에 대해서 가르치셨습니다. '눈은 눈으로, 이는 이로'라는 말씀은 대단히 유명합니다. 함무라비 법전(B.C 1800년경)에도 동해보복(同害報復)이 법률화 되어 기록되었습니다. 많은 영화들의 소재가 되기도 하고 얼핏 보면 대단히 공평한 기준처럼 보이기도 합니다. 이처럼 많이 이야기되고 있는 이 법은 사실 제대로 이해되고 있지 못합니다.

본문에 대해서 좀 더 상세히 살펴보겠습니다. 본문 38절 '눈은 눈으로, 이는 이로 갚으라.'는 것은 유대교 신학자들의 구약 해석입니다. 이것은 출애굽기 21:24, 레위기 24:20, 신명기 19:21 등에 대한 정리이자 해설입니다. 이 중에서 출애굽기 21:24만 읽어 보겠습니다.

출21:22사람이 서로 싸우다가 아이 밴 여인을 다쳐 낙태케 하였으나 다른 해가 없으면 그 남편의 청구대로 반드시 벌금을 내되 재판장의 판결을 좇아낼 것 이니라 23그러나 다른 해가 있으면 갚되 생명은 생명으로, 24눈은 눈으로, 이는 이로, 손은 손으로, 발은 발로, 25데운 것은 데움으로, 상하게 한 것은 상함으로, 때린 것은 때림으로 갚을 지니라.

이 말씀은 재판할 때 형벌에 있어서의 '형평의 원칙'에 대한 것입니다. 이는 레위기에서도 천명되는데, 내국인 뿐만 아니라 외국인들에게까지도 동일한 법을 적용하도록 명령하십니다. 이는 인간의 존엄성에 의한 형평의 원칙이기 때문입니다. 그리고 신명기에서는 바른 재판을 위하여 위증죄에 대한 처벌을 거론하셨습니다. 이때에도 이 형평의 원칙은 흔들림이 없습니다.

여기서 일관된 것은 이것이 '재판의 기준'을 말씀해 주시기 위함이라는 것입니다. 눈에는 눈으로, 이는 이로 갚는 것이 복수와 보복을 용인하신 것이 아니고, 공정하고 공평한 형벌의 시행을 위한 법이라는 말씀입니다. 사사로운 복수는 또 다른 보복을 낳습니다. 뿐만 아니라 이런 사사로운 보복은 결코 공정하고 공평할 수 없습니다. 결국 힘이 센 사람에게 철저히 기울어지게 됩니다. 하나님께서는 인간의 존엄성을 지키고 생명과 신체를 보호하며 사회의 질서를 바로 잡아서 힘에 의존하지 않도록 하기 위하여 이 법을 주셨습니다.

보복이 아니라 약자를 보호하기 위함

이 법이 있기 전에는 강자가 약자의 눈을 멀게 때려도 아무런 조치를 할 수 없었고 아무도 제지하지 못했습니다. 힘이 있고, 권력 있고, 돈이 있는 사람이 힘없는 사람의 눈을 멀게 해 놓고서 "아이고, 이 사람아 내가 어제 과음을 해서 일이 이렇게 됐네. 왜 하필이면 그때 자네가 지나가서 이런 봉변을 당했나. 미안하게 됐네." 그러면, 힘없는 사람은 "괜찮습니다. 그래도 한쪽 눈이 있으니 크게 신경 쓰시지 않으셔도 됩니다." 이렇게 말할 수밖에 없었던 것입니다.

하지만 이제 강한 자이든 약한 자이든 동일한 판결의 원칙 하에 재판장의 판결을 받도록 이 법을 사회의 치리법으로 주셨습니다. 이 법을 통하여, 눈에는 눈, 이에는 이로 갚아야 한다는, 누구라도 동의할 수밖에 없는 기준을 딱 세우시고 받아들이게 하신 것입니다. 그래서 힘이 있는 사람이라고 하더라도 이 법을 완전히 무시할 수 없게 하셨습니다. 그렇기에 이 법은 일반적으로 생각하는 것과 같이 보복의 심정을 법으로 지지한 것이 아니라 공의로운 판결을 보장하여서 약자를 보호하기 위하여 만드신 법입니다.

이렇게 보면 하나님 말씀이 만드시는 사회라는 것이 얼마나 고도한 사회인지를 알 수 있습니다. 하나님께서 모두가 힘으로 지배하려던 고대에 이미 이처럼 힘이 없고, 가난한 사람들을 위하여 세심하게 배려하셨음을 확인할 수 있는 것입니다.

그런데 이와 같은 하나님 말씀을 누구보다 잘 지키고 있다고 주장하는 자들이 이런 법의 본의와 관계없이 복수하고자 하는 마음을 용인하고 보복의 정당성을 인정하신 것처럼 왜곡하고 있던 것입니다. 왜 그랬을까? 그들의 마음에 그런 복수의 심정을 갖고 있었기 때문에 거룩한 하나님 말씀을 자기수준으로 끌어내려서 해석한 것입니다. 이 말씀을 주신 하나님께서 얼마나 고도한 인격자이시고, 깊은 사랑을 가지고 말씀하시는 분인지에 대해서는 생각지 않았기 때문입니다. 성경에서 법조문들을 찾아내서 그것을 지켜내는 일에만 집중하고, 그렇게 해서 남들이 지키지 못하고 있는 것을 지키고 있다는 것으로 자신의 의로 삼는 자들이었기 때문에 이런 식의 해석이 가능했던 것입니다.

강자의 힘을 제어하고자 내신 법이었는데, 이제는 복수의 소원을 갖는 것이 정당하다고 함으로써 모두가 복수의 심정을 가지게 만들었습니다. 하나님께서 내신 본래의 의미와 목적이 완전히 사라졌을 뿐 아니라 악한 마음을 갖는 것을 일반화 시켰습니다. 이처럼 하나님 말씀을 죽어있는 글자로 볼 것인지, 아니면 고도한 인격자의 깊은 사랑을 담은 말씀으로 볼 것인지로 인해서 정반대의 결론에 이르게 되는 것입니다.

여기에 대해 예수님께서 유대 신학자들이 만든 왜곡을 바로잡고자 도전하고 계신 것입니다. 더 나아가 오해를 바로잡는 수준이 아니라 본의를 충실히 드러내면서, 동시에 구약 성경 전체를 통해서 하나님께서 원하시는 것이 무엇인지를 가르쳐주신 것입니다.

마5:39上 **나는 너희에게 이르노니 악한 자를 대적치 말라**

이것이 자신에게 해를 입히는 자에 대해서 어떻게 반응해야 할 것인가에 대한 구약 성경의 정당한 결론이라고 주장하신 것입니다.

원수 갚음은 하나님께 있음

도대체 왜 그렇게 해야 하는가? 그리고 어떻게 그렇게 할 수 있는가? 묻고 싶으실 것입니다. 그에 대한 대답은 하나님의 공의를 철저히 믿음으로써 그렇게 하라는 말씀입니다. 악한 자들이 아무리 정의를 버리고, 거짓을 행하며 나를 향해서 악행을 저지른다고 하더라도 하나님께서 아신다는 것을 믿어야 합니다. 그리고 그처럼 행해진 불의에 대해서 하나님께서 심판하고 바로잡아 주실 것을 믿기 때문에 이런 태도를 보일 수 있습니다.

사도 바울은 로마서 12:19에서 '원수 갚는 것이 하나님께 있으니 하나님께 맡기라'고 권면합니다. 이사야 29:18도 '그들의 행위대로 갚으시되 그 대적에게 분노하시며 그 원수에게 보응하시며 섬들에게 보복하실 것이라'고 하나님께서 원수를 갚으시며 공의를 실현하실 것을 말씀합니다. 시편 7:11-13은 불의한 자들에게 더욱 강력한 말씀을 주고 계십니다.

시7:11하나님은 의로우신 재판장이심이여 매일 분노하시는 하나님이시로다 12사람이 회개치 아니하면 저가 그 칼을 갈으심이여, 그 활을 이미 당기어 예비하셨도다. 13죽일 기계를 또한 예비하심이여 그 만든 살은 화전이로다.

일반인들은 하나님께서 죄인들을 벌하신다는 것을 도무지 믿지 못합니다. 그리스도인들이라고 하여도 하나님께서 죄인을 벌하시기를 더디 하신다고 생각합니다. 하지만 하나님께서는 매일 분노하고 계십니다. 활을 당기고 계십니다. 여기서 시편 기자가 그려주고 있는 그림은 악과 악인들에 대하여 대충 대충 넘기시는 힘 빠진 할아버지가 아니십니다. 총에 총알을 넣고 안전핀을 제거하고 방아쇠에 손가락을 얹고 조준하고 계신 그림을 그려주고 있습니다. 즉각적이지 않다고 적극적이지 않은 것이 아닙니다. 죄인에게 가장 치명적인 순간을 기다리는 스나이퍼처럼 그렇게 숨을 고르고 계신 것이지 일을 미루고 계신 것이 아닙니다.

그렇기에 우리는 심지어 이렇게 기도할 수도 있습니다. 시편 94:1-4입니다.

시94:1여호와여 보수하시는 하나님이여 보수하시는 하나님이여 빛을 비춰소서 2세계를 판단하시는 주여 일어나사 교만한 자에게 상당한 형벌을 주소서 3여호와여 악인이 언제까지, 악인이 언제까지 개가를 부르리이까 4저희가 지껄이며 오만이 말을 하오며 죄악을 행하는 자가 다 자긍하나이다.

그러므로 우리는 하나님의 말씀을 믿어야 합니다. 이 말씀을 믿음으로 악인의 행위에 대해서 우리가 관여하여 대항하지 말고 하나님께 맡겨야 합니다. 악에 대해 힘으로 대항해서, 힘의 논리로 꺾으려고 해서는 안 됩니다. 하나님께서 원수 갚으시고, 하나님께서 불의를 제거하실 것이며, 하나님께서 이런 의로운 자들의 소원을 들으실 것을 믿어야 합니다. 하나님을 믿는다는 실질은 이렇게 나타나야 합니다.

이 약속을 믿는 것이 하나님을 믿는 것임

이것은 하나님의 약속입니다. 그렇기에 이걸 믿는 것이 하나님을 믿는 것이고, 이것을 믿지 못하는 것이 하나님을 믿지 못하는 것입니다. 나의 원수, 악한 자에 대해서 대적해 나가는 순간 우리는 하나님의 말씀을 안 믿는 것이고, 거스르는 것입니다. 눈에는 눈, 이에는 이로 갚아야겠다는 것은 보복의 심정을 갖는 것이고, 이것은 형평성이라는 정당해 보이는 명분으로 타고 들어와서 공정성과 공평함을 잃게 만들고 맙니다. 진흙탕 싸움이 됩니다. 모습만 그런 것이 아니라 실제가 그렇게 된다는 것입니다. 그렇게 되면 나마저 하나님의 심판 아래로 떨어지고 마는 것입니다.

이에 대해 가장 잘 인식하였던 구약의 인물이 다윗이 아닌가 생각합니다. 몇몇 장면을 떠올릴 수 있는데, 그 중에서도 사울 왕과의 관계에서 보여준 모습은 악한 자를 대적하지 말라는 뜻에 대해 제대로 알고 있음을 느낄 수 있습니다. 다윗이 사울에게 쫓겨 다니고 있을 때에, 사울이 바짝 쫓아와 굴에 숨었습니다. 이 때 하필이면 다윗이 숨은 굴속으로 사울이 용변을 보러 왔습니다. 그 틈에 사울의 옷자락을 잘랐으나 사울은 이것에 대해서도 모르고 있었습니다. 아마 다윗이 사울을 죽이려고 맘만 먹었다면 충분히 죽일 수 있는 상황이었던 것입니다. 그러면 지금 쫓겨 다니는 상황을 끝내고, 나라를 안정시킬 수도 있는데, 그렇게 하지 않고 그저 그 상황에 대한 증거로 옷감만 조금 찢어 갖고 있던 것입니다.

그리고 다윗은 그것마저 후회했을 정도입니다. 사울은 지금 어떻게든지 다윗을 죽이려고 사력을 다하고 있습니다. 이 일로 반성을 하고 돌아가지만, 다시 다윗을 죽이려고 합니다. 사울과의 관계에서 다윗에게 이런 기회가 몇 번 더 오지만 다윗은 그때마다 사울을 놓아줍니다. 사울과의 관계에서만 그렇게 한 것이 아닙니다.

그렇게 해서 어떻게 살 수 있을까? 하는 의구심과 반발하고 싶은 심정이 일어나실 것입니다. 하지만 이걸 생각해 보십시오. 다윗은 시골의 양치기 소년이었습니다. 그런 그를 결국 왕으로 세우셨습니다. 원수를 하나님께서 갚아주시겠다는 말씀을 믿는 다윗에게 실제로 이 약속을 지키신 것입니다.

악인을 벌하실 것이고, 원수 갚는 일을 하나님께서 해 주실 것이라고 하시는 말씀을 약속으로 믿고, 대적하지 마십시오. 차라리 용서하십시오. 그것이 이 땅위에서 그리스도인들이 행해야 하는 가장 중요한 일입니다. 그것을 위해 우리를 부르신 것이고, 그 일을 시키시기 위해서 우리에게 모든 것을 주시는 것임을 아셔야 합니다.

11
예수님은 왜
왼편 뺨을 돌려대셨나

마태복음 5 : 38-42

----

³⁸또 눈은 눈으로, 이는 이로 갚으라 하였다는 것을 너희가 들었으나 ³⁹나는 너희에게 이르노니 악한 자를 대적치 말라 누구든지 네 오른 편 뺨을 치거든 왼편도 돌려 대며 ⁴⁰또 너를 송사하여 속옷을 가지고 자 하는 자에게 겉옷까지도 가지게 하며 ⁴¹또 누구든지 너로 억지로 오리를 가게 하거든 그 사람과 십 리를 동행하고 42네게 구하는 자에게 주며 네게 꾸고자 하는 자에게 거절하지 말라

구약의 '눈은 눈으로, 이는 이로'라는 율법은 복수하고자 하는 심정을 나타내는 것이 아닙니다. 다른 사람으로부터 어떠한 해를 받았을 때에 증오의 감정이 폭발하여 더 큰 해를 주겠다고 나서는 것을 막고자 내신 법입니다. 이 법으로 인하여 강자가 자신의 피해를 구실로 횡포를 부리지 못하게 되었고, 약자도 정당한 보상을 얻을 수 있게 되었습니다. 하나님께서 이런 법을 내서 공평케 처리해 주셨습니다. 그렇기에 자신이 입은 피해에 대해 보복을 하겠다는 심정은 버려야 합니다.

이러한 법을 지키지 않거나 아예 세상의 법이 구부러져서 정당하게 처리되지 않는다면? 우리는 이런 현실을 많이 봅니다. 억울함을 느낍니다. 하지만 이런 때에라도 하나님을 믿어야 합니다. 원수 갚는 것은 하나님께 있다고 여러 차례 말씀하셨습니다. 하나님께서 내신 법을 지키시며, 또한 우리에게 원수를 갚아 주시겠다고 약속하신 것을 믿어야 합니다. 하나님의 백성들에게는 이런 믿음의 태도가 요구됩니다. 우리의 왕께서 하신 약속이니 믿고 따라야 합니다.

그렇기에 구약이 결론적으로 제시한 것은 동해보복이 아니라 '악한 자를 대적하지 말라'는 것입니다. 그리고 구체적인 실행 방안에 대해서 예수님께서 제시해 주신 것이 이번 장에서 살펴볼 내용들입니다. 악한 자를 대적하지 말라는 말씀이 그냥 무작정, 무턱대고 아무것도 하지 않는 것이 아니라 공격 양상에 부합한 반응과 태도를 보이도록 요구하신 것이라는 말씀입니다.

무저항이 아니라 저항을 말씀하신 것

여기서 봐야 할 말씀들은 대단히 유명합니다. '오른편 뺨을 치거든 왼편도 돌려 대라'는 말씀은 특히 많이 이야기되고 있습니다. 하지만 대단히 오해되고 있기도 합니다. 이 말씀은 기독교의 무저항주의의 근거로 많이 쓰입니다. 이러한 무저항적인 태도를 취해서 모두를 감동시키고 항복을 받아내겠다는 생각이 예수님의 태도이고 하나님의 모습이라고 주장합니다.

하지만 성경은 하나님께서 분노하시며 질투하시는 분이라고 묘사하는 것을 꺼리지 않습니다. 또한 예수님께서도 대제사장의 집에서 뺨을 맞으셨을 때 미소를 보이며 다른 편 뺨을 대신 것이 아니라 강력하게 항의하셨습니다(요한복음 18:19-23). 사도 바울의 경우에도 뺨을 맞고서 다른 쪽을 돌려대지 않았습니다. 사도행전 23:1-10을 보면 뺨을 돌려대기는커녕 아주 강력하게 반발하고 있습니다. '회칠한 담'이라고 인신공격까지 하고, 더 나가서 '하나님이 너를 치시리라'고 하나님의 이름을 들어서 저주를 퍼붓고 있습니다.

이처럼 예수님과 사도 바울은 무저항주의가 주장하고 있는 행동과 태도를 보이지 않습니다. 우리 자신의 판단보다는 예수님과 사도 바울의 모습이 성경의 요구에 부합한다고 인정해야합니다. 성경을 부분으로 알고 그것이 전부인 것 같이 행동하는 것은 심각한 문제입니다.

예수님께서 그리스도인들이 이런 악한 자들에 대해 어떠한 태도를 보여야 하는지에 대해서 구체적으로 예를 들어 가르쳐주셨습니다. 그리스도인들에 대해서 세상은 아래와 같은 처벌을 내려서 핍박합니다. 이렇게 받게 되는 부당한 대우를 세 가지 예로 설명해 주셨습니다. 이를 하나씩 살펴보겠습니다.

힘으로 진리를 바꾸려는 자들 앞에서

마5:39下 누구든지 네 오른편 뺨을 치거든 왼편도 돌려 대며

이 말씀은 이런 생각을 하게 합니다. 어떤 악한 사람이 전도자를 만나서 힘껏 뺨을 때립니다. 그런데 이 전도자는 화를 내지 않고, 도리어 미소를 지으며 다른 편 뺨을 내밉니다. 그러자 그 악한 사람이 감동되어서 예수님을 믿게 되었더라는 식의 감동적인 이야기를 기대하게 됩니다. 그리고 실제로 그런 식으로 예수님을 전도하고 믿게 된 사람들도 있을 것입니다.

하지만 위에서도 말씀드렸지만, 예수님은 그렇게 하지 않으셨습니다. 말씀하신 것을 지키지 않으시는 거짓선생 이라고 비난해야 됩니까? 흔히 오해는 물어보지 않고 하는 것이라고 하죠. 본인의 어리석음으로 인하여 오해할 수 있다는 것을 인정하셔야 합니다. 일단 이 말씀을 '관념어'로 이해하지 마시고, 실제에 대한 묘사를 하고 있는 그림언어로 이해해 보시기 바랍니다.

어떤 사람이 뺨을 맞았습니다. 그런데 거기에 화를 내거나 주먹을 날리는 것이 아니라 다시 뺨을 내밉니다. 이걸 보면서 '무저항'이라는 이미지가 떠오르십니까? 고등학교 시절 선생님께 뺨을 맞던 친구가 뺨을 맞고서 힘을 주어 0.1초도 안되어 고개를 바로 들던 그림이 떠오릅니다. 그 장면을 보면 무저항이라고 말할 수는 없을 것입니다. 그 친구는 당시, 그의 위치에서 할 수 있는 최고의 저항을 한 것입니다. 예수님께서 하신 말씀을 바르게 이해했다면 바로 이 장면을 떠올려야 하는 것입니다. 물론 그 친구는 다른 방식으로 할 수 없었기에 그렇게 저항하였지만, 우리는 할 수 없기 때문이 아니라 이것이 예수님께서 요구하시는 방식이기 때문에 이렇게 저항을 보이는 것입니다.

본문의 말씀을 좀 더 잘 살펴본다면 더 이상한 그림이라는 사실을 알 수 있습니다. 자, 여러분의 오른손을 들어 보십시오. 그리곤 앞에 사람이 있다고 생각하고 뺨을 때리는 동작을 취해 보십시오. 그때 상대방은 어느 편 뺨을 맞게 됩니까? 오른편 뺨입니까? 왼편 뺨입니까? 왼편 뺨을 맞게 됩니다. 그렇다면 왼손으로 때렸다는 말씀인가요? 고대에는 오른손이 불구인 경우에만 왼손잡이가 됩니다. 그렇기에 이것은 의도적으로 하신 말씀입니다.

그렇다면 어떤 그림이겠습니까? 오른손을 들어서 손등으로 때리는 장면을 묘사하신 것입니다. 그래야 오른손으로 오른편 뺨을 맞게 됩니다. 뺨은 모욕을 주기 위해 때리는 것입니다. 그런데 그것을 좀 더 모욕적이게 때리는 것은 손등으로 때리는 것이지요. 이런 모욕적인 처벌이 공식적인 의식으로 이루어지는 경우가 있습니다. 바로 유대교의 이단자들에 대한 처결이 이렇게 이루어졌습니다. 이단자로 공식적인 낙인이 찍히는 것입니다.

유대 사회에서 그리스도인의 신앙 태도가 종교적이고 사회적인 이단자의 행위로 간주되어 재판정에 끌려와서 이단자로 처결을 받는 장면을 묘사하고 있는 것입니다. 여기서 왼편 뺨을 돌려 대라는 것은 저들이 그 정도의 의식적인 처결 행위가 아니라 실질적인 폭력을 쓸 수 있는 기회를 주라는 것입니다. 무슨 말이냐 하면, 이런 종교적이고 사회적인 폭력이 시행된다고 하더라도 진리에 대해서 흔들리지 말고, 양보하지 말고 그냥 지금까지 가던 길을 쭉 가라는 말씀인 것입니다.

나머지 다른 말씀들도 이 말씀을 이해하는 맥락 하에 생각해야 합니다. 이 말씀들은 당시 예수님을 따른다는 사실로 인하여 핍박 받고 있던 1차 독자들에게 큰 힘이 되고, 깊은 위로가 되었을 것입니다. 자신들이 당하는 어려움이라는 것이 뭔가 잘못 믿게 되었기 때문인지, 죄가 있기 때문인지 염려하고 있었을 것입니다. 하지만 예수님의 말씀이 참 진리임을 한 번 더 기억하고 확인하면서, 동시에 자신들이 지금 올바른 길을 걸어가고 있음에 대한 인정을 받고 기뻐하였을 것입니다. 그렇기에 이 말씀을 들으면서 자신들의 주류 사회와 주류 종교가 우리가 가지고 있는 믿음에 대해 핍박하면서 우리의 사고를 바꾸려 든다고 하더라도 성경의 말씀, 예수님을 통해 주시는 하나님의 말씀의 진리를 버리지 말고 걸어가야 할 것입니다.

돈의 노예가 된 자 앞에서

^{마5:40}또 너를 송사하여 속옷을 가지고자 하는 자에게 겉옷까지도 가지게 하며

이 말씀도 모든 것에 욕심을 내지 않고, 다른 사람들에게 다 내주는 삶을 살라는 말씀처럼 이해되곤 합니다. 무소유적인 삶에 대한 기독교적 근거로 쓰이곤 합니다. 예수님께서 머리 둘 곳이 없다고 하시고, 순례의 길을 다니셨다고 하니까 마치 거지처럼 하고 다니셨을 것이라고 생각하기 쉽습니다. 실제로 이걸 생각하면서 '거지 전도'라는 방식의 순례 전도를 하시는 분들도 있습니다.

하지만 예수님께서 잡히셨을 때 입고 계셨던 옷은 매우 고급 옷이었습니다. 겉옷도 군병들이 서로 가지려고 했고, 속옷은 위로부터 아래까지 통으로 짜놓은 고급 옷이었습니다(요19:23). 많은 사람들이 예수님을 보필하기 위하여 금전적, 물질적 지지를 했었습니다. 예수님께서 부를 탐하거나 쌓고 사시지는 않으셨으나 무소유적인 삶을 지향하신 것도 아닙니다. 다만, 두벌 옷도 가지고 다니지 말라고 하신 경우처럼(마 10:9-10) 사명과 관련된 삶의 양태 중에서 그런 방식이 요구 될 때도 있는 것이지, 모두가 언제나 그렇게 살라고 하신 것은 아닙니다.

그렇기에 여기서 하신 말씀을 이해하기 위해서는 좀 더 생각을 해봐야 합니다. 이 말씀도 당시 상황에 대한 이해가 없으면 무슨 말씀인지 이해하기 쉽지 않습니다. 일반적으로 속옷이란 값이 나가는 물건이 아닙니다. 값이 나가는 것은 겉옷입니다. 하지만 유대인들에게 있어서 담보물로서의 가치를 가지는 최후의 물건은 속옷입니다. 왜냐하면 겉옷은 값은 비싸지만 담보물로 잡았다가 저녁때가 되면 돌려주게 돼 있었습니다. 이스라엘 사람들에게 겉옷은 밖에서 자게 될 때에 이불과 같은 역할을 하기에 겉옷이 없이는 밤을 지낼 수 없습니다. 하나님께서 생존에 필요한 최후의 수단을 빼앗지 못하도록 법을 내셨습니다.

그런데 이러한 율법을 교묘히 빠져 나가서라도 자신의 금전적 이익을 채우려는 행위가 바로 속옷을 담보 잡는 것입니다. 율법이 겉옷은 못하게 했으니 속옷이라도 내놓으라는 것이지요. 이것은 매우 합법적인 것 같지만 심각한 악입니다. 얼마나 심각한지 아모스서에 보면 이러한 죄들 때문에 이스라엘을 벌하시는 것을 취소하지 않으신다고 하셨습니다. 아모스 2:6-7上입니다.

암2:6여호와께서 가라사대 이스라엘의 서너 가지 죄로 인하여 내가 그 벌을 돌이키지 아니하리니 이는 저희가 은을 받고 의인을 팔며 신 한 켤레를 받고 궁핍한 자를 팔며 7上가난한 자의 머리에 있는 티끌을 탐내며 겸손한 자의 길을 굽게 하며

다른 곳에서는 옷을 벗겨가는 행위를 '극악한 죄'라고 말하고 있습니다(욥 22:5-6). 이처럼 심각한 죄악에 대한 경고를 알면서도 가난한 자의 속옷을 담보 잡는 자야 말로 하나님을 믿지 않는 자이며, 눈 감고 귀 막은 자입니다. '가난한 자의 머리에 티끌'이 아니라 '속옷'

이기 때문에 괜찮다고 생각하는 것이고, 당시 율법학자들도 속옷이 명시되어 있지 않기 때문에 속옷을 담보 잡는 것에 대해서는 제재하지 않은 것입니다.

이처럼 물질적인 욕심에 사로잡혀서 돈의 노예가 된 자는 악한 자이고, 이러한 악한 자를 대적하지 말라는 말씀입니다. 그가 너의 것을 탐내고, 시비를 걸고넘어지면서 빼앗으려 하면 거기에 대해서 다투지 말고 다 주어 버리라는 말씀입니다. 왜냐하면, 저 사람의 악행에 대해서 하나님께서 치실 것이기 때문입니다. 또한 우리는 하나님께서 지키시며, 모든 필요를 채워주실 것을 믿어야 합니다.

권력자들 앞에서

마5:41또 누구든지 너로 억지로 오 리를 가게 하거든 그 사람과 십 리를 동행하고

이 말씀에 대해서도 듣는 순간, 유하고 동정심이 많은 사람이 어떤 불쌍하고 약한 사람의 도움을 거절하지 않고 동행해 주는 상황을 생각하게 됩니다. 나이 드신 할머님이 짐 보따리를 짊어지고 가시다가 좀 바쁜 사람을 붙잡아 들어주기를 부탁하고, 그때 부탁하신 것보다 훨씬 더 들어다 드리는 선행을 연상하게 됩니다. 물론 이것은 착한 일이 될 수 있을지 모르지만, 이 본문에서 예수님께서 요구하시는 내용은 아닙니다.

여기 '억지로'라는 단어는 강제 부역을 나타내는 용어입니다. 여기에 쓰인 거리 단위도 이스라엘의 단위가 아니라 로마적인 용어입니다. 이것은 당시 로마의 식민지 통치의 관례를 말씀하고 있습니다. 로마군인은 식민지에서 누구든지 잡아서 오 리를 짊 지우고 끌고 갈 수 있었습니다. 우리도 일제식민지에서 부역을 통보하면 무조건 나가야 했습니다. 물리적인 힘을 가지고 폭압을 일삼는 제국이 불의를 행하고 있는 모습입니다. 예수님께서는 이런 제국적인 폭압이 그리스도인들을 짓누르면서 부역을 시키고 있는 상황을 말씀해 주신 것입니다.

이런 폭압에 대해서 군중봉기를 하고 나설 것이냐? 그렇게 하지 말라는 말씀입니다. 이런 악한 자를 대적하지 말라, 악한 자에게 힘으로 투쟁하지 말라는 것입니다. 왜 그렇게 해야 하는가? 약육강식의 세계에서 될 수 있는 대로 분노하지 말고 조용히 살아서 살아남으라는 말씀인가?

그런 것이 아닙니다. 이런 악한 자에게 힘으로 저항하는 것으로 하나님의 나라가 건설되는 것이 아니기 때문입니다. 실제로 예수님께서는 당시 로마의 제국적인 통치에 대해서 저항을 해 나가지 않으셨습니다. 이런 문제로 인하여 자신에게 맡겨진 하나님 나라의 사명을 그르치지 말라는 것입니다. 이러한 방식의 압제에 영향을 받지 않는 것이 온유한 자입니다. 온유한 자에게 주어진 복이 땅이었음을 기억하십시오. 하나님께서는 이러한 제국적인 힘을 가진 악한 자에 대해서도 보복하시며 온유한 자들에게 땅을 기업으로 주실 것입니다.

역사 속에서 수많은 나라들이 힘을 믿고 섰다가 넘어지고 사라졌습니다. 로마는 예수님께서 저항하지 않으셨어도 예수님께 점령되었습니다. 당시에는 절대로 무너질 것 같지 않은 권력이라도 결국 비참한 최후들을 맞이했습니다. 저들이 세상을 다 가진 것처럼 날뛴다고 해서 다 가진 것이 아니며, 조만간 하나님의 심판을 받게 된다는 것을 믿고 우리는 우리에게 주어진 일을 하라는 것입니다.

그리스도인들의 일관된 기본자세

마5:42네게 구하는 자에게 주며 네게 꾸고자 하는 자에게 거절하지 말라

이 말씀은 위에서 이야기 되는 수준, 악한 자의 폭행과 억압에 대해서 저항하는 수준에서만 사고하고 대응해 나갈 것이 아니라 이처럼 약자의 목소리와 요청에 대해서도 적극적인 태도로 임하라는 말씀입니다. 이렇게 해야 위에서의 행위들이 강자의 힘에 눌린 비겁자의 행위가 되지 않는 것입니다. 약자의 요청은 무시하며 해주지 않고, 강자의 요청에는 모든 것을 다 내어준다면 이 어찌 비겁한 자라고 하지 않을 수 있겠습니까? 그러므로 우리가 비겁자가 아니라 예수 그리스도께서 하라하신 것을 행하는 하나님 나라의 백성임이 분명히 드러나려면 언제라도, 누구에게라도 강자든지 약자든지 가릴 것 없이 일관된 태도를 보여야 하는 것입니다. 이것이 그리스도인들의 기본자세라는 말씀입니다.

어떻게 이런 자세가 가능한가? 한 번 더 강조하지만 하나님의 공의를 믿기 때문입니다. 이 본문에 대한 누가복음 병행 본문의 결론 부분을 보도록 하겠습니다. 누가복음 6:34-38입니다.

눅6:34너희가 받기를 바라고 사람들에게 빌리면 칭찬 받을 것이 무엇이뇨 죄인들도 의수히 받고자 하여 죄인에게 빌리느니라. 35오직 너희는 원수를 사랑하고 선대하며 아무것도 바라지 말고 빌리라 그리하면 너희 상이 클 것이요 또 지극히 높으신 이의 아들이 되리니 그는 은혜를 모르는 자와 악한 자에게도 인자로우시니라. 36너희 아버지의 자비하심같이 너희도 자비하라 37비판치 말라 그리하면 너희가 비판을 받지 않을 것이요 정죄하지 말라 그리하면 너희가 정죄를 받지 않을 것이요 용서하라 그리하면 너희가 용서를 받을 것이요 38주라 그리하면 너희에게 줄 것이니 곧 후히 되어 누르고 흔들어 넘치도록 하여 너희에게 안겨 주리라 너희의 헤아리는 그 헤아림으로 너희도 헤아림을 도로 받을 것이니라.

누가복음은 이방인 그리스도인을 위해 쓰인 복음서이기에 마태복음이 제시하는 것과 좀 차이가 있습니다. 그래서 그런지 오늘 본문의 내용에 대한 결론은 우리가 알아듣기 쉽게 서술되어 있습니다. 받을 것을 생각하지 말고 빌려주라고 하십니다. 하나님의 인자하심을 믿고 그렇게 하라고 하십니다. 그렇게 주면 후히, 누르고 넘치도록 주실 것이라는 약속을 하십니다. 이 말씀을 믿음으로 오늘 본문에서 요구하시는 예수님의 말씀을 수행할 수 있는 것입니다.

세상의 악한 자들이 우리를 향해 그들의 힘을 믿고 달려들 것입니다. 물리적 힘을 가지고 세상을 지배하는 것이라고 믿는 자들, 돈이면 모든 것이 다 된다고 믿고 돈을 숭배하며 돈의 힘을 믿는 배금주의자들, 그리고 세상의 권력 지상주의자들이 예수님께서 말씀하신 악한 자들입니다. 이들에 대해서 대항하지 말라고 하셨습니다. 구하는 자에게 주고, 꾸고자 하는 자에게 거절하지 않는 자세를 가짐으로써 이 일을 이루라고 하십니다.

이것은 이들을 모두 불쌍히 여기는 심정과 우리가 하나님의 자녀라는 사실을 믿는데서 나올 수 있는 것입니다. 저들은 불쌍한 자들입니다. 물리적 힘이 전부인 줄 알고, 돈이 전부인 줄 알고, 권력이 전부인 줄 알아서 그것들을 가졌다고 날뛰는 하룻강아지에 불과한 자들입니다. 저들은 알지 못하는 거대한 하나님 나라의 경영이 있고, 그 경영 속에서 하나님께서 때를 따라서 악인들을 벌하시는 것을 모르고 악행을 저지르고 있는 것입니다.

반면 하나님의 자녀들은 하나님의 경영하심을 알고, 죄인에게 벌하실 것을 알며, 우리에게 넘치도록 주실 것을 알기에 저들을 불쌍히 여길 수 있고, 또한 달라는대로 줄 수 있는 것입니다. 어떤 억압과 핍박이라도 우리 신앙의 본질을 침해할 수 없습니다. 또한 그런 담대한 행보에 대해 하나님께서 어떤 은혜의 실증을 보여주실지 기대하시길 바랍니다. 거기에 그리스도인됨의 기쁨과 감격이 있는 것이지, 세상 사람들 사는대로 살아서 풍요롭고 안정되게 산다는 것에는 하나님 나라 백성다움과 의미가 희박해지는 것입니다.

12

원수를 사랑하라

마태복음 5 : 43-48

----

⁴³또 네 이웃을 사랑하고 네 원수를 미워하라 하였다는 것을 너희가 들었으나 ⁴⁴나는 너희에게 이르노니 너희 원수를 사랑하며 너희를 핍박하는 자를 위하여 기도하라 ⁴⁵이같이 한즉 하늘에 계신 너희 아버지의 아들이 되리니 이는 하나님이 그 해를 악인과 선인에게 비취게 하시며 비를 의로운 자와 불의한 자에게 내리우심이니라 ⁴⁶너희가 너희를 사랑하는 자를 사랑하면 무슨 상이 있으리요 세리도 이같이 아니하느냐 ⁴⁷또 너희가 너희 형제에게만 문안하면 남보다 더 하는 것이 무엇이냐 이방인들도 이같이 아니하느냐 ⁴⁸그러므로 하늘에 계신 너희 아버지의 온전하심과 같이 너희도 온전하라.

네 원수를 미워하라

이번 본문에서도 유대교 신학자들의 가르침과 예수님의 가르침의 충돌이 그려지고 있습니다. 지금까지 이들은 구약에 기록된 것을 명시적으로 지키라고 하고, 예수님께서는 그러한 태도를 비판하시면서 말씀의 본의를 보이셨습니다. 하지만 이번에는 그 반대입니다. 레위기 19:18을 보겠습니다.

레19:18 원수를 갚지 말며 동포를 원망하지 말며 이웃 사랑하기를 네 몸과 같이 하라. 나는 여호와니라

명시적인 가르침은 분명히 원수를 갚지 말라는 것입니다. 유대교 신학자들의 지금까지 태도에 의하면 이것을 있는 그대로 가르쳐야 합니다. 그런데 왜 '마5:43네 이웃을 사랑하고 네 원수를 미워하라'로 변형시켜서 예수님께 꾸중을 듣고 있을까? 이들에게도 다 이유가 있습니다.

시편 41:10을 보면 '그러하오나 주 여호와여 나를 긍휼히 여기시고 일으키사 나로 저희에게 보복하게 하소서'라고 노래하고 있습니다. 또한 시편 54:7은 '대저 주께서 모든 환난에서 나를 건지시고 내 원수가 보응 받는 것을 나로 목도케 하셨나이다.'라고 기도하고 있습니다. 이런 말씀들을 근거로 하여 유대교 랍비들은 '이웃을 사랑하고 원수를 미워하라'고 가르치게 되었습니다.

반면에 예수님께서는 '원수를 갚지 말라'는 레위기의 말씀을 거기서 더 나아가 원수를 사랑하라고 하셨습니다. 우리는 여기서 다시 방향성의 문제를 볼 수 있습니다. 서기관들은 '원수를 갚지 말라'는 말씀을 하나님께서 원수를 갚아 주시기를 바라는 것과 연결하여 '원수를 갚지는 않아도 미워는 해야 한다'고 생각하고 가르쳤습니다. 하지만 예수님께서는 '원수를 갚지 말라'는 말씀을 그 말씀을 확대하여 원수를 사랑하도록 요구하셨습니다.

예수님의 구약 해석

이는 둘 다 구약 성경 말씀을 따르고자 하는 태도이며 열심입니다. 이런 경우에 과연 누구의 해석을 따를 것이냐? 이것이 바로 그 공동체의 성격을 형성합니다. 우리는 예수님을 멋있어서 좋아하는 것이 아닙니다. 예수님께서 가르치시는 바가 진리라고 믿고 고백하기 때문에 따릅니다. 예수님께서 말씀하시는 것이 구약에 대한 바른 이해이며, 예수님께서 하신 해석이 구약에 대한 정당한 해석이며 계시의 진전이라고 믿는 것입니다.

유대교의 해석방법도 그들 나름대로는 이론이 있고, 정당성이 있다고 주장합니다. 제3자의 입장에서는 예수님의 해석만 옳다고 하지 않고 상대적이라고 평가할 것입니다. 어느 해석을 따를 것이냐를 결정해야 합니다. 이때 예수님의 해석을 100% 옳다고 믿어야 예수님을 믿는 것입니다. 그렇기에 그리스도인들은 예수님께서 구약을 해석하신 방식으로 구약의 다른 부분과 예수님의 말씀과 신약의 말씀을 해석해 나가야 합니다.

예수님께서는 '원수 갚는 것을 주께 맡기라'는 의미의 구약의 말씀들을 '원수를 사랑하라'는 말씀으로 해석하셨습니다. 이 말씀은 참으로 어려운 말씀입니다. 그 내용도 어렵고 실천하기도 어렵습니다. 도무지 불가능해 보입니다. 아마도 유대교 랍비들은 '원수를 갚지 말라'는 말씀이 너무도 비인간적이라고 느껴져서 인간의 심정을 이해하는 측면에서, '원수를 갚지 말라고 하셨으니 직접 원수를 갚을 수는 없다. 그러나 미워하지 말라고 하지는 않으셨으니 미워는 해도 된다.'고 가르친 듯합니다.

누가 '원수'인가?

하지만 예수님께서 우리에게 전혀 불가능한 일을 시키실 리가 없습니다. 예수님의 말씀을 알아듣고자 하는 마음으로 듣는다면 우리는 원수를 사랑할 수 있게 됩니다. '원수를 사랑하라'는 말씀을 제대로 이해하기 위해서는 두 가지를 명확히 정리해야 합니다. 하나는 '원수란 누구를 말하는가?'를 알아야 합니다. 그리고 다른 하나는, '사랑하라'는 말씀은 구체적으로 무엇을 어떻게 하라는 말씀인가를 명확히 알아야 합니다.

먼저 '누가 원수인가?' 알아보겠습니다. 예수님께서 말씀하신 원수는 적을 의미합니다. 성경의 용어들을 살펴보면 '원수'라는 말은 우리가 나가는 방향에 무엇인가 장애를 놓는 자, 대적해 오는 자, 환난과 고통을 주는 자를 의미합니다. 떡 버티고 서서 막고 있는 것을 원수라고 합니다.

그렇다면 우리 자신을 방해하는 자는 다 원수인가? 세상에는 이런 원수의 범위를 규정하는 두 가지 생각이 있습니다. 하나는 힘의 철학을 가지고 있는 사람들의 생각입니다. 이들은 자신에게 대적하는 모든 자를 원수로 이해하고 이를 물리쳐서 승리해야 한다고 생각합니다. 이들에게는 자신에게 예속된 존재 이외에의 세상 모두가 원수입니다. 니체의 철학이 바로 이러한 호전적인 태도를 요구하고 있습니다.

또 하나의 생각은 그와 정반대입니다. 자신을 자꾸 넓혀서 결국 모든 것을 자신의 폭 안에 담아냄으로써 원수를 없애고자 하는 생각입니다. 모두를 사랑해야 한다는 것으로 이런 태도가 마치 기독교적인 것처럼 이야기 되는데, 사실 이것은 불교적인 사상입니다.

우리에게는 엄연히 원수가 존재합니다. 여기서 알 수 있듯이 원수에 대한 규정은 사상과 세계관에 따라서 정해집니다. 그 범위도 주관적이게 됩니다. 그러나 그리스도인들에게 원수라는 관념은 주관적이지 않습니다. 랍비들은 43절에서 '네 원수'라는 말로 개인의 원수를 상정하고 있습니다. 반면에 예수님께서는 44절에서 '너희 원수'라고 하심으로써 내가 아닌 우리, 개인이 아닌 공동체의 원수에 대해 말씀하신 것입니다. 자연스럽게 지금 산상수훈을 듣고 있는 제자들을 가리켜 말씀하고 계십니다. 그렇기에 '너희'는 바로 하나님 나라 백성들이며, 원수는 곧 하나님 나라의 원수임을 의미하고 있습니다.

그러므로 원수는 나를 방해하고 내 길을 막아서는 사람이라고 생각해선 안 됩니다. 오직 하나님 나라의 진전을 방해하고, 아주 명백히 반신국적인 일에 투신하는 자들을 원수라고 생각해야 합니다. 이는 지난 시간에 보았던 자들, 오른편 뺨을 때리고, 속옷을 빼앗기 위하여 송사하고, 오 리를 끌고 가는 자들을 말합니다. 이런 힘을 가지고 하나님 나라를 방해하고 대적하려는 자들이 나의 원수이며, 우리의 원수이며, 하나님 나라의 원수들입니다.

원수를 사랑함으로 하나님의 아들이 됨

이렇게 우리의 원수가 누구인지 정리 되었습니다. 예수님께서는 이러한 원수를 사랑하라고 하셨습니다. 그런데 이들을 어떻게 사랑할 수 있다는 말입니까? 사랑이 무엇입니까? 사랑이라는 단어는 참으로 여러 가지로 쓰입니다. 본문에서 의미하는 사랑이 무엇인지 확정하는 작업이 필요합니다. 이것을 위해 본문을 좀 더 상세히 살펴볼 필요가 있습니다.

마5:45이같이 한즉 하늘에 계신 너희 아버지의 아들이 되리니 이는 하나님이 그 해를 악인과 선인에게 비춰게 하시며 비를 의로운 자와 불의한 자에게 내리우심이니라 우선 볼 것은 원수를 사랑함으로써 하나님의 아들이 된다고 하셨다는 것입니다. 하나님을 이미 '너희 아버지'라고 말씀하시고서 다시 '아들이 되리니'라고 하셨다는 것에 주목해야 합니다. 이미 아들인데 또 아들이 된다는 것은 무엇일까? 성경적 용례를 들어보자면, 야고보와 요한은 성격이 불같아서 '우뢰의 아들'이라는 별명을 얻었습니다(막3:17). 바나바는 '위로의 아들', 유다는 '멸망의 아들'이라고 불렸습니다. 아버지의 존재의 어떠함이 공유되는 것, 아버지의 성품과 속성을 이어 받아서 그 아버지의 명성에 맞는 자녀가 되었을 때에 '야, 누구 아들답네!'라고 말합니다. 어렸을 때에 말썽을 피우면 '대체 저 놈은 뉘 집 아들이냐?, 네 아버지 이름이 뭐냐?'라고 물을 때와 같은 용법으로 보시면 될 것입니다.

이와 같이 우리가 하나님의 아들이 된다는 것은 우리 아버지이신 하나님의 성품과 속성을 계승하여 공유한다는 것을 의미합니다. 이 성품과 속성을 계승하여 아들다움을 얻는 방법이 원수를 사랑하는 것입니다. 하나님께서 원수를 사랑하시는 분이시기에 당신의 아들들인 우리에게도 원수를 사랑하라고 명하십니다. 원수를 사랑하는 것이 하나님의 하나님 되심의 중요한 성품과 속성이기에 이를 따라서 원수를 사랑하는 자가 진정 아들다움을 소유한 자가 되는 것입니다.

그렇다면 하나님께서 원수를 사랑하실 때에는 어떻게 사랑하시는가? '마5:45下하나님이 그 해를 악인과 선인에게 비취게 하시며, 비를 의로운 자와 불의한 자에게 내리우심이니라' 이것이 바로 하나님께서 원수에게 대하시는 태도이며, 원수를 사랑하시는 모습입니다. 햇빛이나 비는 생존에 절대적으로 필요한 요소입니다. 없으면 죽게 됩니다. 원수라고 해서 그에게 모질게 구는 것이 아니라 다른 사람과 다르지 않게 동일한 수준의 선의를 베풀어서 생존을 지지해 주십니다.

원수에게 무조건 잘해 주라고 하신 것이 아님

그렇다고 하나님께서 원수들에게 모든 것을 다 잘해주시는 것은 아닙니다. 그들의 계략을 파하시고 그들의 심장을 향하여 활을 겨누고 계십니다. 다만, 그들이 생존할 수 있도록 베푸시는 은혜에서 제외되지 않도록 하시는 것입니다. 하나님께서는 당신의 백성들에게 이러한 태도를 요구하십니다. 이는 로마서 12:20-21을 통해서 좀 더 분명하게 드러납니다.

롬12:20네 원수가 주리거든 먹이고 목마르거든 마시우라 그리함으로 네가 숯불을 그 머리에 쌓아 놓으리라 21악에게 지지 말고 선으로 악을 이기라

원수에게 무조건 잘해주라는 말씀이 아닙니다. 원수가 원수 짓을 하는 것, 하나님 나라 원수가 하나님 나라를 공격하고, 교회의 원수가 교회를 무너뜨리기 위해 힘을 쓰는 것까지도 돕고 웃어주라는 말이 아닙니다. 다만 하나님께서 원수에게까지도 햇빛과 비를 내리셔서 생존케 하신 것과 같이 우리도 원수가 기본적인 생존의 문제에 곤란을 겪고 있다면 도와주라는 말씀입니다.

누군가가 가장 기본적인 생존의 문제인 주리거나 목마르다면, 그 것을 보면서 안타까워하고 그 문제를 해결해 주려고 노력할 것입니다. 동일한 심정과 태도를 원수에게도 베풀라는 말씀입니다. 즉, 그의 존재를 사랑하라는 말씀이지, 그의 캐릭터(character)를 사랑하라는 말씀이 아닙니다. 그가 인간이라는 사실, 타락하였어도 하나님의 형상을 담지하고 있는 존재라는 사실로 인하여 원수를 사랑하라는 말씀입니다.

하나님께서는 이 세상을 사랑으로 만드셨습니다. 이는 하나님께 이 세상이 필요하기 때문에 만드신 것이 아니라는 뜻입니다. 세상은 하나님의 사랑으로 존재하게 되었으며, 또한 지금도 하나님의 사랑으로 존재할 수 있는 것입니다. 사랑으로 존재케 하시는 대상에 선한 사람만 포함되는 것이 아닙니다. 악한 자들도, 하나님의 원수들의 존재에게도 하나님께서 하나님의 사랑을 드러냅니다. 아무리 악한 자라고 하더라도 그는 악마가 아닙니다. 더 나가서 아무리 악한 자라도 그의 부모가 사랑하는 자녀이고, 자녀를 사랑하는 부모이며, 그가 없으면 절망할 만큼 그의 사랑과 보살핌을 받고 있는 존재가 있습니다.

인정하기 어렵겠지만, 하나님께서는 그런 악한 자를 통해서도 이 세상에 선을 이뤄가고 계십니다. 저들도 하나님의 형상을 가진 하나님의 사랑 안에 있는 자입니다. 그렇기에 하나님의 성품과 속성을 가지고 있는 하나님의 아들들은 이런 자들을 향해서도 동일한 성품과 속성을 드러내야 합니다.

원수는 하나님의 진노를 받게 됨

이것이 어떻게 현실적으로 가능합니까? 우리가 어떻게 이런 악한 자, 우리의 원수를 사랑할 수 있습니까? 어떻게 원수의 괴로움을 덜어줄 수 있습니까? 그가 지금은 굶주리고 있기 때문에 나에 대한, 그리고 하나님 나라에 대한 공격을 멈추고 있으나 배가 불러지면 또다시 원수 짓을 할 것이 아닙니까? 로마서 12:19을 보십시오.

롬12:19내 사랑하는 자들아 너희가 친히 원수를 갚지 말고 진노하심에 맡기라 기록되었으되 원수 갚는 것이 내게 있으니 내가 갚으리라고 주께서 말씀하시니라

이 말씀을 믿어야 합니다. 이미 원수가 나의 긍휼함의 대상이 되었다는 사실 자체가 이미 그에 대한 하나님의 경고와 징치하심일 수 있는 것입니다. 우리가 도움으로 말미암아 원수가 다시 우리에게 원수 짓을 하게 된다고 하더라도 이 말씀을 따라야 합니다. 분명히 우리의 원수는 그 짓을 할 것입니다. 우리가 도왔다는 사실에 그리 쉽게 감동하고 완전히 변모한다는 것은 우리가 기대할 수 없는 일입니다. 다시 원수 짓을 할 수 있고, 우리는 원수를 도왔다는 사실을 저주하고 후회하게 될지도 모릅니다. 하지만 이 말씀을 믿고 따르는 자를 하나님께서 끝까지 보호하시고 세워주심을 무수히 보게 됩니다. 이걸 믿는 것이 신앙이지요.

하나님께서 직접 원수를 갚겠다고 하셨으니 분명히 원수를 갚으십

니다. 우리는 악인의 멸망을 보게 될 것입니다. 나의 원수가 아니라 하나님 나라의 원수이기에 그것을 기대해야 합니다. 악인들, 하나님 나라의 원수, 교회의 원수들이 멸망할 것을 기대하며 바라봐야 합니다. 이것이 바로 구약 시편의 저주시나 보복시를 쓴 시인들의 심정입니다. 그러한 심판을 보면서 하나님의 공의로우심에 대한 믿음이 더욱 확고해집니다. 그렇기에 기대하고 기다려야 합니다.

원수를 불쌍히 여겨야 함

우리는 악인에 대한 심판, 원수에 대한 하나님의 심판을 확실히 믿어야 합니다. 그렇게 하면 이들이 악을 행하는 것, 나를 핍박하고 하나님 나라와 교회를 대적하는 것을 볼때 안타까움이 일어납니다. '저렇게 하면 저 사람은 하나님의 심판과 형벌을 면할 길이 없는데, 어쩌자고 저렇게 하는가?'라는 애타는 심정의 작용이 일게 됩니다. 이것이 바로 예수님과 스데반이 죽음 앞에서 '주여, 저들을 용서하소서. 저들은 저들이 하는 일을 알지 못 하나이다'라는 기도를 드리게 되는 심정입니다.

이런 안타까움과 애타는 심정이 있다면 원수라 해도 그에게 생존과 관련된 기본적인 문제가 생긴다면 돕게 됩니다. 그렇지 못한 심정과 태도를 가지는 것에 대하여 잠언은 이렇게 경고하고 계십니다.

잠24:17네 원수가 넘어질 때에 즐거워하지 말며 그가 엎드러질 때에

마음에 기뻐하지 말라 ¹⁸여호와께서 이것을 보시고 기뻐 아니하사
그 진노를 그에게서 옮기실까 두려우니라

하나님의 원수 갚으심을 믿고 공의로우심이 분명하게 드러날 것을
기대하지만, 그렇다고 해서 원수가 환난을 당해서 넘어질 때에 기뻐
하지 말아야 합니다. 그 진노를 그에게서 옮기실까 두렵다고 하시는
데, 그 진노를 옮겨서 어디에 부으시겠습니까!

오히려 이러한 심판을 보면서 하나님의 공의로우신 경영하심에 두
려움을 가져야합니다. 두려움을 가지고 마음을 지켜야 합니다. 하나
님께서는 공의로 모두를 판단하시고, 판결에 따라 반드시 심판을 내
리신다는 사실을 보면서 각성하는 마음을 가져야 마땅합니다. 그런
데 마치 자신은 하나님께로부터 책망 받을 것이 없는 것처럼 생각하
면서, 다른 이에게 내리는 심판을 즐거워한다면 이미 자신에게도 큰
문제가 있음을 반증하고 있는 것입니다.

우리가 하나님 나라 백성으로서 마땅히 생각할 바를 따라 생각하
면 원수를 보면서 안타까워하며 애통한 심정을 가지게 됩니다. 또한
그가 한없이 불쌍하여 지금이라도 얼른 그 심판 받을 길에서 건져낼
수 있기를 소원하게 됩니다. 그리고 그가 심판 가운데 빠지면 마치
우리의 잘못으로 인하여 심판 받게 된 것과 같은 심정을 갖고 이제
라도 도울 길을 찾는 것이 마땅합니다. 그리스도인들은 이렇게 하나
님의 공의를 믿음으로 인하여 원수를 사랑하게 됩니다. 그것이 신자
의 자랑이며, 명예이며, 영광입니다.